体育人力资源管理

王聪颖　主编

南京大学出版社

图书在版编目(CIP)数据

体育人力资源管理 / 王聪颖主编. -- 南京：南京大学出版社，2024.2

ISBN 978 - 7 - 305 - 27671 - 2

Ⅰ. ①体… Ⅱ. ①王… Ⅲ. ①体育组织－人力资源管理－体育院校－教材 Ⅳ. ①G80－05

中国国家版本馆 CIP 数据核字(2024)第 018782 号

出版发行　南京大学出版社
社　　址　南京市汉口路 22 号　　　　邮　编　210093
书　　名　**体育人力资源管理**
　　　　　TIYU RENLI ZIYUAN GUANLI
主　　编　王聪颖
责任编辑　尤　佳　　　　　　编辑热线　025 - 83592315

照　　排　南京南琳图文制作有限公司
印　　刷　南京凯德印刷有限公司
开　　本　787 mm×1092 mm　1/16　印张 18　字数 408 千
版　　次　2024 年 2 月第 1 版　2024 年 2 月第 1 次印刷
ISBN 978 - 7 - 305 - 27671 - 2
定　　价　55.00 元

网址：http://www.njupco.com
官方微博：http://weibo.com/njupco
官方微信号：njupress
销售咨询热线：(025) 83594756

前　言

2019年8月10日,国务院办公厅印发《体育强国建设纲要》:力争到2050年,全面建成社会主义现代化体育强国。其战略任务涵盖:落实全民健身国家战略,助力健康中国建设;提升竞技体育综合实力,增强为国争光能力;加快发展体育产业,培育经济发展新动能;促进体育文化繁荣发展,弘扬中华体育精神;加强对外和对港澳台地区的体育交往,服务中国特色大国外交和"一国两制"事业。为了完成此战略任务,国务院同时提出了加快体育人才培养和引进的政策保障措施,包括制定全国体育人才发展中长期规划,实施高层次人才培养专项计划;建立健全适应体育行业特点的人事制度、薪酬制度、人才评价机制;选派重点项目、重点领域专业人才出国(境)培训、留学,支持与海外高水平机构联合培养体育人才;开展体育引智工作,加大人才引进力度。可见,加快体育强国建设,必须高度重视人才、精心培养人才、真诚吸引人才,筑造强有力的人才支撑。党的二十大报告在"推进文化自信自强,铸就社会主义文化新辉煌"部分中也特别指出要"促进群众体育和竞技体育全面发展,加强建设体育强国",从而把新时代体育工作方向和体育强国目标上升为社会主义文化新辉煌的重要内容,成为中华民族复兴伟业,自信自强的重要标志,为繁荣新时代体育指明了方向。因此,体育人力资源的开发和管理已成为当前建设体育强国过程中最为紧迫的任务之一,在此背景下本教材也更加具有鲜明的新时代意义。

另一方面,1978年我国改革开放以来,西方人力资源管理的理论和方法陆续传入国内,并经历了传统劳动人事管理阶段(1949—1977年)、现代人力资源管理起步阶段(1978年—20世纪90年代初)、现代人力资源管理成长阶段(20世纪90年代中期—21世纪初)和现代人力资源管理成熟阶段。近年来,人力资源管理迈入创新时期并日益呈现出以下发展趋势,比如组织特征变化带来人力资源管理的全球化趋势、技术和工作方式变化带来人力资源管理的虚拟化趋势、人力资源管理对象变化带来知识型员工管理趋势、员工关系变化带来战略合作劳动关系趋势、人力资源数字化趋势势不可挡、员工管理从"被动管理"走向"自我管理"、员工关怀变得尤为重要,以及更加重视内部人才培养等。这些新变化、新趋势都促使学界需要重新思考中国情境下人力资源管理教学的理论框架和知识体系。

从上述两方面考虑,我国体育事业和人力资源管理的发展均已发生了巨大变化,而与之相适应的体育人力资源管理教材则非常缺乏。因此,亟须在我国新时代体育强国建设的大背景下,从群众体育、竞技体育、体育产业、体育文化、体育交流等多重领域,以体育科学和管理学的交叉视角编写一本适合体育经管类专业细分领域的人力资源管理教材。基于此,编者融合了体育科学、人力资源开发与管理、组织理论以及行为科学等不同学科内容,编写了《体育人力资源管理》这本教材,将课程设置聚焦于体育组织维度之内,使授课内容更具针对性和有效性。同时,进一步地将体育人力资源细分为体育管理类、体育教育与科研类、竞技体育类和体育产业服务类四大类别,以及管理型、教育型、研究型、竞技型、训练型、执法型、产业型和服务型体育人力资源八种类型,从而更加有利于培养适合新时代情境下我国体育强国建设需要的专业化体育人力资源管理人才。

本书以概述篇、理论篇和实践篇三个篇章为主线,详细介绍了体育人力资源管理的完整理论和程序。第一篇为概述篇,主要介绍体育人力资源管理的基本内涵、发展趋势和主要内容。第二篇为理论篇,主要阐述人力资本理论的产生、发展及应用;人力资源管理的理论演进及理论基础,以及现代人力资源管理的基本原理。第三篇为实践篇,主要从体育人力资源规划与设计、体育组织中的工作分析、体育组织人员招聘与甄选、体育组织人员培训与开发、体育人力资源绩效管理,以及体育人力资源薪酬管理六大模块构建体育人力资源管理的实践操作体系。

本书是按照高等学校体育经管类本科专业规范、培养方案和教学大纲的要求,致力于培养具有社会主义核心价值观、掌握人力资源管理相关理论知识、具备体育素养和人文精神的体育人力资源管理应用型人才,其编写思路和优势主要体现在以下四个方面:

1. 多重融合,注重创新。以往体育经管类人力资源管理课程教学用书大都是通识类教材,没有聚焦于体育组织维度之内,进而造成授课内容缺乏针对性和有效性。本教材创新性地将体育科学、人力资源管理开发与管理等学科进行了多重融合,有助于学生对于体育组织中人力资源管理相关活动的分析和理解。

2. 结构合理,体系完整。本教材以概述篇、理论篇和实践篇三个篇章为主线,详细系统地介绍了体育人力资源开发与管理的完整理论和实践程序,有利于体育经管类学生等用书群体进行系统的理论学习和实践案例分析,培养对体育人力资源管理的理解和应用能力,具备独立分析和解决问题的能力,能够根据实际情况找出体育组织人力资源管理方面存在的不足。

3. 注重实操,强化技能。本教材十分注重实践技能的训练,不仅详细介绍了体育人力资源规划与设计、体育组织中的工作分析、体育组织人员招聘与甄选、体育组织人员培训与开发、体育人力资源绩效管理以及体育人力资源薪酬管理六大模块中的各项具体任务,还附有操作流程、操作步骤、注意事项和应对措施。同时,每章设置"思考题""讨论题""实践题",进一步提高了体育经管类学生等用书群体的操作技能,从而有的放矢地进行相关职业选择,进一步提高就业能力。

4. 案例引导,链接指引。一方面,本教材在每一章都设置了"开篇案例"提出问题,引入此章的学习内容;在正文中还穿插讲解知识点的案例,更深层次地阐释重点和难点;在每章练习题部分还加入"案例分析题",引发更多地思考和解读。另一方面,本教材还在相应知识点设置了"知识链接""小看板"等栏目提供扩展阅读,进一步提高用书群体的专业知识储备和实际操作能力。

总之,本教材力图在体育人力资源管理的知识体系和内容构建上有所创新和突破,使高等院校体育经济与管理专业、社会体育专业、体育 MBA 项目、各级各类体育管理机构、体育产业类企业等体育组织中的学生和各岗位上的工作人员都能较好地把握体育人力资源管理的相关理论知识和实际操作环节,为体育组织的人力资源管理提供专业人才,力争实现体育大国向体育强国的转变。

本教材在编写的过程中,得到了南京大学人文社会科学资深教授、商学院名誉院长、行知书院院长、博士生导师赵曙明教授的指导;本人所在工作单位南京体育学院党委副书记兰亚明同志的鼓励,以及体育产业与休闲学院王龙飞院长的支持;当然,还要感谢陪伴本人一路前行的父母家人、安徽理工大学的丁明智老师、首都经济贸易大学的孙秀丽老师等众多同门好友,你们的精神支持是本人前行的最大动力。最后,特别感谢南京大学出版社的编辑老师,以及南京体育学院体育产业与休闲学院的刘嫣然、张潇予、叶乐、陈颖、艾杰、陈明、陈欣然、奚心玙、袁隆瀚同学协助完成本教材配套的PPT。

本教材在编写过程中,参阅了大量文献资料和参考书目,都已列在参考文献中,在此对有关专家和作者表示衷心的感谢。

由于编者水平有限,教材中难免会有疏漏或不足之处,衷心期盼和感谢各位读者、专家和学者们批评指正。

编　者
2023 年 11 月于南京

目　录

第三篇　实践篇

第一篇　概述篇

第一章　体育人力资源管理导论

> 视其所以,观其所由,察其所安。
> 举直错诸枉,能使枉者直。
>
> ——孔子

★ 知识目标

　　□ 掌握人力资源的内涵和特征;
　　□ 理解人力资源的作用和其他相关概念;
　　□ 掌握体育人力资源的内涵和特征;
　　□ 熟悉体育人力资源的分类;
　　□ 掌握人力资源管理的内涵和内容;
　　□ 熟悉人力资源管理的功能;
　　□ 了解人力资源管理的演变历史和发展趋势;
　　□ 认识和理解体育组织的内涵和分类;
　　□ 掌握体育人力资源管理的内涵和内容。

★ 能力目标

　　□ 提高人力资源、体育人力资源、人力资源管理、体育人力资源管理相关理论及政策的理解和运用能力;
　　□ 提高体育人力资源相关职业的认知和岗位选择能力。

★ 核心概念

　　□ 资源　人力资源　体育人力资源
　　□ 人力资源管理　体育组织　体育人力资源管理

 ## 开篇案例:问题提出

郑薇:让中国女篮成为真正的世界强队

　　2023年亚洲杯决赛,中国女篮战胜日本女篮,时隔12年再度夺得亚洲杯冠军。中国女篮拥有团结协作、敢打敢拼、永不放弃的精神,郑薇作为教练,也同球队一样,只要有百分之一的希望,就要尽百分之百的努力。2022年5月,郑薇正式成为中国女篮主教练。从助理教练到代理主教练再到主教练,这位自2009年便开始担任国家队女篮助理教练的篮球人,终于走到了台前,成为中国女篮不多见的女性主教练。

郑薇出生于1963年,在球员时期就非常出色。1998年,为八一女篮和中国女篮效力多年的郑薇选择退役,南下加盟广东女篮。在广东篮球的大发展中,郑薇做过助理教练,当过主教练,也当过女篮领队。自2009年开始,郑薇作为中国女篮助理教练,辅佐过孙凤武、马赫和许利民三任主帅,堪称中国女篮的"三朝元老"。为了提高训练效率,郑薇从零开始学习视频分析,这是一项很烦琐的工作,要在数场比赛中选择有效信息进行剪辑整理。郑薇回忆道:"当时我是一个'电脑盲',刚开始做视频分析速度很慢,平时训练完了回来整理,基本上要到深夜。"备战东京奥运会期间,郑薇除了负责后卫球员的训练外,另一个身份便是国家女篮的视频分析师,专门针对波多黎各、澳大利亚、比利时等队伍的视频进行分析研究。这份工作郑薇做了8年,如今,团队里已经有了专门的视频分析师,但郑薇还是习惯拿到视频后再检查、精简一遍。她说:"做视频分析虽然辛苦,但是在提高业务和了解对手方面能收获很多"。

2022年2月,郑薇以代理主教练的身份率队奔赴贝尔格莱德,在女篮世界杯预选赛中,带队以三战全胜的战绩昂首晋级决赛圈,证明了自己的执教能力。在郑薇被正式聘任为中国女篮主教练后,她肩上的担子更重了,"一旦下了训练课,除了考虑今天的问题,马上就在准备明天的训练计划。我觉得作为主教练,除了睡觉,其他都是工作时间。"为了备战比赛,郑薇和教练组成员会安排模拟比赛环境的抗压训练。"在整堂训练课快要结束,也是球员最累的时候,我们会安排有时间限制的快攻训练,在跑完快攻之后,会马上安排罚球。无论是超出时间要求或是罚球没进,都必须重新跑。"郑薇表示,只有在平时训练中经历过、承受过,真正到比赛中碰到类似的情况,才能够从容应对。

中国女篮在郑薇的带领下一步步超越自我。关于对中国女篮的展望,郑薇曾说:"就像美国和澳大利亚一样,只有在每一次大赛都获得前几名,你才能说自己是真正的世界强队。希望在未来几年里,中国女篮成为真正的世界强队。"

资料来源:中国奥委会官方网站,http://www.olympic.cn/news/olympic_comm/2023/0704/572026.html,2023-7-4。

【案例思考题】

请分析:

1. 郑薇是如何一步一步成长为中国女篮主教练的?

2. 郑薇作为主教练在中国女篮中属于什么资源?对于中国女篮的重要性如何体现?

第一节　人力资源

一、人力资源的内涵

经济学中,把为了创造物质财富而投入生产活动的一切要素统称为资源(Resource),包括物力资源、财力资源、信息资源、时间资源和人力资源。其中,人力资源是生产活动中最活跃的因素,也是一切资源中最关键的资源,被称为第一资源。随着科学技术的高速发展,科学成果转化为产品的速度大大加快,形成知识形态生产力的物化,人类认识资源的能力、开发富有资源替代短缺资源的能力大大增强。因此,在当今知识经济时代,其经济发展主要取决于人力资源的占有和配置。

人力资源(Human Resources,简称 HR)是指能够推动整个经济和社会发展、具有智力劳动和体力劳动能力的人口总和。广义上,人力资源定义为一个国家或地区具有劳动能力的人的总和;狭义上,人力资源定义为一个企业或部门内所有具有劳动能力的员工总和。

人力资源包括数量和质量两个方面,人力资源的数量为具有劳动能力的人口数量,其质量指经济活动中人口具有的体质、文化知识和劳动技能水平。一定数量的人力资源是社会生产的必要先决条件。一般说来,充足的人力资源有利于生产发展,但其数量要与物质资料的生产相适应;随着生产中广泛应用现代科学技术,人力资源的质量在经济发展中将起着愈来愈重要的作用。

小看板

人力资源概念的发展历史

□ 约翰·R.康芒斯曾经先后于 1919 年和 1921 年在《产业荣誉》和《产业政府》两本著作里使用"人力资源"一词,但与 21 世纪人们所理解的人力资源在含义上相差很远。

□ 20 世纪初人们所理解的人力资源的含义是由管理大师彼得·德鲁克于 1954 年在《管理实践》中首先提出并加以明确界定的。他认为人力资源拥有当前其他资源所没有的素质,即"协调能力、融合能力、判断力和想象力";它是一种特殊的资源,必须经过有效的激励机制才能开发利用,并给企业带来可见的经济价值。

□ 20 世纪 60 年代以后,美国经济学家 W·舒尔茨和加里·贝克尔提出了现代人力资本理论,该理论认为人力资本体现于具有劳动能力的人身上的、以劳动者数量和质量所表示的资本,它是通过投资形成的。该理论的提出使得人力资源的概念更加深入人心。

□ 1973 年,英国经济学家哈比森在《国民财富的人力资源》中提出:人力资源是国民财富的最终基础。资本和自然资源是被动的生产要素,人是积累资本,开发自然资源,建立社会、经济和政治并推动国家向前发展的主动力量。显而易见,一个国家如果不能发展人们的知识和技能,就不能发展任何新的东西。从此,对人力资源的研究越来越多,学者对人力资源的含义也提出了越来越多的解释。

二、人力资源的特征

人力资源作为一种特殊资源,具有如下特征:

1. 能动性

劳动者总是有目的、有计划地运用自己的劳动能力。有目的地活动,是人类劳动与其他动物本能活动的根本区别。主要体现在:一是自我强化,即个体通过学习能够提高自身素质和能力;二是职业选择,即个体可以主动地选择职业,能够将人力资源和物质资源有效结合,最大限度地发挥自身才能;三是积极劳动,即个体在劳动过程中主动积极地利用自身知识和能力,推动生产力不断进步,促进经济增长。因此,在开发和管理人力资源时,必须充分地调动人的积极性和主观能动性。

2. 双重性

人力资源既是投资的结果,同时又能创造财富,也可以说人力资源既具有生产性,也具有消费性。根据舒尔茨的人力资本理论,人力资本投资主要包括教育投资、卫生健康投资和人力资源迁移投资,人力资本投资的程度决定了人力资源质量的高低。从生产和消费的角度,人力资本投资是一种消费行为,是先于人力资本收益的,没有这种先前的投资,就不可能产生后期的收益。因此,人力资源的生产性和消费性是相辅相成的,生产性创造物质财富,消费性则保障劳动力的维持和发展。因此,在人力资源的开发和管理过程中,要注重其生产和消费双重性的平衡。

3. 时效性

人作为人力资源的载体,具有生命周期性。在不同年龄段(青年、壮年、老年),个体所能从事劳动的能力也不尽相同,总体上呈现"倒 U 形"关系;工作性质不同,个体才能发挥的最佳期也不同。一般而论,25 岁到 45 岁是科技人才的黄金年龄,37 岁为其峰值。同时,在知识经济时代,如果不能及时学习和更新相关领域的知识、技能就难以满足快速变化的外部世界,可见从掌握知识技能的角度来说,人力资源也同样具有时效性。因此,人力资源开发和管理时,一定要符合其内在规律性,做到适合开发、及时利用、不断更新。

4. 社会性

一方面,人是社会中的群体,离开社会群体而完全孤立的人是不可能存在的。合理的群体结构能够帮助个体发挥作用,群体结构又在很大程度上取决于社会环境,并通过影响群体间接影响个体人力资源的开发和利用。另一方面,人力资源处于特定的社会和时代中,不同的社会形态,不同的文化背景都会反映和影响人的价值观念和行为方式。人力资源的社会性要求在开发过程中注意社会政治制度、国别政策、法律法规以及文化环境的影响。

5. 持续性

人力资源是可以不断开发的资源,不仅人力资源的使用过程是开发的过程,培训、积累、创造过程也是开发的过程。人力资源能够通过自我补偿、自我更新和自我丰富进行持续开发,因此,这就要求在人力资源开发和管理时应注重终身教育,不断提高其技能和经验。

6. 再生性

从劳动者个体来说,其劳动能力在劳动过程中消耗之后,通过适当的休息和补充需要的营养物质,劳动能力又会再生产出来;从劳动者的总体来看,随着人类的不断繁衍,劳动者又会不断地再生产出来。因此,人力资源是取之不尽用之不竭的资源。

三、人力资源的作用

人力资源在企业管理中的作用主要体现在以下几方面:

1. 人力资源是企业最重要的资源

现代经济学理论认为,企业本质上是一种资源配置的机制,能够实现整个社会经济资源的优化配置,降低整个社会的交易成本。人对社会的价值主要体现在其劳动能力上,通过整合、利用企业的土地、资金、信息、技术等其他资源,帮助企业实现目标。因此,具有企业所需职业能力、身体健康、有主动工作精神和创新意识、能够与企业内外部环境和文化相互适应的人,就成为企业最重要的资源。

2. 人力资源是企业创造利润的主要来源

商品价值由转移价值和附加价值两个主要部分构成,其中材料、能源、机器厂房折旧等生产要素只能将其原值转移到商品价值中去,而不能增加价值。企业利润真正来源于附加价值,这部分价值基本上是由劳动创造的,这就必须依赖于人力资源的结构和质量,因此,人力资源是企业财富创造的关键要素。

3. 人力资源是企业的战略性资源

现代经济增长的主要途径包括以下四个方面:投入新的资本资源;发现新的可利用的自然资源;提高劳动者平均技术水平和劳动效率;增加科学和社会知识储备。其中,后两个途径与人力资源密切相关。在知识经济时代,社会经济的发展减弱了工业化时代对财力资源、物力资源和劳动者体力资源的依赖,增强了对劳动者知识的依赖。因此,人力资源特别是拥有高科技产业发展相关知识和技能的创新型人才,也就成为企业21世纪最重要的战略性资源。

四、人力资源与其他相关概念

在理解人力资源的概念时,需要同时明确人口资源、劳动力资源、人才资源等与其相

关的概念。

人口资源是指一个国家或者地区所拥有的人口的总量,它是一个最基本的底数,主要表现为人口的数量。劳动力资源是指一个国家或者地区在劳动年龄范围内具有劳动能力的人口总和。人才资源是指一个国家或者地区内具有较多科学知识、较强劳动技能,在价值创造过程中起关键或重要作用的人口总和。人才资源是侧重于人口质量,是劳动力资源中较为优秀的那部分人。广义的人力资源强调个体所具有的能够推动国民经济和社会发展的体力和智力劳动能力,因此超出了劳动力资源的范围,涵盖了全部人口资源中具有劳动能力的人。

【知识链接】

劳动年龄的范围

劳动年龄的范围,各国不尽相同。根据《中华人民共和国劳动法》等相关法律法规规定,我国现行的法定劳动年龄范围为男性16—60周岁、女性(干部)16—55周岁、女性(工人)16—50周岁。另外,虽然在劳动年龄范围,但已丧失劳动能力而不能参加社会劳动者,如残废者、精神病患者、严重慢性病患者等,不应计算在劳动力资源内。

资料来源:百度官方网站,http://www.baike.baidu.com/item/法定劳动年龄/555180。

人口资源、人力资源、劳动力资源和人才资源四者之间的关系依次为包含关系和数量基础关系(如图1-1、1-2所示)。人口资源是对一定范围内人口总量的界定,其中具有劳动能力的那部分人为人力资源,人力资源中处于法定劳动年龄的劳动力人口即为劳动力资源,而人才资源则是劳动力资源中比较杰出和优秀的人才。人口资源和劳动力资源侧重于定义人的数量和劳动者的数量,人才资源则强调人的质量;广义的人力资源突出人口数量和质量的统一,狭义的人力资源则更为侧重企业劳动力的素质。

图1-1 人口资源、人力资源、劳动力资源、人才资源四者的包含关系

图1-2 人口资源、人力资源、劳动力资源、人才资源四者的数量关系

第二节　体育人力资源

一、体育人力资源的内涵

广义上,体育人力资源是指体育系统内外一切能够推动体育发展的具有体力劳动能力和智力劳动能力的人口总和。狭义上,体育人力资源是指体育系统内接受过体育专业培养教育、专门体育训练、能够推动体育发展的体育专业劳动者的总和。其中,劳动能力包括体育知识、经验、技术、战术、技能、智慧、管理思想、体质、体能、意志力和认识等因素。

体育人力资源包括现实体育人力资源、潜在体育人力资源和闲置体育人力资源。现实体育人力资源是指正在投入劳动过程,并对体育发展产生贡献的劳动者总和,比如一线运动员、教练员、在职体育教师、体育科研人员、体育管理人员、裁判员、体育企业家、体育经纪人、社会体育指导员等。潜在体育人力资源是指由于某些原因,暂时不能直接参加特定的劳动,必须经过开发、管理等过程才能形成劳动能力的劳动者总和,比如二、三级青少年运动员、就读体育专业的学生等。闲置体育人力资源是指"求业人口"或"待业人口"的劳动者,比如退役后等待安置的运动员、下岗后等待安置的体育师资、教练员、裁判员等。

人口、体育人口、体育人力资源和体育人才资源之间既有联系又有所区别。人口是社会物质生活的必要条件,是全部社会生产行为的基础和主体。体育人口,是指在一定时期和一定地域,经常从事体育锻炼、健身娱乐,接受体育教育、参加运动训练和竞赛,以及其他与体育事业有密切关系的、具有统计意义的一种社会群体。其基本特征是直接参与各种身体活动,即具有亲身体育实践,反映了人们对体育的参与程度及亲和程度,是一项重要的社会体育指标。体育人才资源由体育人力资源衍生而来,是其中层次较高、较杰出、较优秀的那部分劳动者。

 【知识链接】

我国体育人口的评判标准

国际上判定体育人口的标准差异较大,我国体育人口的判定标准是符合多数居民实际情况的,具有现实可行性:

＊ 锻炼频度:每周身体活动频度3次(含3次)以上;

＊ 锻炼时间:每次身体活动时间30分钟以上;

＊ 锻炼强度:每次身体活动强度中等程度以上。

随着社会的进步、经济的发展,体育人口的发展呈现日益增加的趋势。体育人口中的主动体育人口、实质性体育人口和终身体育人口也呈增加的趋势。发展社会体育的重要任务就是增加体育人口、增加自觉参与、不间断参与和终身参与的高质量体育人口。

资料来源:百度官方网站,http://www.zhidao.baidu.com/question/2077844263206350748.html。

人口、体育人口、体育人力资源、体育人才的相互关系如图1-3所示。其中,人口是体育人口、体育人力资源、体育人才的自然基础;一定数量和质量的人口在一定程度上影响着体育人力资源的构成,但两者不是正比关系,只有当人口与体育劳动生产过程或财富创造过程相联系时才能说明体育人力资源的状况;只有与体育生产、体育劳动相联系时的体育人口才是体育人力资源,例如承担体育教学、训练、组织与管理等劳动性、生产性工作的社会体育指导员就是体育人力资源。

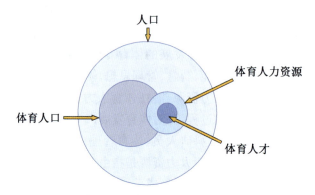

图1-3　人口、体育人口、体育人力资源、体育人才的相互关系

二、体育人力资源的特征

体育人力资源是一种特殊形式的人力资源,除了具有能动性、两重性、时效性、社会性、持续性和再生性等普遍特征之外,还具有以下特性:

1. 相对稀缺性

由于体育特别是竞技体育具有成材率低淘汰率高、风险大、回报率低、"早衰"等特点,从而本身造成了体育人力资源的稀缺。目前,我国竞技体育后备人才匮乏,几乎绝大多数项目都面临着"选才面窄"的突出问题,运动员选才仍集中于各级运动队和各级体校中,很少涉足人口基数庞大的普通中小学。全国已形成上下贯通的协会工作网络,建立了29个省级社会体育指导员协会、240余个地市级社会体育指导员协会、近1100个县级社会体育指导员协会。社会体育指导员队伍不断壮大,已成为组织指导广大群众参加体育锻炼和科学健身的重要力量。截至2021年底,全国社会体育指导员总人数已突破270万人。但是距离健康中国行动计划(2019—2030)中提出的到2030年每千人拥有2.3名社会体育指导员的目标还有差距。我国体育经纪人数量不多,基本分布在经济发达地区和体育产业较为活跃的地区。国家体育总局《"十四五"体育发展规划》提出探索建立体育经纪人制度,目标到2025年我国体育产业从业人员将超过800万人。

小看板

12部门：实施乡村体育后备力量"雏鹰计划"

2023年6月27日消息，国家体育总局、中央文明办、国家发展改革委、教育部等12部门联合发布《关于推进体育助力乡村振兴工作的指导意见》，其中第四条"加强乡村体育人才队伍建设，助力乡村人才振兴"指出：

（一）加强乡村体育人才队伍建设。建立健全乡村社会体育指导员培训体系和工作机制。各级社会体育指导员的考核认定工作向回乡创业大学生、乡村体育教师等各类体育人才倾斜。建立乡村体育人才信息数据库。加大乡村社会体育指导员领军人才和乡村体育骨干人才培养。开展体育专业院校毕业生基层成长计划、体育人才下乡支教等专项活动，引导体育专门人才更好地在农村就业创业。建立人才激励机制，定期在全国群众体育先进表彰中推选乡村体育工作先进典型，增强乡村体育工作者的荣誉感和责任感。

（二）加强乡村体育教师队伍建设。以乡村体育教师为核心，科学有序推进乡村中小学体育教师"县管校聘"改革，配齐乡村体育教师，完善体育教师补充机制和待遇保障机制。支持聘请优秀退役运动员为兼职体育教师。组织开展体育教育专业大学生支教行动，在"优师计划""特岗计划""国培计划""银龄讲学计划""乡村优秀青年教师培养奖励计划"等政策中加大对农村体育教师的支持力度。引导支持地方体育非遗传承人走进学校讲授传统体育文化。

（三）深入推进体教融合。实施乡村体育后备力量"雏鹰计划"。扶持田径、足球、篮球、排球等项目在乡村学校的推广与普及。常态化组织开展乡村青少年体育赛事活动，提升学生身体素质、健康意识和运动习惯。扶持乡村学校开设武术、舞龙舞狮、中国式摔跤、毽球、棋类等中华优秀传统体育项目课程。支持采取"请进来""走出去"等多种方式，鼓励学校基于学生发展需求，利用校外体育资源开设中华优秀传统体育课程。

2. 文化素质有待提升

长期以来，我国体育人才培养"围绕金牌转"，运动员往往"重武轻文"，国家体育总局近年来积极推动运动员文化教育工作，并将运动员参赛资格与文化测试成绩挂钩。从2011年开始试点的青少年比赛赛前文化测试，2015年实现所有奥运会项目全覆盖。

3. 运动时效性较短

竞技体育后备人才的培养过程有很强的时效性，青少年时期是速度、力量、耐力等各种素质的最佳提高期，一旦错过了时效性，运动训练对人体的效用就会大大减弱，甚至影响到成材后的持续发展。同时，不同的运动项目其成材的时效也不尽相同，比如体操、跳水、球类、田径等项目。运动年龄，亦称"运动寿命"，是从运动员开始从事运动训练至其达到并保持最好成绩的时间。部分世界优秀运动员其运动年龄一般可以在10～15年，我国运动员的运动年龄一般在3～16年。

4. 体力劳动和脑力劳动双结合

体育是一种以身体与智力活动为基本手段,根据人体生长发育、技能形成和机能提高等规律,达到促进全面发育、提高身体素质与全面教育水平、增强体质与提高运动能力、改善生活方式与提高生活质量的一种有意识、有目的、有组织的社会活动。进行体育活动时,看起来好像只有肌肉在活动,其实身体的呼吸、血液循环等器官都在参加活动,并且都要由大脑皮层来指挥协调。承担着教学训练和竞赛任务的教练员和体育教师,要善于根据不同运动员和学生的特点,如体力、智力和个性心理特征,进行动作示范、指导、陪练、技战术制定等体力和脑力劳动。因此,体育人力资源的劳动是体力劳动和脑力劳动的双结合。

三、体育人力资源的分类

对体育人力资源进行分类,其目的是为了更加科学地识别、选择、培养、发展和管理好体育人力资源,充分发挥各类体育人力资源的效用。根据不同的视角,体育人力资源具有不同的分类方法。

1. 体育人力资源不同利用形态

根据体育人力资源的不同利用形态,可以将其划分为:可供体育人力资源、在用体育人力资源和潜在体育人力资源三种类型。

可供体育人力资源是指有就业愿望的体育人力资源或想就业的劳动适龄人口。在用体育人力资源是指已经就业的体育人力资源。潜在体育人力资源是指暂时不能直接参加特定劳动,必须经过培训、开发等过程才能形成劳动能力的体育人力资源。不同形态的体育人力资源是可以相互转化的,可供体育人力资源如失业、待业运动员、教练员、体育教师等通过教育、训练等培训发展活动可转化为在用体育人力资源;潜在体育人力资源也可通过教育、训练、培训等开发活动转化为可供体育人力资源或在用体育人力资源;在用体育人力资源也可能由于体育生产劳动技能的下降转变为潜在体育人力资源。

2. 体育人力资源不同工作性质

根据体育人力资源的基本概念,并按照其属性可以划分为体育管理类、体育教育与科研类、竞技体育类和体育产业服务类四大类别八种类型(如图1-4所示)。

(1)管理型体育人力资源

管理型体育人力资源主要是指在国家机关、企事业单位的各级各类体育组织、社会团体中从事党、政事务的体育工作管理人员。管理型体育人力资源是体育管理中的主体,主要是依据国家政策法规进行计划、决策、组织、督查、评估和创新,并协调体育领域内各系统、组织有序地开展工作,为体育事业创造良好的发展环境,使体育组织高效运行。比如体育行政管理人员,主要来源于各级体育行政机关、体育专业学校、体育教学组织的体育行政管理工作者。

1

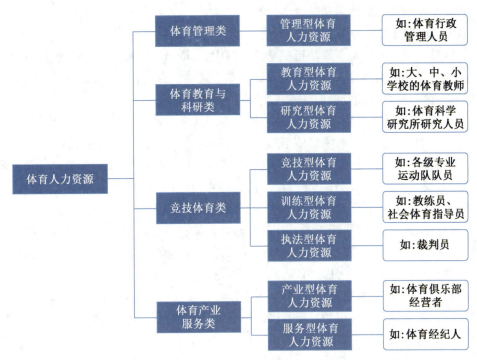

图1-4 体育人力资源分类(不同工作性质)

（2）教育型体育人力资源

教育型体育人力资源主要是在体育教育领域内具有教育教学、科研和管理能力，并直接或间接地从事育人工作的全部人口总和。体育教育人力资源主要来源于大、中、小学校的体育教师和体育专业学校的体育技术课教师、体育理论课教师及从事体育宣传、体育出版工作的体育工作者。教育型体育人力资源宣传国家的体育方针政策，提高人们对体育的认识，传授体育理论知识和运动技术，使青少年掌握身体锻炼方法，提高其基本技能和运动技术，增强体质，增进健康，提高社会适应能力，是发展体育事业的基础力量。

（3）研究型体育人力资源

研究型体育人力资源主要是指从事体育科学研究、体育科技开发、体育科学试验、体育科技保障、辅助人员。研究型体育人力资源主要从事体育基础性以及前沿性理论、技术性问题的研究与实验，探索与解决体育领域内的疑难问题。研究型体育人力资源主要来源于各级体育科学研究所的体育研究人员、体育情报人员、从事体育器材研发工作的工程技术人员、高等体育院校的理论研究型教师等。作为发展体育事业的前沿力量，研究型体育人力资源是建设体育强国不可忽视且必须得到迅速发展的人才队伍。

（4）竞技型体育人力资源

竞技型体育人力资源主要是指在体育竞技领域内，专门从事运动训练和参加体育竞技比赛的体育人力资源。竞技型体育人力资源是以自身机能、身体素质和运动技术创造优异运动成绩、争取比赛胜利，达到为集体为国家争取荣誉的目标，并以竞技水平的提高推动体育事业的发展。其主要来源于各级专业运动队、专业和业余体育学校、业余训练组

1

织和大中小学校训练队的运动员。

（5）训练型体育人力资源

训练型体育人力资源主要是指在竞技体育中,专职从事体育训练的教练员以及社会体育指导员。训练型体育人力资源主要是向专业运动员、社会体育人员传授体育运动知识和技能,进行体育运动专项训练,提供体育技能水平。

其中,体育教练员是指在体育竞技领域内专门从事运动训练工作,培养运动员成长的专门体育人力资源。体育教练员依据理论与实践相结合的原则,不断探索和研究提高运动技术和运动成绩的方法途径,充分挖掘和改善运动员的生理机能,以提高运动员的竞技能力,是发展竞技体育运动的主导力量。社会体育指导员是指在竞技体育、学校体育、部队体育以外的群众体育活动中从事技能传授、锻炼指导和组织管理工作的人员。凡符合条件,履行社会体育指导员职责者,均可根据《社会体育指导员技术等级制度》的规定,申请并获得社会体育指导员技术等级称号。在取得当地体育行政部门颁发的许可证,并经当地工商行政管理部门注册后,可以开展经营性体育活动。社会体育指导员技术等级称号分为:三级社会体育指导员、二级社会体育指导员、一级社会体育指导员、国家级社会体育指导员。社会体育指导员是发展我国体育事业,增进公民身心健康,提高生活质量,建设社会主义精神文明的重要力量。

（6）执法型体育人力资源

执法型体育人力资源主要是指在竞技体育中专职从事体育竞赛执法的技术官员、技术代表和裁判员。执法型体育人力资源主要围绕体育比赛开展工作,是体育竞技比赛的执法者,也是体育竞技比赛中不可或缺的重要人力资源。

其中,裁判员是运动竞赛过程中,依据竞赛规程和竞赛规则评定运动员(队)成绩、胜负和名次的人员。裁判员既是竞赛中的"执法人员",又是竞赛进行的组织者和领导者。裁判员水平的高低直接影响运动员技术、战术的发挥,也直接影响比赛的效果。裁判员应该具备以下条件:① 有高尚的道德品质,作风正派,坚持原则,公正无私,严肃认真,对所有运动员一视同仁。② 精通本项比赛的规程和规则,善于把规则精神运用到比赛中去。了解本专项当今世界的技术、战术发展趋势,不断进行观念和知识的更新,以提高裁判水平。

（7）产业型体育人力资源

产业型体育人力资源是指在体育领域内专门或间接从事体育产业的规划与设计、生产与经营、销售与施工等方面工作的人员。产业型体育人力资源主要是以体育为工作主题,以经营效益为目标,通过生产—经营—效益,最终达到促进体育事业发展的目标。

（8）服务型体育人力资源

服务型体育人力资源主要是指在体育领域内从事体育医疗、体育经纪、体育后勤保障等各类体育服务业的人员。服务型体育人力资源主要围绕体育领域开展各种有偿性服务。

其中,体育经纪人是指在体育领域中收取佣金,为促成他人交易而从事居间、行纪或代理等经纪业务的公民、法人和其他经济组织。凡符合条件,根据《体育经纪人管理办法》

取得合法资格者均可成为体育经纪人。体育经纪人在取得国家或当地体育行政部门颁发的许可证,并经当地工商行政管理部门注册后,可以开展经营性体育活动。

体育经纪人主要开展以下活动:

对体育比赛的经纪:① 取得比赛代理权:与举办比赛的有关体育组织及地方组委会协商谈判,然后签订合同,明确电视转播权、现场广告等的登记与保护。② 赛前策划:召开新闻发布会;电视转播的销售与分布;赛前形势分析预测等。③ 赛时实施:保证一切按计划实施,解决现场问题及电视直播比赛实况等。④ 赛后处理:做好赛事评估;赛后将有关文件和录像归档等。

对运动员的经纪:① 取得代理权:寻找目标运动员;进行协商和谈判;签订委托合同等。② 做好一揽子服务:为运动员寻找合适的俱乐部;为运动员寻找赞助商;为运动员管理财务、税收、投资等。

 【知识链接】

我国体育人力资源的能级分类(部分)

* 竞技类运动员:根据运动水平的高低,可以划分为健将级、一级、二级、三级和少年级运动员。其中少年级和三级运动员为初级人力资源,二级和一级运动员为中级人力资源,健将级(包括国际健将级)运动员为高级人力资源。

* 教练员:体育教练员设初级、中级、高级,名称分别为初级教练、中级教练、高级教练(副高级)、国家级教练(正高级)。统一后的体育教练员职称,与原体育教练员职务等级标准的对应关系是:原三级、二级教练对应初级教练;原一级教练对应中级教练;原高级教练对应高级教练(副高级);原国家级教练对应国家级教练(正高级)。

* 体育教师:中小学体育教师职称分为特级教师、高级教师、一级教师、二级教师、三级教师。大学体育教师分为教授、副教授、讲师和助教。其中大学的教授、副教授和中小学的特级教师、高级教师为高级人力资源;大学的讲师和中小学的一级教师为中级人力资源;大学的助教和中小学的二级教师为初级人力资源。

* 体育科研人员:体育科研人员可分为研究员、副研究员、助理研究员和实习研究员。其中研究员和副研究员为高级人力资源,助理研究员为中级人力资源,实习研究员为初级人力资源。

* 体育裁判员:体育裁判员可分为国际级裁判、国家级裁判、一级裁判、二级裁判、三级裁判五个等级,获得国际单项体育组织有关裁判技术等级认证者,统称为国际级裁判员。其中国际级和国家级裁判为高级人力资源,一级裁判员为中级人力资源,二级和三级裁判员为初级人力资源。

资料来源:国家体育总局网站,http://www.sport.gov.cn/n4/n207/n209/n23554520/c23616565/content.html。

第三节 人力资源管理

一、人力资源管理的基本概念

(一) 人力资源管理的内涵

人力资源管理(Human Resource Management，HRM)由社会学家怀特·巴克于1958年出版的《人力资源功能》一书中最早提出。后来，国内外学者从目的观、过程观、制度观、主体观和综合观等不同视角对人力资源管理的概念进行了阐释。其中，综合观是目前最广泛使用的观点，本书将人力资源管理(HRM)定义为：组织通过招聘、甄选、培训、报酬等管理形式对组织内外相关人力资源进行有效运用，满足组织当前及未来发展的需要，保证组织目标实现与成员发展最大化的一系列活动的总称。

人力资源管理包含宏观和微观两个层面，人力资源宏观管理是对社会整体的人力资源进行计划、组织、控制，从而调整和改善人力资源状况，使之适应社会再生产的要求，保证社会经济的运行和发展。人力资源微观管理是通过对企业事业组织的人和事的管理，处理人与人之间的关系，人与事的配合，充分发挥人的潜能，并对人的各种活动予以计划、组织、指挥和控制，以实现组织的目标。

(二) 人力资源管理的内容

人力资源管理主要包括以下内容(如图1-5所示)：

1. 人力资源战略与规划

人力资源战略是组织为实现战略目标而在雇佣关系、甄选、录用、培训、绩效、薪酬、激励、职业生涯管理等方面所做决策的总称。人力资源战略为组织人力资源管理的各项活动提供指导思想和发展方向，是组织发展战略的重要组成部分。人力资源规划是将人力资源战略进一步转化为可实施的阶段性目标、政策和措施，具体内容包括评估组织的人力资源现状及发展趋势、预测人力资源的供需、制定人力资源发展和培训计划等。良好的人力资源规划可以帮助组织减少不必要的损失，降低经营风险，保障平稳运行。

2. 工作分析

工作分析是对组织中某个特定职务的设置目的、任务或职责、权力和隶属关系、工作条件和环境、任职资格等相关信息进行收集与分析，并对该职务的工作做出明确的规定，且确定完成该工作所需的行为、条件、人员的过程。工作分析是人力资源管理工作的基础，其分析质量对其他人力资源管理模块具有举足轻重的影响。

3. 人员招聘与配置

人员招聘是根据人力资源规划和工作分析的要求从组织内外部吸收具有劳动能力的个体的过程，包括招募、选拔、评估、录用等一系列环节。招聘工作直接关系到组织人力资源的形成，有效的招聘工作不仅可以提高人员素质、改善人员结构，也可以为组织注入新的管理思想,增添新的活力,甚至可能带来技术、管理上的重大革新。招聘是组织整个人力资源管理活动的基础,有效的招聘工作能为以后的培训、绩效考核、薪酬福利、劳动关系管理等活动打好基础。因此,人员招聘是人力资源管理的基础性工作。

4. 人员培训与开发

人员培训是指组织有计划地实施有助于人员学习与工作相关能力的活动,这些能力包括知识、技能和对工作绩效起关键作用的行为。人员开发是指为组织人员未来发展而展开的正规教育、在职实践、人际互动以及个性和能力的测评等活动。人员培训与开发是为了满足组织不断发展的需要,为了提高人员的知识和技能,改善其工作态度,使其能够胜任本职工作并不断有所创新;并在综合考虑组织发展目标和人员个人发展目标的基础上,对其进行的一系列有计划、有组织的学习与训练活动。

5. 绩效管理

绩效管理是指各级管理者和下属为了达到组织目标,共同参与的绩效计划制定、绩效辅导沟通、绩效考核评价、绩效结果应用、绩效目标提升的持续循环过程,绩效管理的目的是持续提升个人、部门和组织的绩效。绩效管理在人力资源管理中处于核心地位,尤其是绩效考核结果在人员配置、培训开发、薪酬管理等方面都具有非常重要的作用。

6. 薪酬管理

薪酬管理是在组织发展战略指导下,对人员薪酬支付原则、薪酬策略、薪酬水平、薪酬结构、薪酬构成进行确定、分配和调整的动态管理过程。薪酬管理是人力资源管理的重要组成部分,人力资源管理部门需要根据组织人员的职位、资历、表现和工作结果等,来制定相应的、具有吸引力的薪酬制度,以帮助组织吸引和留住人才。

7. 职业生涯管理

职业生涯管理是现代人力资源管理的重要内容之一,是组织帮助人员制定职业生涯规划和职业生涯发展的一系列活动。职业生涯管理应看作是竭力满足管理者、下属、组织三者需要的一个动态过程。在现代组织中,个体最终要对自身职业发展计划负责,这就需要每个人都清楚地了解自己所掌握的知识、技能、能力、兴趣、价值观等。而且,还必须对职业选择有较深了解,以便制定目标、完善职业计划;管理者则必须鼓励下属对自己的职业生涯负责,在进行个人工作反馈时提供帮助,并提供其感兴趣的有关组织工作、职业发展机会等信息。组织则必须提供自身的发展目标、政策、计划等,还必须帮助人员做好自我评价、培训、发展等;当个体目标与组织目标有机结合起来时,职业生涯管理才会意义重大。

8. 劳动关系管理

劳动关系是指劳动者与用人单位依法签订劳动合同而在劳动者与用人单位之间产生的法律关系。人力资源管理旨在通过组织文化建设、规范化管理等措施,营造和谐的工作范围,发展良好的劳动关系。劳动关系是否融洽,直接关系到组织人力资源能否正常发挥效用。

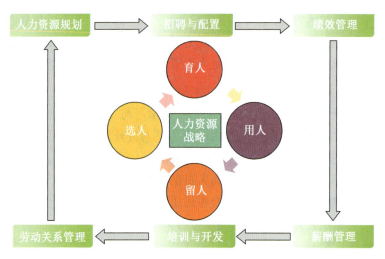

图1-5 人力资源管理主要内容

【知识链接】

人力资源管理"5P"模型

郑晓明博士在《现代企业人力资源管理导论》一书中提出人力资源管理的"5P"模式：识人（Perception）、选人（Pick）、用人（Placement）、育人（Professional）、留人（Preservation），为组织建立一整套科学有效的人力资源管理体系提供了很有价值的借鉴意义。

□ 识人：人才识别是以科学的人才观念为指导，借助科学的人才测评技术和手段，识别符合组织需求的真正的人才。只有正确识别出人才的知识、技能与能力，才能为人才的选用提供科学依据，为人力资源管理奠定基础。人才的识别必须以建立岗位胜任力素质模型为核心，重点建立人员素质测评系统和岗位分析与评价两个子系统。

□ 选人：选人是"先导"，选人必须在"识人"的基础上进行，围绕岗位胜任力模型，设计科学的选拔方案，同时借助选拔工具和手段提高选拔的信度和效度。首先，必须在工作分析的基础上建立和完善岗位说明书，并定期进行岗位评价，实施动态管理。其次，采用现代化的手段和工具，引入诸如网络面试、文件框测试、角色扮演、情景模拟等人才测评手段，采用网络化和科学化的测评工具，提高选人的科学性。

□ 育人：育人是"动力"，育人必须以战略为导向，既注重满足当前需求的培训，更注重满足未来需求的开发，着力建立一套科学的培训与开发体系。首先，应从战略层次提出组织当前和未来发展所必需的人力资源数量和素质特征。其次，针对组织当前对人力资源素质的需求，制定培训计划并实施，以化解当前的技能风险。第三，针对组织未来发展对人力资源的数量和素质的需求，制定具体的开发方案，以化解未来的技能风险。

□ 用人：用人是"核心"，组织人力资源管理的出发点和落脚点在于用人，通过对人力资源的合理配置和使用,达到人尽其才、才尽其用,同时达成组织既定的目标。具体来说,首先,应在组织发展战略的基础上,制定人力资源战略规划,并分解制定科学合理的年度招聘计划,严格界定需引进人才的数量、层次和结构等内容;其次,在人力资源配置过程中,遵循"量才适用、科学合理配置"的原则,建立和完善人员流动机制。

□ 留人:留人是"目的",留人要解决"留什么人,怎样留人"问题,必须围绕"持续激励人"核心,建立科学的考核与薪酬体系。显然组织应该留住的是人才,而人才又可以分为"现实的人才"和"潜在的人才"两类。对于前者,组织要给予奖励和晋升,激励其继续为组织工作;对于后者,组织要给予培训与开发,使其尽快成为现实的人才。绩效考核与薪酬体系必须围绕如何留住组织所需要的人才展开。

资料来源:百度官方网站,http://www. baike. baidu. com/item/人力资源管理 5P 模型/4377882。

(三) 人力资源管理的功能

人力资源管理的功能是通过人力资源管理的内容来实现的,其基本功能包括获取、整合、保持、评价和发展五个方面。

1. 获取

根据组织目标确定的所需人员条件,通过规划、招聘、考试、测评、选拔、获取所需人员。获取职能包括工作分析、人力资源规划、招聘、选拔与使用等活动。

(1) 工作分析:是人力资源管理的基础性工作。在这个过程中,要对每一职务的任务、职责、环境及任职资格做出描述,编写出岗位说明书。

(2) 人力资源规划:是将组织对人员数量和质量的需求与人力资源的有效供给相协调。需求源于组织工作的现状与对未来的预测,供给则涉及组织内部与外部的有效人力资源。

(3) 招聘:应根据对应聘人员的吸引程度选择最合适的招聘方式,如利用报纸广告、网上招聘、职业介绍所等。挑选有多种方法,如利用求职申请表、面试、测试和评价中心等。

(4) 使用:经过上岗培训,给合格人员安排工作。

2. 整合

通过组织文化、信息沟通、人际关系和谐、矛盾冲突的化解等有效整合,使组织内部的个体目标、行为、态度趋向组织的要求和理念,形成高度的合作与协调,发挥集体优势,提高组织生产力和效益。

3. 保持

通过薪酬、考核,晋升等一系列管理活动,保持人员的积极性、主动性、创造性,维护劳动者的合法权益,保证在工作场所的安全、健康、舒适的工作环境,以增进满意感,使之安心满意的工作。保持职能包括两个方面的活动:一是保持人员的工作积极性,如公平的报酬、有效的沟通与参与、融洽的劳资关系等;二是保持健康安全的工作环境。

(1) 报酬:制定公平合理的薪酬制度。

（2）沟通与参与：公平对待组织人员、疏通关系、沟通感情和参与管理等。

（3）劳资关系：处理劳资关系方面的纠纷和事务，促进劳资关系的改善。

4. 评价

对组织人员工作成果、劳动态度、技能水平以及其他方面进行全面考核、鉴定和评价，为做出相应的奖惩、升降、去留等决策提供依据。评价职能包括工作评价、绩效考核、满意度调查等。其中绩效考核是核心，是奖惩、晋升等人力资源管理及其决策的依据。

5. 发展

通过培训、工作丰富化、职业生涯规划与开发，促进组织人员知识、技巧和其他方面素质提高，使其劳动能力得到增强和发挥，最大限度地实现其个体价值和对组织的贡献率，达到个体和组织共同发展的目的。

（1）人员培训：根据个人、工作、组织的需要制定培训计划，选择培训方式和方法，对培训效果进行评估。

（2）职业发展管理：帮助组织人员制定个人发展计划，使个人发展与组织发展相协调，满足个人成长的需要。

二、人力资源管理的演变历史

（一）人力资源管理在西方的发展

从时间上看，从 18 世纪末开始的工业革命，一直到 20 世纪 70 年代，这一时期被称为传统人事管理阶段。

1. 劳工管理阶段

当手工业劳动的效率无法满足日益扩大的市场需求时，第一次工业革命带来了重大的技术突破，大机器生产替代了传统的手工业劳动。这个时期，工厂成为新的生产单位，管理者是工厂主。员工进入工厂劳作，使用机器进行生产，大大提高了生产效率。工业革命不仅推动了生产方式的变革，也促进了人力资源管理方式的变革。为了管理工厂内部的员工，工厂主设置专门的部门对员工进行管理，通过监督和培训使其高效地完成工作，提高生产效率。此阶段的人事管理主要是与大机器生产相适应，以物质利益为主要手段，提高企业生产效率为主要目的。

2. 古典管理阶段

20 世纪初，以弗雷德里克·温斯洛·泰勒等为代表，开创了古典管理理论学派，并推动了科学管理实践在美国的大规模推广和开展。该学派认为组织有着严格的等级制度，推崇自上而下的管理，并通过报酬来激励员工。1911 年泰勒发表了《科学管理原理》一书，这本著作奠定了科学管理理论的基础，因而被西方管理学界称为"科学管理之父"。泰勒指出管理的根本目的在于谋求最高劳动生产率，最高的工作效率是雇主和雇员达到共同富裕的基础；同时，通过"计件工资制"和"计时工资制"实现劳动定额管理，用科学化、标准化的管理方法代替经验管理，从而达到最高工作效率。

科学管理制度在大幅度提高生产效率的同时,也使得工人的劳动变得异常劳累、单调和紧张,逐步引起了工人们的强烈不满,出现了怠工、罢工等劳资关系紧张的事件。另一方面,伴随科学进步和经济发展,拥有较高技术水平和文化水平的工人逐步占据主导地位,体力劳动也逐渐让位于脑力劳动,这使得西方产业界感到单纯用科学管理管理已不能有效主导员工以实现提高生产率获取利润的目的,因此,新的管理思想和方法应运而生。

3. 人际关系阶段

1929 年美国哈佛大学教授梅奥率领一个研究小组到西屋电气公司的霍桑工厂进行了长达九年的霍桑实验,真正揭开了对组织中人的行为研究的序幕。以霍桑实验为起源的"人际关系运动"主张通过协调企业内部的人际关系来提高劳动生产率,指出人际关系的好坏对企业生产具有重要影响,这项运动推动了整个管理学界的革命,也对人力资源管理产生了重大影响。

霍桑实验结果由梅奥于 1933 年在《工业文明中人的问题》一书中正式发表,他指出:(1) 人是"社会人",是复杂的社会关系的成员,因此,要调动工人的生产积极性,还必须从社会、心理方面去努力;(2) 工作效率主要取决于工人的积极性、工人家庭和社会及组织中人与人之间的关系;(3) 除了正式组织外还存在着非正式团体,这种无形组织有其特殊情感和倾向,可以左右成员的行为,对生产效率的提高具有举足轻重的作用;(4) 工人所要满足的需要中,金钱只是其中的一部分,大部分的需要是情感上的慰藉、安全感、和谐和归属感;(5) 管理人员尤其是基层管理人员应该像霍桑实验人员那样重视人际关系,设身处地地关心下属,通过积极的意见交流,达到情感的上下沟通。

4. 行为科学管理阶段

20 世纪 20 年代中期至 30 年代初,梅奥通过霍桑试验创立了人际关系理论。1949 年在美国芝加哥召开的第一次跨学科会议上,首次提出行为科学的名称。后来,学者们开始研究人的行为、社会现象和心理现象,发现工人的行为、需要、动机和个性都会对工作效率带来重要影响。

美国人本主义心理学家亚伯拉罕·马斯洛认为人作为一个有机整体,具有多种动机和需要,包括生理需要,安全需要,归属与爱的需要,自尊需要和自我实现需要。当人的低层次需要被满足后,会转而寻求实现更高层次的需要。美国行为科学家麦格雷戈于 1957 年在文章《企业中人的方面》中提出了 Y 理论,认为人的本性是喜爱工作,在一般情况下,人们能主动承担责任,是受内在兴趣自我驱动的,热衷于发挥自己的才能和创造性,大多数人都具有解决组织问题的能力。因而在管理中,为了促使人们努力工作,应考虑工作对于员工的意义,鼓励员工参与目标的制定;以"启发和诱导"来代替"命令和服从",用信任代替控制和监督;重视员工的各种需要和内在激励,并尽可能在实现组织目标过程中予以最大的满足。行为科学管理理论的提出和发展,使得学者们开始从心理学、社会学视角研究人的行为、需求和动机,从简单人力资源管理向科学管理的转变,是从对工作的管理向对人的管理的转变。

5. 现代人力资源管理阶段

从 20 世纪 70 年代末以来,传统的人事管理让位于人力资源管理。"人力资源"这一概念早在 1954 年就由现代管理学之父彼得·德鲁克在其著作《管理实践》提出并加以明确界定。20 世纪 60 年代末、70 年代初艾德佳·沙因提出"复杂人"假设,认为:人是很复杂的,不仅人与人之间在能力和需求方面存在着差异,而且每个人在不同的年龄、不同的时间、不同的地点和不同的场合也有不同的表现。每个人的需要及需要的层次都不尽相同。随着年龄的增长、知识的增长、地位的改变,以及人与人之间关系的变化,人的需要和潜力都会发生变化。虽然"经济人""社会人""自我实现人"的假设各有其合理性的一面,但是并不适用于一切人。1970 年由美国管理心理学家约翰·莫尔斯和杰伊·洛希根据"复杂人"的假定,提出的超 Y 管理理论,主要见于 1970 年《哈佛商业评论》杂志上发表的《超 Y 理论》一文和 1974 年出版的《组织及其他成员:权变法》一书中。该理论认为:人在同一时间内有各种需要和动机,它们会相互作用并构成一个错综复杂的动机模式。因此,不可能存在一种适合于任何时代、任何组织和任何个人的管理方法。要求管理人员能够做到具体问题具体分析,灵活运用不同的管理措施。

20 世纪 80 年代以来,人力资源管理理论不断成熟,并在实践中得到进一步发展,为组织所广泛接受,并逐渐取代人事管理。进入 20 世纪 90 年代,人力资源管理理论不断发展,人们更多的探讨人力资源管理如何为组织战略服务,人力资源部门的角色如何向组织管理的战略合作伙伴关系转变。战略人力资源管理理论的提出和发展,标志着现代人力资源管理的新阶段。

 【知识链接】

现代人力资源管理与传统人事管理的区别

现代人力资源管理与传统人事管理的区别主要体现在四个方面(详见表 1-1):第一,传统人事管理是单纯的事务性、技术性管理,现代人力资源管理更具有战略性,着眼于组织的长远发展。第二,传统人事管理以利益、事务为中心,将人视为工具,忽略了人的价值;现代人力资源管理以人为本,把人视为重要的组织资源,主动开发利用人力资源。第三,传统的人事管理部门是组织内部执行工作的职能部门,而现代人力资源部门已成为组织的生产效益部门。最后,在员工管理方式上,传统人事管理将员工视为"经济人",实行工具化的行政管理,而人力资源管理将员工视为"社会人",实行人本化管理。

表 1-1 现代人力资源管理与传统人事管理的区别

比较项目	人力资源管理	传统人事管理
管理导向	过程导向	成果导向
管理理念	以人为本 将员工视为有价值的资源	以利益为本 将员工视为成本负担

（续表）

比较项目	人力资源管理	传统人事管理
管理目标	满足员工自我发展需要 保障组织实现长远利益	保障组织实现短期目标
视野	长远性	短期性
部门性质	生产、效益部门	非生产、非效益部门
与其他部门关系	合作关系	职能式
地位	决策层	执行层
管理功能	系统整合	单一分散
管理对象	雇佣双方	员工
管理深度	注重开发潜能	注重管理人员
管理焦点	人力资源的发展	绩效考核
管理方案	变化的、挑战的	例行的
工作方式	参与、透明	控制、命令
劳资关系	平等、和谐	从属、对立
HRM 实践	范围广泛	范围狭窄

资料来源：百度官方网站，http://www.baijiahao.baidu.com/s? id＝1680492004177138338&wfr＝spider&for＝pc。

（二）人力资源管理在中国的发展

1. 传统劳动人事管理阶段（1949—1977 年）

新中国成立以来，为了发展社会经济，提升人民群众的生活水平，我国出台了一系列方针政策，毛泽东同志在 1955 年发表的《中国农村的社会主义高潮》中首次提到人力资源一词。1978 年以前，我国实行的是高度集中的计划经济体制，其劳动人事管理的特点表现为：企业按照政府的劳动用工指标招收普通职工并使之终身就业；企业根据国家有关部门的干部指标设置管理岗位，并根据级别高低由政府任命或批准任命管理人员，企业管理人员拥有行政级别，属于国家的干部序列。当时只有以国家层面的"统包就业""固定用工制度""大锅饭"等为特征的劳动人事工资计划管理体制，并不存在组织层面的人力资源管理。

2. 现代人力资源管理起步阶段（1978 年—20 世纪 90 年代初）

20 世纪 90 年代初，我国的一系列国企改革措施（如放权让利、经济责任制、利税改、承包制等）都是在不触及所处经济体制改革的前提下开展的，国企改革是探索式、渐进式的。与之相适应的劳动人事制度改革也是局部性、零散的，其主线就是把劳动、人事、工资等方面的相关权力试图从政府逐渐分离出来，作为扩大企业自主权的内容。与此相关联的一系列劳动人事制度改革包括:恢复奖金制度、试行符合企业生产特点的工资分配制度、探索改革国家统包统配的就业制度、扩大企业对职工和管理人员的用人权等。在此阶段的国企改革中,劳动人事管理体制并不是改革的重点,所以在改革开放之后的相当一段时间内,国企的干部人事、劳动用工和分配制度还是维持了计划经济时代所谓的"三铁"(铁饭碗、铁交椅、铁工资)。

3. 现代人力资源管理成长阶段(20世纪90年代中期—21世纪初)

1992年10月,党的十四大报告正式提出,我国经济体制改革的目标是要建立社会主义市场经济体制,标志着我国经济体制改革和国有企业改革逐渐呈现市场化趋势。与之相适应,市场经济转型期人力资源管理改革也开始明确市场化方向,并且其市场化进程得到明显提速。这一阶段的人力资源管理改革因处于市场经济转型期而具有明显的市场化倾向。由于过去的劳动人事制度改革只是局部的、零散的,改革所涉及的企业职工是有限的,分配制度改革其实也只是增量调整,这种改革并未对企业职工产生太大冲击。然而,随着国有企业战略性改组和减员增效的提出,广大低效冗余职工的下岗和分流成为现实,"三铁"也被逐渐打破。

4. 现代人力资源管理成熟阶段(21世纪以来)

2002年党的十六大以后,大多国有企业纷纷加入改制浪潮之中。许多企业通过一定的经济补偿手段将国有企业职工的身份从企业人置换为社会人,企业的劳动用工制度、人事制度、分配制度都发生了根本性的变化,以适应市场竞争的要求。2007年6月29日,第十届全国人大常务委员会第二十八次会议审议通过了《中华人民共和国劳动合同法》,并决定自2008年1月1日起施行,推动了企业人力资源管理的法制化进程。2010年6月6日,中共中央、国务院颁布了我国第一个中长期人才发展规划——《国家中长期人才发展规划纲要(2010—2020年)》,提出了"12项重大人才工程","统筹抓好党政人才、企业经营管理人才、专业技术人才、高技能人才"建设,以及"加强产学研合作,重视企业工程技术与管理人才的培养,推动科技人才向企业集聚"等决定,推动了中国企业人力资源开发与管理机制的全面建设,也为"十二五"期间中国企业人力资源管理提供了良好的政策环境和机遇。2016年,中共中央印发了《关于深化人才发展体制机制改革的意见》,着眼于破除束缚人才发展的思想观念和体制机制障碍,解放和增强人才活力,形成具有国际竞争力的人才制度优势,聚天下英才而用之,明确深化改革的指导思想、基本原则和主要目标,从管理体制、工作机制和组织领导等方面提出改革措施。2022年4月29日,中共中央政治局召开会议,分析研究当前经济形势和经济工作,审议《国家"十四五"期间人才发展规划》,这是党中央部署的一项重要工作,是落实中央人才工作会议精神的具体举措,也是国家"十四五"规划的一项重要专项规划。改革开放以来,我国企业的人力资源管理进入了一个战略发展时期,以人为本的思想得到了广泛认同,人力资源已经成为核心资源,企业逐渐建立起了完善的人力资源管理体系和制度。

小看板

中国古代的人事管理

中国的人事管理实践,源远流长。从秦始皇统一中国到南北朝时期,中国的人事管理已具备雏形。两汉时期以来,封建朝廷在选拔用人方面,采用了察举与征辟、策试、上书言事等多种办法,建立了考绩制度和培训机构(官学和私学),出现了爵(等级)、位(职务)、禄(工资)的分开管理办法。隋唐以后,科技制度(即选人用人制度)发展到了成熟阶段,实行了考试、培训、调动、任免、俸禄、退休等一系列制度,建立了专管考试、考核、任免、奖惩、监察等管理机构,形成了一套完整的封建官僚的人事制度。这种制度一直延续到明清时代。

古代人事部叫吏部。东汉始置吏曹,改自尚书常侍曹,魏晋以后称吏部。吏部下设吏部司、司封司、司勋司、考功司,掌管天下文官的任免、考课、升降、勋封、调动等事务。古代吏部管理官员,主要采用考绩。以宋代考绩为例,宋代考绩的种类:一是磨戡。朝廷指定特别官员或官署以总核百僚之功过,类似于唐朝的校考。二是历纸,即考状,类似于政绩档案。由百司长官在平时记录,把部属的成绩作为衡量考核的依据,类似于唐朝的司考。在京的朝官由审官院负责考核,地方政府各级官员由考课院负责考核。考课的标准,开国初期沿袭唐制的"四善"而分列为三个等级:政绩优异者为上,职务粗理者为中,临事驰慢者为下。

三、人力资源管理的发展趋势

1. 组织特征变化带来人力资源管理的全球化趋势

目前,组织竞争领域已经扩展到全球,越来越多的组织实现了全球化。组织的全球化,必然要求人力资源管理策略的全球化。全球化要求企业拥有全球视野和战略眼光;重视全球化人才的培养;有开放的心态和学习力;致力于建立系统化的组织管理与制度体系;有永不满足的进取心和坚强的毅力;不断追求创新的产品或服务。人力资源管理的全球化趋势要适应组织全球化运作和人力资源多元化的需求。全球化组织的人才要具有全球视野、认同组织的文化、具有创新意识和持续的学习习惯。

2. 技术和工作方式变化带来人力资源管理的虚拟化趋势

信息化和低碳经济时代,信息技术的变革使得在家办公、网络办公、协同工作等工作方式逐渐流行,与此相对应的人力资源虚拟化管理也成为一种趋势。虚拟化的人力资源管理作为适应信息化、网络化发展的组织管理的一种策略,是人力资源管理发展的一种新的趋势,使组织运用自身最强的优势和有限的资源,最大限度地提高组织竞争能力,使人力资源管理工作变得更加具有弹性和战略性。人力资源信息化管理、人力资源外包化管理以及人力资源外延化管理是虚拟化的人力资源管理的主要形式。

3. 人力资源管理对象变化带来知识型员工管理趋势

在新经济时代,组织的核心是人才,人才的核心是知识创新者与企业家。人力资源管理面临新三角:知识型员工、知识工作设计、知识工作系统。人力资源管理要关注知识型员工的特点,其重点是有效开发与管理知识型员工,对知识型员工采用不同的管理策略。

(1)知识型员工的有效开发。知识型员工拥有知识资本,因而在组织中有很强的独立性和自主性。这就必然带来新的管理问题,从而要求组织在对知识型员工授权赋能的同时强化人才的风险管理,使组织的内在要求与员工的成就意愿、专业兴趣相协调。知识型员工具有较强的流动意愿,不希望终身在一个组织中工作,由追求终身就业饭碗转向追求终身就业能力,从而为组织保留人才带来了新的挑战。

(2)知识型员工的有效管理。知识型员工的工作过程难以直接监控,工作成果难以衡量,使价值评价体系变得复杂而不确定,因此,组织必须建立与知识型员工工作特征相一致的价值评价体系和价值分配体系。知识型员工的能力与贡献差异大,出现多种需求模式,需求要素及需求结构也有了新的变化。知识型员工出现了新的内在需求,这些需求是传统的需求模型难以满足的,因而组织必须从更广的范围和更新的视角来考虑对知识型员工的全面激励方案。另外,知识型员工的特点要求领导方式有根本的转变,建立知识工作系统,创新授权机制。

4. 员工关系变化带来战略合作劳动关系趋势

组织与员工关系的新模式是以劳动契约和心理契约为双重纽带的战略合作伙伴关系。新经济时代,组织与员工之间的关系需要依据新的游戏规则来确定,这种新的游戏规则就是劳动契约与心理契约。

(1)以劳动契约和心理契约作为调节员工与组织之间关系的纽带。一方面要依据市场法则确定员工与组织双方的权利义务关系、利益关系;另一方面要求组织与员工一道建立共同愿景,在共同愿景的基础上就核心价值观达成共识,培养员工的职业道德,实现员工的自我发展与自我管理。

(2)组织要关注员工对组织的心理期望与组织对员工的心理期望之间达成的"默契",在组织和员工之间建立信任与承诺关系。通过实现员工的自主管理来实现员工对组织的认同,实现组织公民行为。人力资源管理中,不能仅从组织的价值立场考虑问题,还要从员工的价值立场考虑问题,实现相关利益者价值平衡。

(3)建立组织与员工双赢的战略合作伙伴关系,实现个人与组织共同成长和发展。由此,员工个人的诉求和正常利益通过谈判、对话等形式实现,部分员工成为企业所有者;企业对员工的管理基于制度实现人性化管理,二者形成利益共同体,实现和谐的战略合作劳动关系。

5. 人力资源数字化趋势势不可挡

提升人力资源的精细化管理水平,在人力资源管理中引入数字化技术也是不可或缺的。数字化技术能够帮助 HR 更全面详细地了解组织的人才相关数据,帮助进行人才决策、人才分析。相关调研数据显示,超过 50% 的企业已经启动 HR 数字化转型工作,数字

1

技术在人力资源管理上呈现出应用范围不断扩大、应用力度不断加强的态势,人力资源数字化势在必行。

目前市场也已经推出各种类型的人力资源数字化服务产品,已有部分企业先行先试,例如利用大数据进行人员分析盘点,利用 VR 技术进行人员沉浸式培训、举办"元宇宙"招聘会等。面向"元宇宙"时代,人力资源数字化市场规模预计将持续增长,根据《2022 年中国人力资源数字化研究报告》的数据统计,中国人力资源数字化市场规模在 2024 年预估将接近 400 亿元。

6. 员工管理从"被动管理"走向"自我管理"

绩效管理工具 OKR(目标与关键成果法)在近些年成为许多企业追捧的"热点",很多企业都希望在内部落地使用 OKR 工具进行员工绩效管理。OKR 作为一种较晚出现的绩效管理工具,在互联网行业中应用较为广泛,谷歌、字节跳动等企业均借力 OKR 工具实现了业务快速发展。与传统的 KPI 绩效管理工具不同的是,OKR 倡导让员工自主制定工作目标,更加关注激发员工的内驱力,鼓励员工进行自主创新。

以 OKR 为代表的管理工具成为热点潮流,也体现了人力资源管理工具的选择正在从"被动管理"走向"自我管理"。此趋势与人力资源管理对象的新变化也有关联,目前职场上 90 后、00 后员工的人数越来越多,相比于 70 后、80 后的员工,这些新生代员工更加注重自我感受,更具有创新精神,不喜欢被束缚和控制,因此与传统的 KPI 强制下达固定的考核目标相比,OKR 这种管理工具更具有灵活性,更加符合 90 后、00 后员工的内心需求。

7. 员工关怀变得尤为重要

随着外部环境的不确定性增加,员工的工作方式、生活方式也遭受了巨大挑战和变化。疫情之下,员工的心理和工作状态也受到了一定程度的影响,相关调研数据显示,42% 的员工心理健康状况有所下降,40% 的员工感觉到工作压力大,并对其工作效率、健康和家庭稳定产生了负面影响。还有一些员工对工作和人生持有消极态度,出现职业倦怠,出现"躺平"现象,这些因素无疑会对企业组织绩效、经营业绩的达成造成不利影响。

未来,员工健康、心理压力等话题将朝着正确的方向迈出一大步,人力资源部门需要采取有效方法来提高员工的幸福感,这涉及开发更全面的员工福利方案,重点关注心理、身体和财务福利。制定有效的员工健康计划,保障员工身心健康也同样重要,健康计划的组成部分包括体育锻炼机会、营养指导和建议、心理健康支持、压力管理教育、办公环境提升。

8. 更加重视内部人才培养

党的二十大报告提出"深入实施人才强国战略,培养造就大批德才兼备的高素质人才,是国家和民族长远发展大计",再次重点强调了"人才强国"战略,明确了人才对于国家民族发展的重要性,对于企业而言亦是如此。近年来,人才培养也受到越来越多企业的重视,建立内部人才梯队、挖掘内部人才也成为多家企业人力资源部门的重点工作之一。相关调查显示,组织内部流动性提升将成为 2023 年人才招聘趋势之一。

内部培养人才也是企业"降本增效"的最佳方式之一。外部直接引进"空降兵"虽然见效迅速、上岗快,但是相对而言成本会较高,也存在着无法融入企业、对企业忠诚度较低等风险。而企业内部培养人才往往成本更低,人才与岗位的匹配度更高、对企业忠诚度也更高、雇佣关系更加稳固。华为、腾讯、中粮、万科等各大行业的头部企业,一般都会有一套完善的内部人才培养体系,尤其是在管理队伍上,通常都有相应的后备人才培养计划或及继任者计划,通过企业内部源源不断地培养人才、输送人才,保障企业人才队伍的稳定性,从而也能更好地支撑企业战略目标的实现。

第四节　体育人力资源管理

一、体育组织概述

(一) 体育组织的内涵

体育组织(Sports Organization)是指在一定的社会环境中,为实现体育方面的共同目标,按照一定结构形式结合起来,根据特定规则开展体育活动的社会实体。

一般包含以下要素:

1. 一定数量的成员

这是体育组织生存和发展的先决条件,但对成员的数量没有具体的规定,小到几个人的运动训练队,大到上万人的体育企业,都可以称为体育组织。

2. 特定的组织目标

目标决定组织的性质、规模和发展方向,是体育组织存在的依据。

3. 清晰的组织结构

任何一个体育组织都需要有一定的组织结构,它关系到组织活动的效率和组织目标能否实现。

4. 明确的规章制度

规章制度是用来约束组织成员的活动,要求组织成员共同遵守的规范性文件。它是组织活动的依据,是实现组织目标的必要条件。

小看板

从"体育社团"到"体育组织"

修订体育法是一项系统工程,立法质量对体育行业发展影响深远,法治宣传意义重大。笔者重点对大众关注的热点问题——"体育社会团体"章名修订为"体育组织"进行解读。

一、基于我国"体育社团"相关概念的认知

"体育社会团体"相关概念从"社会团体"相关概念移植而来。新中国成立以来,特别是改革开放后,我国法规中与"社会团体"相关的词主要有中介组织、社会团体、民间组织和社会组织等,移植于体育也即体育中介组织、体育社会团体、体育社会组织、体育组织等。

《中共中央关于建立社会主义市场经济体制若干问题的决定》(1993)中采用"中介组织"一词,提出"中介组织要依法通过资格认定……建立自律性运行机制";《社会团体登记管理条例》(1998)则用"社会团体"一词,明确"本条例所称社会团体,是指……按照其章程开展活动的非营利性社会组织";《关于改革社会组织管理制度促进社会组织健康有序发展的意见》(2016)中指出"以社会团体……为主体组成的社会组织";《中华人民共和国民法典》(2020)第90条规定"具备法人条件……为公益目的或者会员共同利益等非营利目的设立的社会团体,经依法登记成立,取得社会团体法人资格"。由此看来,我国在法律法规层面上,社会团体相关概念处于模糊的游走状态。

原体育法用的是"体育社会团体"。截至目前,学界尚未对"体育社会团体"形成统一认识,但达成了三点共识:一是具有非营利性的法律属性,二是具有独立的法律地位,三是与政府、企业、社会之间存在多向互动关系。需要指出的是:我国的"体育社会团体"发展滞后,且有大量民间体育组织并不满足《中华人民共和国民法典》"依法登记成立"的要求,但这些体育组织正广泛参与体育社会运行,是推动我国体育事业发展的重要力量。而现有的"体育社团"和"体育社会组织"是一个不包含"未经依法登记的草根性体育组织"的概念。

二、"体育组织"是章名最优选择

党的十八大以来,我国在推进国家治理方面出台了一系列改革方案,如《国务院机构改革和职能转变方案》(2013)、《中共中央关于全面推进依法治国若干重大问题的决定》(2014)、《关于改革社会组织管理制度促进社会组织健康有序发展的意见》(2016)等文件,均使用社会组织的名称,且明确了社会组织包含社会团体。这些政策性文件及法规的覆盖范围正朝着纵深及宽泛两个维度发展,显然"体育社会团体"所涉范围无法满足体育社会治理理论发展的要求。这也是草案初稿确定章名为"体育社会组织"的主要原因。

"体育社会组织"与"体育组织"相比,前者的覆盖范围主要被限定为"法人"组织,不包括"学校体育中的组织"及企事业单位内部自愿组织设立的体育组织,更不包括社会上未经依法登记的体育组织。随着我国体育管理体制和运行机制改革不断深入,我们需要对更大范围的体育社会进行规制。而"体育组织"的覆盖范围明显大于"体育社会团体"和"体育社会组织",以未来我国体育事业发展计划,"体育组织"更符合国家政策导向与社会发展要求。

从体育全球化角度看,"体育组织"更符合国际体育界对举办和发展体育活动主体的习惯之称谓。从相关座谈调研及问卷调查情况看,对采用"体育社会组织""体育组织"为章名持赞成态度的占比为 37.66％和 41.39％,具有一定的社会基础。

新修订的体育法已将"体育社会团体"章修订为"体育组织"。自草案起草以来,该章名就在探索使用"体育社会团体""体育社会组织"还是"体育组织",且在修订草案初稿中章名定为"体育社会组织"。综上,笔者认为"体育组织"覆盖面更宽泛,更契合我国对体育社会发展的期许,是最优选择。(转自 2022 年 7 月 4 日《中国体育报》01 版)

资料来源:国家体育总局网站,http://www.sport.gov.cn/n20001280/n2000165/n20067533/c24429696/content.html。

(二)体育组织的类型

根据不同的标准,可以将体育组织划分为不同的类型,比如:按照是否营利,划分为营利性体育组织和非营利性体育组织;按照有无正式结构,划分为正式体育组织和非正式体育组织;按照组织的规模,划分为小型体育组织、中型体育组织、大型体育组织和巨型体育组织;按照组织主要职能,划分为管理型体育组织、竞技型体育组织、休闲型体育组织、商品型体育组织、学术型体育组织和媒介型体育组织。下面具体介绍一下按照组织功能划分的六种体育组织类型。

1. 管理型体育组织

管理型体育组织主要是指体育行政部门(如国家体育总局)和各个单项体育协会(如中国足球协会)。其主要职责是制定促进体育工作发展的政策法规和发展规划并监督实施,指导各种体育活动,通过财政预算中体育经费的分配和使用介入体育活动,实现政府体育目标。

2. 竞技型体育组织

竞技型体育组织的主要目标是提高竞技运动水平,培养高水平运动员。目前,我国竞技型体育组织有国家(集训)队、各省市体工队、竞技体校和职业俱乐部等。

3. 休闲型体育组织

休闲型体育组织是指提供休闲体育活动从而使人们获得身心愉悦的各种体育组织。休闲运动是在现代社会快节奏的工作和生活环境下,人们利用闲暇时间,主动地随意地体验各种以身体活动为基础的一种娱乐、健身的过程,是身体放松必不可少的运动。随着我国经济进入高速发展期,国民生活水平逐步提高,闲暇时间逐步增多,人们越来越关注自身的发展,这些都在客观上促进了各类休闲型体育组织的发展。

4. 商品型体育组织

商品型体育组织是指从事体育商品制造、销售与服务的组织。国际知名企业耐克(Nike)、阿迪达斯(Adidas)、锐步(Reebok)、彪马(Puma)、美津浓(Mizuno)以及国内知名企业李宁、安踏、鸿星尔克、特步等均属于商品型体育组织。

5. 学术型体育组织

学术型体育组织主要是指从事体育科研活动的各种组织,比如国家及省市体育科学研究所、大学中各种体育研究中心与实验室等。这类组织为竞技体育和大众体育活动等提供理论、方法和技术上的支持,世界各国都设有专门的体育研究机构为本国体育运动服务。

6. 媒介型体育组织

媒介型体育组织主要是指把体育运动与体育受众或商业相联系的组织,主要包括各种体育媒体和体育经纪公司。伴随我国经济的迅速发展,体育产业化的步伐也飞速加快,在体育产业化的过程中,各种媒介型体育组织发挥了重要作用。

二、体育人力资源管理的基本概念

(一) 体育人力资源管理的内涵

体育人力资源管理是指体育组织通过招聘、甄选、培训、报酬等管理活动,对体育组织内相关人力资源进行合理配置、有效开发和科学管理,满足体育组织的目标以及组织内成员个人目标的过程。

(二) 体育人力资源管理的内容

体育人力资源管理是对体育组织内人力资源的开发、利用和管理的动态过程,主要涵盖以下主要内容(如图 1-6 所示):

1. 体育人力资源战略与规划

体育人力资源战略是为实现体育组织的总体战略而制定的人力资源方面的政策方针,是体育组织总体战略的重要组成部分。体育人力资源规划是将人力资源战略进一步转化为可实施的阶段性目标、政策和具体措施,主要包括评估体育组织人力资源现状及发展趋势、预测体育组织的人力资源供需情况、制定人力资源发展和培训计划等。

2. 工作分析

工作分析也称为岗位分析或职务分析,是对体育组织内的具体岗位进行分析和界定,确定岗位的具体工作内容、权限、责任和人员素质的过程。工作分析通过对体育组织内职位的责任、内容、规范、流程进行信息搜集和整理,明确能够胜任该职位的工作者所需的知识、素质、技能,最终形成工作描述和岗位说明书。

3. 招聘与配置

招聘与配置是根据人力资源规划和工作分析的要求从体育组织内外部吸收人力资源的过程,是体育组织扩充人员的主要方式。招聘与配置包括招募、选拔、评估、录用等多个环节,通过对候选人进行测试与评估,帮助体育组织获取合适的人力资源。

4. 培训与开发

培训是通过体育组织内部培训和外部社会培训等方式,提高体育组织内成员知识、技能、思想素质等方面的过程。开发是为体育组织内人员未来发展而进行正规教育、在职实践、人际互动以及个性、能力的测评等活动。体育组织开展一系列培训与开发活动,旨在提高成员的个人能力和工作态度,更好地实现个人价值,提高对体育组织的归属感和责任感,最终提高组织整体绩效。

5. 绩效管理

绩效管理是体育组织通过制定绩效目标,确定工作任务并对成员工作过程和结果进行考核评估的过程。绩效考核是体育组织目标实现的重要手段,能够为成员的工作情况提供反馈,帮助成员改善绩效,调动其工作积极性,最终改善体育组织的整体绩效。

6. 薪酬管理

薪酬管理是对于基本工资、绩效工资、津贴、奖金以及福利等薪酬结构的设计和管理,以激励体育组织内成员努力工作。薪酬管理是体育人力资源管理的重要组成部分,体育组织的人力资源管理部门需要根据成员的职位、资历、表现和工作成果,来制定相应的、富有竞争力的薪酬体系,从而充分发挥体育人力资源的效能。

7. 劳动关系管理

劳动关系又称劳资关系,是通过劳动建立的体育组织与成员之间的关系。体育人力资源管理旨在发展良好的劳资关系,通过组织制度文化建设、规范化管理等措施,营造和谐的劳动关系和工作氛围。

8. 团队建设与管理

团队建设是为了实现体育组织中团队绩效及产出最大化而进行的一系列结构设计及人员激励等团队优化行为。团队管理是在体育组织中,按照成员工作性质、能力组成各种小组,参与组织各项决定和解决问题等事务,以提高组织生产力和达成组织目标。体育组织的团队建设与管理可以提升团队的快乐能量、向心力及更加优化的合作模式,从而更快、更好地实现组织目标和成员个人目标。

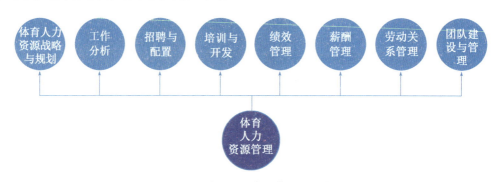

图 1-6 体育人力资源管理主要内容

本 章 小 结

本章内容结构如下所示:

复习思考题

1. 什么是人力资源？人力资源具有哪些特征？

2. 人力资源具有哪些作用？

3. 人力资源与人口资源、劳动力资源、人才资源有什么区别和联系？

4. 什么是体育人力资源？体育人力资源具有哪些特征？

5. 体育人力资源可以划分为哪些类别？

6. 简述人力资源管理的内涵和内容。

7. 人力资源管理的功能体现在哪些方面？

8. 试简述人力资源管理在西方和我国的发展历程，分析不同阶段的特点。

9. 什么是体育组织？体育组织具有哪些类型？

10. 体育人力资源管理的内涵是什么？体育人力资源管理具体包含哪些内容？

案例讨论

追梦吧，背篓网球少年！

当背篓遇上网球，会擦出怎样的火花？

一名背着背篓上赛场夺冠的网球少年"出圈"，在社交网络上引起不小的轰动。

从不知网球为何物，到多次摘金夺银，其成名背后，既有自身一步一个脚印的努力拼搏，也离不开教练团队的慧眼识珠和因材施教，更是新时代各方关怀帮助下大山孩子拥有更多人生出彩机会的缩影。

2022年8月底，在广州举行的2022亚瑟士青少年网球巡回赛上，一位身背背篓的14

岁佤族少年王发成为黑马,夺得 U14 组男单冠军。这名来自云南沧源县大山深处的男孩,皮肤黝黑、笑容憨厚,背篓里放着一副心爱的球拍,行走在赛场上,眼里有光,被网友亲切地称为"背篓网球少年"。

王发接触背篓比网球早多了。他出生在临沧市沧源县一个边境村寨的农民家庭。幼儿时,爸妈会用背篓背着他上山下地干农活。8 岁以前,王发的世界里没有出现过网球,就连听也没听过。直到有一天,王发就读的勐董镇中心完小,来了一个健硕高大的网球教练,就是如今带着他驰骋各个赛场的张晓洪。当年,有多年执教经历的张晓洪,想在大山里挑一批学网球的好苗子。那是 2016 年,王发 8 岁,读二年级。当时,张晓洪让他跑圈、扔球,测试空间感和协调能力。鬼灵精怪的王发表现突出,一场测试下来几个项目都得了优秀。张晓洪在沧源县挑了 10 个孩子学网球,包括王发。没过两年,他们就在云南省第十五届运动会上,一举夺得 6 枚金牌。而在 2020 年于昆明安宁市举办的中国网球巡回赛测试赛上,12 岁的王发因为球风硬朗而崭露头角。

这次夺冠之前,王发还在成都等地参加了 3 场比赛,其中一场青少年赛,两场成人赛。"打成人赛是为了锻炼,打青少年赛我们是直接奔着冠军去的。"负责带队的云南野象网球俱乐部总教练张晓洪说。在青少年赛上,本来有望取得好成绩的王发,遗憾止步 8 强。而在另外两场成人赛上,年龄最小的王发最终进了 16 强。"王发属于典型的竞赛型选手,遇强则强!"张晓洪评价。

为什么要到大山里去挑选打网球的苗子?

这和张晓洪 10 多年前的一场自驾游经历有关。当时,张晓洪驱车前往迪庆州德钦县旅游,入住当地一个村民家里。次日清晨,他跟着主人家一个差不多 8 岁的小男孩爬山,快要登顶时发现手机没电,只好让小家伙回家帮忙取一下充电宝。让张晓洪没想到的是,耗费他近一个小时的路程,小男孩仅仅用了 20 多分钟。"这脚力和体能也太好了! 打网球太合适不过了!"张晓洪感叹,"这些偏远山区,出门就是山路,孩子们走惯了,自然耐力好。"

从那以后,张晓洪就一门心思想去大山深处选一批学网球的好苗子。"训练是枯燥的,要沉得下心,吃得了苦!"从教 20 多年来,张晓洪尤其看重大山孩子身上的淳朴、拼劲和韧性。而网球,有可能是改变他们命运的一次机会。为了减轻家长负担,张晓洪对于这些大山孩子,不收一分学费。干了半辈子网球培训的张晓洪,一直有个夙愿:培养出世界级网球选手! 他最终把希望放在了这群最初并不被看好,但又不断给他带来希望的大山孩子身上。王发算一个,李娇算一个,还有肖专、白思程……

即便满怀期待,张晓洪也从不往孩子们身上施加压力。"拿奖了,要奖励,但不许沾沾自喜;打砸了,也不能一顿臭骂。"张晓洪坦言,孩子们走下赛场后的"黄金 10 分钟"尤为重要,教练要充分利用好。"王发爱玩枪,李娇喜欢好看的网球裙……"常年跟孩子们同吃同住,他们的喜怒哀乐,张晓洪了然于心。在比赛心态上,张晓洪更是丝毫不敢马虎。"李娇觉得有压力,不想教练在场下观赛,所以她不邀请的话,我从来不会去现场。"

如今,跟着张晓洪学网球的大山孩子已有 20 多个,除了佤族,还有汉族、纳西族等多个民族。"这就要求教练因材施教,找到最适合每个孩子的训练方法,释放他们的天赋和潜力。"张晓洪说。

资料来源：新京报网站，http://www.baijiahao.baidu.com/s? id＝1744390629570716093&wfr＝spider&for＝pc，2022-9-19。

讨论：

1. 背篓和网球是如何擦出火花的？
2. 在教练张晓洪眼中，背篓少年为何能成为网球运动员？ 他是如何识别的？
3. 教练张晓洪又是如何对背篓少年进行培训、激励和发展的？

第二篇　理论篇

第二章　体育人力资源管理理论

> 所谓企业管理,最终就是人事管理。对人的管理,就是企业管理的代名词。
>
> ——彼得·德鲁克

★ 知识目标

　□ 掌握人力资本的内涵和主要内容;

　□ 理解人力资本的产生过程;

　□ 理解和掌握舒尔茨和贝克尔的人力资本理论;

　□ 了解人力资本理论的应用领域;

　□ 熟悉人力资源管理的理论演进阶段;

　□ 理解和掌握人力资源管理的理论基础;

　□ 认识和理解现代人力资源管理的基本原理。

★ 能力目标

　□ 提高人力资源管理理论及政策的理解和运用能力;

　□ 增强现代人力资源管理基本原理在体育组织中的实践和运用能力。

★ 核心概念

　□ 人力资本　人力资本理论

　□ X 理论　人际关系理论　Y 理论　超 Y 理论

　□ 现代人力资源管理的基本原理

 开篇案例:问题提出

拼搏成就梦想

　　拼搏成就梦想,中国体育健儿的身上,闪耀着青年人的活力,更映射着奋斗新时代的风采。虽然已告别东京奥运会赛场的风云,但中国选手带来的热度仍然在生活中延续。

他们带领网友一起健身打卡,讲述自己的参赛感受和成长经历,分享生活中的小小乐趣。作为大众特别是青少年心目中的榜样,拼搏成就梦想,中国体育健儿的身上,闪耀着青年人的活力,更映射着奋斗新时代的风采。

这一代运动员,为国争光是他们不变的传承、最深的动力。无论游泳选手张雨霏全力冲刺时的感受,"中国力量从心底燃起来了";还是射击选手杨倩赛后表示,"金牌是送给祖国的最好礼物",都是情感的自然流露。为祖国拼搏、为民族争气的志向,始终激励着他们在赛场上一往无前。东京残奥会上,中国选手首日亮相勇夺 5 金 1 银 2 铜,"不辜负祖国",也是他们踏上赛场的豪迈誓言。

这一代运动员,成长中的印记与国家发展进步息息相关。运动员训练选拔机制不断优化,科医辅助系统不断提升,后勤保障工作不断完善,新时代为体育事业发展提供了更广阔的天地,为运动员追求梦想创造了更良好的条件。运动员成长模式的多样化,也得益于一个开放而充满活力的社会环境。首金得主杨倩、女篮队长邵婷等都来自高校校园,滑板、攀岩等项目选手的培养吸引了更多社会力量投入,这不但拓宽着后备人才的"蓄水池",也为运动员成长提供了更多选择。

这一代运动员,是展示中国形象、中国文化的优秀代言人。领奖服设计中的唐装灵感,融入了精巧而自然的东方元素,衬托着健儿们挺拔的身姿,令人自豪;花样游泳队的参赛音乐《巾帼英雄》,以传统乐器琵琶作为主奏乐器,由古典名曲《十面埋伏》引入,向观众展示了大气深沉的"中国风";艺术体操队也将敦煌舞蹈元素引入动作之中,在比赛中演绎了精彩的"敦煌飞天"。

这一代运动员,更乐于担当"体育大使",将运动健身的理念传播给更多人。体育强国的基础在于群众体育,举重冠军石智勇录制视频,倡导"全民健身与奥运同行"。2021 年 7 月 18 日发布的《全民健身计划(2021—2025 年)》为实施健康中国战略和全民健身国家战略,加快体育强国建设进一步夯实基础。体育,正在成为青少年成长的"标配",为人们的生活带来更多健康和快乐。

使命在肩、奋斗有我。健儿们在奥运赛场上勇于挑战,超越自我,迸发出中国力量。观众们从为奥运选手加油助威到亲身参与运动健身,从感叹运动员顽强的拼搏意志到受到激励为梦想而奋斗,奥林匹克精神和中华体育精神,也正由此不断发扬光大。

资料来源:中国青年报官方网站,http://baijiahao.baidu.com/s? id=17091412448766631418&wfr=spider&for=pc,2021-8-26。

【案例思考题】

请分析:

1. 祖国新一代运动员眼中的"梦想"发生了哪些变化?

2. 外部环境对新一代运动员的"梦想"变化产生了哪些影响?

3. 在拼搏过程中,运动员们的目标梦想起到了什么作用?

第一节　人力资本理论的产生、发展及应用

一、人力资本的产生

人力资本(Human Capital)是西方经济学概念,亦称"非物质资本",与"物质资本"相对,是体现在劳动者身上的资本,如劳动者的知识技能、文化技术水平与健康状况等。其主要特点在于它与人身自由联系在一起,不随产品的出卖而转移。通过人力投资形成,主要包括:(1) 用于教育的支出;(2) 用于卫生保健的支出;(3) 用于劳动力国内流动的支出;(4) 用于移民入境的支出。其中最重要的是教育支出,教育支出形成教育资本。通过教育可以提高劳动力的质量、劳动者的工作能力和技术水平,从而提高劳动生产率。

最早的人力资本思想可以追溯到古希腊思想家柏拉图的著作。他在著名的《理想国》中论述了教育和训练的经济价值。亚里士多德也认识到教育的经济作用以及一个国家维持教育以确保公共福利的重要性。但在他们眼中教育仍是消费品,其经济作用也是间接的。重农主义的代表人物弗朗斯瓦·魁奈是最早研究人的素质的经济学家,他认为人是构成财富的第一因素,"构成国家财富的是人"。英国古典经济学的创始人威廉·配第最先提出和论证了劳动决定价值的思想,奠定了劳动价值论的基础。并提出"土地是财富之母,劳动是财富之父"。他认为由于人的素质不同,所以才使劳动能力有所不同。当然,配第的劳动价值论还处于萌芽形态,有许多地方还要商榷。

第一个将人力视为资本的经济学家是经济学鼻祖亚当·斯密,一代经济学宗师亚当·斯密在肯定劳动创造价值以及劳动在各种资源中的特殊地位的基础上,明确提出了劳动技巧的熟练程度和判断能力的强弱必然要制约人的劳动能力与水平,而劳动技巧的熟练水平要经过教育培训才能提高,教育培训则是需要花费时间和付出学费的。这些被认为是人力资本投资的萌芽思想。斯密认为经济增长主要表现在社会财富或者国民财富的增长上,财富增长的来源取决于两个条件:一是专业分工促使劳动生产率的提高,因为分工越细人们劳动效率越高。二是劳动者数量的增加和质量的提高。其后,大卫·李嘉图继承并发展了斯密的劳动价值学说,坚持了商品价值量决定于劳动时间的原理。他还把人的劳动分为直接劳动和间接劳动。直接劳动是指投在直接生产过程中的劳动,它创造商品的价值;间接劳动则指间接投在所需生产资料上的物化劳动,它不创造价值,只是把原有的价值转移到商品中去。李嘉图曾明确指出机器和自然物不能创造价值,只有人的劳动才是价值的唯一源泉。

约翰·穆勒也继承了亚当·斯密的一些思想,穆勒认为技能与知识都是对劳动生产率产生重要影响的因素,他强调取得能力应当与机器、工具一样被视为国民财富的一部分。穆勒富有创造性的论点是:从传统经济增长与资源配置的生产性取向出发,指出教育支出将会带来更大的国民财富。法国经济学家让·巴蒂斯特·萨伊的某些观点尽管曾经受到马克思的严厉批评,但他也是提出人力资本思想萌芽的经济学家之一。萨伊认为,花

费在教育与培训方面的费用总和称为"积累资本",受过教育培训的人的工作报酬,不仅包括劳动的一般工资,而且还应包括培训时所付出的资本的利息,因为教育培训支出是资本。特别是他提出的科学知识是生产力的一部分的思想,无疑是非常重要的划时代的理论贡献。

二、人力资本理论及其发展

传统西方经济理论中的"资本"一般是指处于生产过程中的厂房、机器设备、存货等各种有形的物质生产要素的数量和质量。直到 20 世纪 60 年代,西奥多·舒尔茨和加里·贝克尔等经济学家创立了人力资本理论,完整了资本的概念,即资本包括物质资本和人力资本。人力资本理论的出现对于经济学的发展,尤其是对经济增长理论、经济发展理论、家庭经济学理论的发展具有重要的意义。

(一)舒尔茨的人力资本理论

美国经济学家、1979 年诺贝尔经济学家得主西奥多·舒尔茨是人力资本理论的创始人,舒尔茨从探索经济增长和财富丰裕而逐步踏上研究人力资本的道路,其代表作《人力资本投资》《教育的经济价值》等使人力资本理论进一步系统化、理论化。舒尔茨的人力资本理论主要包括以下内容:

第一,人的知识和技能被认定为资本的一种形态,称为人力资本。舒尔茨首次提出人力资本的概念,指出资本有两种形式:一种是体现在产品上的物质资本,另一种是体现在劳动者身上的。由于各个劳动者的素质、工作能力、技术水平、熟练程度各异,所以受教育和训练之后,其能力、智力、技术水平等提高的程度也不相同。因此,人力资本是以劳动者的质量或其技术知识、工作能力表现出来的资本。人力资本是与物质资本相对应的,两者共同构成国民财富。舒尔茨指出,人力资本包括用以形成和完善劳动力的各种投资,包括:学校教育(初等、中等和高等教育)、医疗与保健(正面影响一个人的寿命、力量、耐力、精力等的所有费用)、在职人员训练(企业旧式的学徒制)、企业以外的组织为成年人举办的学习项目(农业中常见的技术推广项目)、个人或家庭为适应就业机会的变化而进行的迁移活动。

(1)教育投资。用于发展教育事业,以提高人们的知识水平和劳动力的质量,即提高劳动者的工作能力、技术水平和熟练程度。通过教育可以增强劳动者的质量,从而提高劳动生产率,增加个人收入和国民收入。舒尔茨认为教育投资是人力资本投资的主要方面,是提高人口质量的主要途径。

(2)医疗保健投资。用于发展医疗保健事业,以减少人们的疾病和死亡,提高劳动者的素质,增加工作能力,延长服务期限。广义上,医疗保健投资包括用于维持和提高个体寿命、耐久力、精力和生命力的所有费用。狭义上,主要是为了提高健康水平,在医疗服务和健康保障方面所耗费的经济资源。

(3)劳动力迁徙投资。用于发展劳动力市场行情调研机构,以提供有关信息,并协助劳动力流动,促进解决劳动力余缺调剂和专长发挥。通过医疗保健和教育投资等形成的人力资本价值的实现和增值，往往通过劳动力的流动来完成。

第二，人力资本存量，对劳动生产率的提高和经济的增长起着越来越重要的作用。1960年，舒尔茨在美国经济学会上发表的《人力资本投资》对人力资本理论做了系统的阐述。他认为，人力资本是一切资源中最主要的资源，人力资本理论是经济学中的核心问题。并非一切人力资本都是最重要的资源，只有通过一定方式的投资，掌握了一定知识和技能的人力资本才是经济发展的决定因素。舒尔茨用战争期间物质资本受到极大破坏的国家能够在战后迅速复兴经济的实例，来证明在经济增长中，增加对人力资本的投资要比增加对物质的投资更加重要。

第三，教育投资应以市场供求关系为依据，以人力价格的浮动为衡量符号。舒尔茨认为，面对一个动态的世界，国家企图对所需各种人才制定出长期的培养计划并按照计划执行，实际上是很难办到的。只有根据人力市场的供求变化，各个时期对教育投资的多寡，对各大学专业投资的多寡，都必须遵循自由市场的法则，才能满足国家对各种人才的需要。

第四，创建了人力资本投资收益的计算方法，并提出了人力资本的投资标准。人力资本的未来收益（包括个人预期收益和社会）要大于其成本，即大于对人力资本的投资。在上述标准的基础上，舒尔茨创立了人力资本投资收益的计算方法。所谓人力投资收益率是指人力投资在国民收入增长额中所占的比率，其计算方法集中体现在两个公式上：

$$
\text{社会教育资本积累总额} = \sum \left[\frac{\text{各级教育的毕业生的}}{\text{平均教育费用}} \times \frac{\text{社会上各级学历的}}{\text{就业人数}} \right]
$$

$$
\text{某级教育投资的年收益率} = \left[\frac{\text{某级教育毕业生的}}{\text{平均年收入}} - \frac{\text{前一级毕业生的}}{\text{平均年收入}} \right] \div \frac{\text{某级教育}}{\text{人均费用}}
$$

舒尔茨的人力资本理论使人们认识到"人力"是经济发展中的主要因素，提高"人力"的质量成为经济发展的关键。鉴于他的贡献，瑞典皇家科学院称"舒尔茨是研究人力资本理论的先驱"。

（二）贝克尔的人力资本理论

加里·贝克尔被认为是现代经济学领域最有创见的学者之一，他曾与舒尔茨同在芝加哥大学执教，也成为人力资本理论研究热潮的推动者。其代表作有《生育率的经济分析》《家庭论》《人力资本投资：一种理论分析》，后者被西方学术界认为是"经济思想中人力资本投资革命"的起点。贝克尔的贡献主要在对人力资本投资的微观分析上，其主要思想为：

第一，人力资本即是教育投资。贝克尔认为，教育是资本的形式之一。之所以说资本是人力的，是因为此种形式是资本的一部分；人力之所以称为资本，是因为它既是今后富足的源泉，又是今后工资的源泉。贝克尔指出，人力资本的投资增加主要是技术进步，并导致增加技术人员的相对供给，因此，许多工人通过在工作中学习新技术并完善旧技术而提高了生产率，从而使新的更好的物质资本发挥更大的作用。

第二，提出了人力资本投资收入效应理论。贝克尔运用经济数学方法，对家庭生育行为进行经济决策和成本——效用分析,提出了生育、培养孩子的直接成本和间接成本的概念,家庭时间价值和时间配置的概念。贝克尔通过人力资本收入函数分析拓展了人力资本收入效应的内涵,指出:生产和消费在人力资本投资中得到有机统一,人力投资的全部成本等于直接成本与间接成本之和,投入要素可归为时间投入和产品投入两大类,投资方式以在校学习或接受在职培训为代表;人力资本投资的全部收入表现为货币收入与心理消费之和,因此,人力资本投资和产出的均衡条件是人力资本投资的边际成本的当前价值等于未来收益的当前价值。贝克尔通过人力资本收入函数的分析,认为人力资本的增加不仅可以改变市场上"时间的生产力",而且可以改变家庭消费或人力资本本身的"时间与产品的生产力",人力资本的积累可以改变人力资本本身的生产函数。

(三)罗默的人力资本理论

进入 20 世纪 80 年代,尤其是 80 年代后期,人力资本理论研究的势头更加猛烈。以保罗·罗默的《收益递增和长期增长》以及罗伯特·卢卡斯的《论经济发展机制》为标志,经济学学者们的研究视野进一步拓宽,尤其是开始注意研究发展中国家的经济发展,强调人力资本存量和人力资本投资在从不发达国家向发达国家经济转变过程中的重要作用,确立了人力资本和人力资本投资在经济增长和发展中的重要作用,给人力资本理论增添了新的内容。

罗默的"收益递增型增长模式"理论大致可以分为两个阶段:在新古典的完全竞争假说下运用人力资本理论考察经济增长的第一阶段,代表作是 1986 年的论文《收益递增和长期增长》;在垄断竞争条件下把人力资本具体化并作为内生变量考察经济增长的第二阶段,构建了"收益递增型的增长模式",其代表文章是 1987 年的论文《基于因专业化引起收益递增的增长》和 1990 年的论文《内生的技术变化》。罗默以技术内生和规模收益递增为前提,建立"收益递增型的增长模式",将特殊的知识和专业化的人力资本作为经济增长的主要因素,它们不仅能形成递增的收益,而且能使资本和劳动等要素投入也产生递增收益,从而使整个经济的规模收益递增,递增的收益保证了经济的长期增长。1990 年,在《内生的技术变化》中,他又构建了一个完整的经济增长模型,即把产量设为技术、人力资本、物质资本和劳动等生产要素的函数,技术和人力资本具体化为生产的专业化知识和一般知识,并对经济增长具有决定性的作用。知识(或技术)被赋予一个完全内生化的解释,它是经济主体利润极大化的投资决策行为的产物,由专门生产知识的研究部门生产。它具有独特的性质,既不是传统的经济产品,也不是一般的公共物品,并且是非竞争性的、部分排他性的物品。

罗默将知识作为一个独立的因素纳入增长模式,认为知识积累是促进现代经济增长的重要因素。同时把知识分解为一般知识和专业知识,一般知识可以产生规模经济效益,专业化知识可以产生要素的递增收益。两种效应的结合不仅使知识、技术和人力资本本身产生递增的收益,而且也使资本和劳动等其他投入要素的收益递增。

(四)卢卡斯的人力资本理论

卢卡斯于 1988 年发表了以人力资本为核心的另一个新增长模型,尝试用人力资本解释持续的经济增长。他证明了人力资本的增长率与人力资本生产过程的投入产出率、社会平均的和私人的人力资本在最终产品中的边际产出率正相关,与时间贴现率负相关。卢卡斯的"专业化人力资本积累增长"模式运用了更加微观化的变量分析方法,将舒尔茨的人力资本引入索洛模型,视其为索洛模型中技术进步的另一增长的动力形式,并具体化为"每个人的""专业化的人力资本"。"两时期模型"是一个"人力资本积累模式"。人力资本积累取决于由物质资本和人力资本相互作用形成的专门学习时间的多少、人力资本存量及人力资本的产出弹性。通过人力资本的不断积累和增长率的提高,经济增长可以持续和提高。在此模型中,他把资本区分为物质资本和人力资本两种形式,将劳动划分为原始劳动和专业化人力资本,认为专业化的人力资本是促进经济增长的真正动力。

卢卡斯区分了人力资本所产生的两种效应,即舒尔茨的通过正规或非正规教育形成的人力资本产生的"内生效应"(表示为资本和其他生产要素的收益都发生递增)以及阿罗的"边学边干"形成的人力资本所产生的"外在效应"作用的结果。卢卡斯用"两商品模式"表述了其观点:说明人力资本不是通过学校学习,而是通过"边学边干"所形成的外在效应;同时也说明,一般人力资本不是产出增长的主要因素,生产某一种商品所需的特殊或专业化的人力资本(即专业化的劳动技能)才是产出增长的决定性因素。

三、人力资本理论的应用

随着人力资本和人力资本理论研究的逐步深入,与此相关的一些新兴经济学科,如卫生经济学、家庭经济学和人力资源会计学迅速成长和发展起来。

卫生经济学是以人力资本理论为基础,把国家的医疗卫生和个人为保健而支付的费用看作是对人的投资,这种投资的结果将以人力资本的形式存在下来,从而给个人和社会带来相应的经济收益。美国经济学家西克里斯特 1940 年在其发表的《医疗经济学绪论》中首次阐述了卫生保健、家庭经济和国民经济三者的相互关系,认为医疗经济学应该阐明阻碍现代医学应用的各种社会经济条件,分析贫困与疾病给国民经济带来的巨大损失,解决医疗价格与患者的经济负担能力之间的矛盾。这部著作是卫生经济领域最早的研究成果。1952 年,另一位美国经济学家马尔达在《世界卫生组织纪事》上发表的《卫生的经济问题》一文表示,无论从微观还是从宏观角度,卫生投资无疑会提高家庭和社会的人力资源质量,导致生产效率和国民收入的增加。马尔达被世界卫生组织确认为卫生经济学研究领域的早期代表。随后,1958 年,从事卫生经济学研究工作的美国学者穆希京在华盛顿出版的《公共卫生报告》上发表了题为《卫生经济学定义》的论文,明确提出卫生经济学的定义是"研究健康投资的最优使用的科学"。20 世纪 60 年代以后,卫生经济学的研究在欧美国家进一步开展起来。1968 年,世界卫生组织在莫斯科召开了第一次国际性的卫生经济学讨论会,出版了论文集《健康与疾病的经济学》。此后,卫生经济学进入了更为广泛发展的时期。

家庭经济学在人力资本理论产生之后,被赋予了崭新的内容。经舒尔茨、贝克尔改造过的家庭经济学,成为集中研究家庭规模、孩子需求和生育决策的理论,被称为新家庭经

2

济学。新家庭经济学也成为微观人力资本理论的一个主要组成部分,它提出了家庭生产函数的概念,把家庭看作是如同厂商一样的生产单位,主张在安排家庭经济活动方面也需要遵循一般经济法则。例如在家庭生育选择方面,可以利用生产函数理论来说明家庭对孩子数量和素质的生产;在家庭时间分配方面,如何把稀缺的时间用于市场活动和非市场活动,同时又如何把非市场活动时间用于家庭闲暇。在此函数中,孩子被看作是一种高档耐用消费品,其效用与其他高档耐用消费品没有根本区别,效用最大化的经济方法分析同样适用。在向市场提供的家庭产品——劳动力如何适应和满足市场需求方面,新家庭经济学认为,正是现代高技术条件下的就业竞争压力使得家庭做出强化人力资本投资(如对家庭成员的教育、培训和医疗保健投资)的选择。尽管新家庭经济学把家庭行为(如生育孩子)理解为纯粹经济行为不尽合乎情理,但是,其独树一帜的研究视角和分析方法无疑是具有启迪意义的。

人力资源会计学是企业及各类组织运用会计学的原理和方法,对招聘、录用、培训、开发人力资源所花费的成本和员工所做出的贡献进行经济计量分析的学科,是会计和人力资源管理领域的交叉性学科。简言之,就是利用会计学的概念和方法,为管理和财务核算两个目的,全面地评价和计量作为一个组织资源的人。人力资源会计学正式确立于 20 世纪 60 年代末、70 年代初。在此过程中,美国经济学家埃里克·弗拉姆霍尔茨起到了重要作用。他于 1974 年出版了专著《人力资源会计学》,该书根据战后不断增加的对人力资源重要性的认识,阐述了建立和发展人力资源会计学的必要性,提出了人力资源会计管理的一系列具体方法。后经全面修订和补充,于 1985 年推出该书第二版。再版的《人力资源会计学》不仅全面介绍了这一新兴领域的理论和方法,而且增加了相当的篇幅来反映人力资源会计学最新发展的具体实例,是人力资源会计学领域的一部权威性著作。

第二节 人力资源管理的理论演进及理论基础

一、人力资源管理的理论演进

(一) 人力资源管理理论的起源阶段

20 世纪 50、60 年代是人力资源管理理论的起源阶段,这一时期人力资源管理理论或者论著基本是从人事管理活动和职能的变化、调整的角度来探讨的。

1958 年,怀特·巴克在其著作《人力资源功能》一书中详细叙述了人力资源问题,把管理人力资源作为管理的一般职能进行讨论。他认为,人力资源管理是一个被人们忽视的管理职能,而这一职能如同会计、营销、生产等管理职能一样,对于企业的成功至关重要。他从以下方面说明为什么人力资源管理职能超出了人事或工业关系经理的工作范围:(1) 人力资源管理职能必须适应以下标准:理解、保持、开发、雇佣或有效地利用以及使这些资源成为整个工作的一个整体;(2) 人力资源管理职能必须在任何其他管理职能(如会计、生产)开始时就要实施;(3) 人力资源管理职能的目标是尽可能地利用员工的与工作相关的技能使工作达到更高的效率;(4)人力资源管理职能不仅包括和人事劳动相关的薪酬、福利,还包括企业中员工之间的工作关系;(5)人力资源管理职能与组织中的所有人相关,包括首席执行官;(6)人力资源管理职能必须通过负责监督他人的每一个成员来实现,也就是说,非人力资源部门的经理要承担基本的人力资源职能;(7)人力资源管理职能关注的一定是企业和员工根本利益额同时实现。

1964年,皮格尔斯、迈尔斯和马姆等人编辑了《人力资源管理:人事行政管理读本》一书。该书以皮格尔斯和迈尔斯1952年所著的《人事行政管理读本》为基础,把"人力资源的管理"看作是比人事管理更广泛、更全面的一个概念,强调人的管理是管理的中心。

1965年,雷蒙德·迈勒斯在《哈佛商业评论》上发表了一篇涉及人力资源管理的论文。其中,关于管理态度的调查显示,大多数经理倾向于使用人事关系管理模式来管理下属,并且倾向于要求其主管使用某一人力资源管理模式对其实施管理。他还建议在管理中使用"人力资源"来替代"员工"的概念。由此,"人力资源"的概念引起广泛关注。对于企业应运用人力资源模式理论指导管理者充分满足员工的经济需求方面,管理者应把员工作为单个的人,关心员工的福利和幸福,通过沟通使员工确信自己对组织是重要的;员工的经验和知识对组织具有很大的价值;员工参与和充分利用人力资源都能达到改进决策和自我控制的目的,从而实现提供员工生产力和工作满意度的目标。

(二)人力资源管理理论的萌芽阶段

20世纪70年代中期,"人力资源管理"一词开始为人们所知晓和使用起来。但是,这一时期人力资源管理的定义发生了变化,许多人把人力资源管理和人事管理混杂或等同使用,在大多数教科书和专著中两者的定义、内容和功能都非常接近。

1972年,美国协会(AMA)出版了达特尼克编著的《改革人力资源管理》一书,这是一本供高级管理人员和员工关系管理人员阅读的实用手册。他指出,员工的需求、兴趣、期望和组织目标之间应协调和保持一致性,强调了组织中人是最重要的资源。

随后,海勒曼、施瓦伯、弗塞姆、戴尔等人将这一学科称为"人事/人力资源管理"。正如罗宾森在1978年出版的《管理学》一书中所说,人事管理就是研究组织的人力资源以及如何使他们能更有效地为实现组织目标服务。

(三)人力资源管理理论的起步阶段

20世纪70年代中期至80年代初期,组织心理学、组织行为学快速发展,企业人事管理工作向人力资源管理活动过渡,其重要价值和有效功能日益显现,人力资源管理理论从实践到理论都引起了人们的高度关注。这一阶段的人力资源管理理论集中在如何有效开展人力资源管理活动,如何通过对员工的行为和心理分析来确定其对生产率和工作满意度的影响,以及关注员工的安全、健康等内容。

1979年,彼得森和翠西在其《人力资源系统管理》一书中提出,招聘、甄选、绩效评价、薪酬和员工开发及劳资谈判内容应是人力资源管理或人际与工业关系在企业中都应包含的活动。但是没有澄清这一学科到底应称为"人事管理"还是"人力资源管理"。这一时期,不少专家、学者就用"人事或人力资源管理"这一称谓来解决这个问题,这恰好反映了从人事管理向人力资源管理过渡的企业实践和理论探索。1992 年,斯托瑞在《人力资源管理中的开发》一书中分析了人力资源管理的内在特征,找出了人力资源管理和人事管理在信念和假设、战略领域和重要程度三方面的 27 个不同点,并认为战略人力资源管理的基本职能是保证组织在竞争力、利润能力、生存能力、技术优势和资源配置等方面具有效率。根据其研究成果,企业已经越来越重视人力资源管理的环境以及人力资源的开发和保护。

(四)人力资源管理理论的发展阶段

20 世纪 80 年代初期,经过一段较长时间的理论探索和实践反思之后,德鲁克和巴克有关人力资源特征的理论重新引起了人们的关注和思考。受此启发,一些学者试图提出一种能够系统解释、预测和指导实际工作者和研究人员从事人力资源管理活动,解决以往企业员工关系方面所忽视的一般性人力资源理论。于是,有学者提出了战略性人力资源管理的概念,主张把企业的战略规划与人力资源管理整合成一个整体来设计和操作,战略计划的目的是提高组织绩效,人力资源管理则构成战略计划中的重要组成部分。

1982—1995 年的十几年里,许多学者相继提出了较为完整的战略性人力资源管理理论。例如,狄凯、弗布鲁姆、戴瓦纳等在 1982 年最早提出了这一理论;随后,贝尔德、麦休拉姆和戴盖乌在 1983 年、布兰克在 1985 年、戴尔在 1984 年和 1993 年都相继探讨或涉及。他们认为,战略性人力资源管理和人事管理的根本区别在于:人力资源管理活动计划的制定必须和组织的总体战略相联系。由于研究者大力倡导和传播,使得战略性人力资源管理在企业和学术界产生了较大影响,促使人事管理从人事或人力资源管理发展到了战略人力资源管理阶段。

这一时期,最有影响的战略人力资源管理理论是哈佛大学的迈克尔·比尔等人在《管理人力资本》中提出的,迈克尔等认为现代人力资源管理综合了组织行为学、劳工关系和人事行政管理等学科的特点,其研究领域已经扩展到影响员工和组织之间关系的所有管理活动和决策内容,应在组织中统一管理个体的各个方面,并在注重成本效益和竞争力目标的前提下,从员工影响、人力资源流动、报酬制度、工作系统等四方面权衡和确定人力资源管理政策。同时,当代人力资源管理是组织的战略贡献者,但尚未明确提到人力资源战略性管理的概念。马托森则从提高企业的资本运营绩效,扩展人力资本,保证有效的成本系统等三方面论述战略贡献者的作用。

舒勒等人从企业战略目标的实现方面探讨了战略人力资源管理职能。他们认为战略人力资源管理是统一性和适应性相结合的人力资源管理,必须和组织的战略及战略需求相统一,并把战略人力资源管理分为五部分:哲学(组织如何看待和确定人力资源的价值)、政策(制定人力资源计划并付诸实施的总体指导原则)、项目(制定具体的人力资源计划)、实践(实施人力资源计划)和过程(保持实施过程中的一致性),其中每个部分都是一种战略性的人力资源管理活动。

戴维·尤里奇提出人力资源管理战略性角色的概念,认为当代人力资源管理已经从传统的成本中心变为企业的利润中心。在这种转变过程中,人力资源管理的角色也处于不断地转型之中,正经历从传统的"职能事务性"向"职能战略性"的转变。他还描述了管理战略性人力资源、管理组织结构、管理员工的贡献程度、管理企业或组织等四种主要角色正在经历的各种转型和变化,以及人力资源管理若要能够有效承担以上四种基本角色而必须掌握的基本技能。

20世纪90年代中期开始,人力资源管理理论研究的成果集中于战略性人力资源管理的哲学、政策、计划、实践和过程;跨文化管理和国际性人力资源管理;在动荡多变的环境中,有效进行人力资源管理,构建组织竞争优势;经济全球化、竞争国际化、员工知识化、人力资源外包化、数字化人力资源兴起等时代潮流所导致的人力资源管理活动、职能和作用的变化,以及相应的应对和改革措施等。

 【知识链接】

战略性人力资源管理与传统人事管理的区别

战略性人力资源管理是组织为达到战略目标,系统地对人力资源各种部署和活动进行计划和管理的模式,是组织战略不可或缺的有机组成部分。传统人事管理是为完成组织任务,对组织中涉及人与事的关系进行专门化管理,使人与事达到良好的匹配。虽然传统人事管理和战略性人力资源管理都是对人的管理,但是两者在很多方面具有明显的区别(见表2-1):

表2-1　传统人事管理和战略性人力资源管理的区别

维度	传统人事管理	战略性人力资源管理
管理理念	将人看作组织的一种"工具",管理的职能是获取、保持和开发人力资源以实现其有效利用	管理活动以人为中心,认为人力资源是获取竞争优势的根本来源,是决定组织成败的关键因素,实现人与事的系统优化,使组织取得最佳的经济和社会效益
管理目标	站在部门的角度,考虑人事事务等相关工作的规范性,传达决策者所制定的战略目标等信息	站在组织战略的高度,主动分析和诊断人力资源现状,协助决策者制定具体的人力资源行动计划,支持战略目标执行和实现
管理地位	具有执行地位,属于职能部门,对经营业绩没有直接贡献	具有决策地位,属于核心部门,是经营战略的重要组成部分
管理职能	支持性角色/组织战略的执行者、协助者	战略决策角色/组织战略的关键参与者、倡导者和推动者
管理手段	比较传统、基础	现代化、科学管理
与其他部门关系	联系不多	紧密联系
关注焦点	关注个体水平结果(如员工满意度、组织承诺等)	关注工作团队和组织水平结果(如目标完成、战略实现等)
侧重点	规范管理、事后管理	人本管理、事前管理

（续表）

维度	传统人事管理	战略性人力资源管理
发展视野	短视	长远
灵活性	低灵活性，没有制度制定和调整权，难以根据实际情况对管理政策和制度进行及时调整	高灵活性，可以灵活地按照规定制度，结合企业内外部环境变化制订符合组织需求的各种人力资源政策
具体实践	管理实践之间没有紧密的联系，没有整体的规划	强调各人力资源活动之间的匹配性和协同效用

资料来源：百度官方网站，http://wenku.baidu.com/view/96e2cbeef221dd36a32d7375a417866fb94ac046.html?_wkts_=1706504856950&bdQuery。

二、人力资源管理的理论基础

（一）"经济人"假设——X理论

经济人（Economic Man）又称为理性——经济人、实利人和唯利人。经济人假设最早由英国经济学家亚当·斯密提出，他认为人的行为动机根源于经济诱因，人都要争取最大的经济利益，工作是为了获得经济报酬，为此需要用金钱、权力、组织机构的操纵和控制，使员工服从与为此效力。此种假设起源于享乐主义，再经19世纪合理主义的影响而形成。

后来，1960年美国工业心理学家麦格雷戈在《企业中的人性方面》一书中，提出了两种对立的管理理论：X理论和Y理论。麦氏主张Y理论，反对X理论。而X理论就是对"经济人"假设的概括。X理论的基本观点如下：（1）多数人天生是懒惰的，他们都尽可能逃避工作。（2）多数人都没有雄心大志，不愿负任何责任，而心甘情愿受别人的指导。（3）多数人的个人目标都是与组织目标相矛盾的，必须用强制、惩罚的办法，才能近使他们为达到组织的目标而工作。（4）多数人干工作都是为满足基本的生理需要和安全需要，因此，只有金钱和地位才能鼓励他们努力工作。（5）人大致可分为两类，多数人都是符合于上述设想的人，另一类是能够自己鼓励自己，能够克制感情冲动的人，这些人应负起管理的责任。

根据X理论的人性假设前提下，管理者应该采取相应的管理策略，可以归纳为以下三点：

（1）管理工作重点在于提高生产率、完成生产任务，而对于人的感情和道义上应负的责任，则是无关紧要的。简单地说，就是重视完成任务，而不考虑人的情感、需要、动机、人际交往等社会心理因素。从这种观点来看，管理就是计划、组织、经营、指导和监督，这种管理方式叫作任务管理。

（2）管理工作只是少数人的事，与广大工人群众无关。工人的主要任务是听从管理者的指挥，拼命干活。

（3）在奖励制度方面，主要是用金钱来刺激工人产生积极性，同时对消极怠工者采用严厉的惩罚措施，即"胡萝卜加大棒"的政策。

"经济人"假设及其相应的X理论曾风行于20世纪初到30年代的欧美企业管理界，一定程度上改变了当时放任自流的管理状态，加强了社会上对消除浪费和提高效率的关心，促进了科学管理体制的建立。但是，"经济人"假设及其相应的X理论也有很大的局限性。

（1）"经济人"假设是以享乐主义哲学为基础的，它把人看成是非理性的，天生懒惰而不喜欢工作的"自然人"。这是20世纪初个人主义价值观点统治思想的反映，泰勒从企业家与工人都有的营利心来寻求提高效率的根源，把人看成机器。这与马克思主义的人是社会的人，人的本质就是社会关系总和的观点是相对立的。

（2）"经济人"假设的管理是以金钱为主的机械管理模式，否认了人的主人翁精神，否认了人的自觉性、主动性、创造性和责任心。他们认为由于人是天性懒惰的，因此必须用强迫、控制、奖励与惩罚等措施，以便促使其达到组织目标。

（3）"经济人"假设认为大多数人缺少雄心壮志，只有少数人起统治作用，因而把管理者与被管理者绝对对立起来，反对工人参与管理，否认工人在生产中的地位和作用，其人性观是完全错误的。

【知识链接】

泰勒制

现代管理学家弗雷德里克·泰罗的科学管理思想形成于19世纪末20世纪初，其根本内容在于如何提高企业生产效率。当时，美国资本主义经济发展很快，企业规模迅速扩大，但由于生产混乱，劳资关系紧张，工人"磨洋工"现象大量存在，导致企业生产效率低下。泰罗认为，企业效率低的主要原因是管理部门缺乏合理的工作定额，工人缺乏科学指导。因此，必须把科学知识和科学研究系统运用于管理实践，科学地挑选和培训工人，认真地研究工人的生产过程和工作环境，并据此制定出严格的规章制度和合理的日工作量，采用差别计件工资调动工人的积极性，实行管理的例外原则。泰罗创建了科学管理理论体系，这套体系被称为"泰勒制"。1898到1901年期间泰罗在伯利恒钢铁公司将他的理论进行试验，并且大获成功。

泰勒制的主要内容包括：（1）管理的根本目的在于提高效率；（2）制定工作定额；（3）选择最好的工人；（4）实施标准化管理；（5）实施刺激性的付酬制度；（6）强调雇主与工人合作的"精神革命"；（7）主张计划职能与执行职能分开；（8）实行职能工长制；（9）管理控制上实行例外原则。

泰罗是"经济人"观点的典型代表。泰罗主张把管理者与生产工人严格分开，反对工人参加企业管理。他认为：一切计划工作，在旧制度下都是由劳动者来做的，它是凭个人经验办事的结果；在新制度下则绝对必须由管理部门按照科学规律来做，这是因为，即使劳动者熟悉工作进展情况并善于利用科学资料，要一个人在机器旁劳动，同时

2

又在办公桌上工作,事实上是不可能的。显然,在多数情况下,需要有一类人先去制定计划,另一类完全不同的人去实施计划。

泰罗所提倡的"时间—动作"分析,虽然有其科学性的一面,但其基本出发点是考虑如何提高生产率,而不考虑工人的思想感情。泰罗科学管理的特点是从每一个工人抓起,从每一件工具、每一道工序抓起,在科学实验的基础上,设计出最佳的工位设置、最合理的劳动定额、标准化的操作方法、最适合的劳动工具。例如他在某钢铁公司进行的搬运生铁和铲铁试验中,就具体规定了工人所铲物资的轻重不同,所用的铲子大小也应该不同。为此,他专门设立了一个工具室,存有 10 种不同的铲子,供工人们在完成不同作业时使用。泰罗的科学管理系统将工人的潜能发挥到无以复加的程度,有人形容在实行泰罗制的工厂里,找不出一个多余的工人,每个工人都像机器一样一刻不停地工作。

资料来源:百度官方网站,http://www. baike. baidu. com/item/泰罗科学管理思想/6368074? fr=ge_ala。

(二)"社会人"假设——人际关系理论

20 世纪 20、30 年代,梅奥通过霍桑试验创立了人际关系理论,之后又经英国塔维·斯托克学院煤矿研究所再度验证。后者发现,在煤矿采用长壁开采法先进技术后,生产力理应提高,但由于破坏了原来工人之间的社会组合生产反而下降了。后来吸收社会科学的知识,重新调整了生产组织,生产力就上升。这两项研究的共同结论是,人除了物质外,还有社会需要,人们需要从社会关系中寻找乐趣。因此,50 年代后被定义为行为科学。

霍桑试验揭示了工人不仅仅是由金钱驱使的所谓"经济人",个人的态度、管理方式、非正式组织的情绪、工人的满意程度以及团队合作关系等对工作效率都有重要的影响。梅奥在总结和概括霍桑试验的基础上提出了"社会人"的人性假设,他把重视社会性需要、轻视物质性需要的人称为"社会人"。后来,沙因也对"社会人"人性假设进行过研究和阐述。"社会人"人性假设的基本观点如下:

(1) 人的工作积极性主要是由社会性需要引起的。物质利益刺激对人的工作积极性有一定影响,但归属感、身份感、尊重感等社会心理因素对调动工作积极性有更大的作用。

(2) 人际关系是影响工作效率的最主要因素。工作效率主要取决于士气,而士气的高低又取决于组织成员在家庭、群体及社会生活各方面人际关系的协调程度。

(3) 非正式组织是影响组织成员行为的一种潜在力量。在群体中,因共同的社会需求和情感而形成的非正式组织,以其特殊的价值取向、行为规范和沟通方式,潜在地影响着组织成员的工作积极性。

(4) 管理者的领导方式与领导作风对激励组织成员有着不可忽视的影响。

从"社会人"假设出发,采取不同于"经济人"假设的管理措施,主要有以下几点:

(1) 管理人员不应只注意完成生产任务,而应把注意的重点放在关心人和满足人的需要上。

(2) 管理人员不能只注意指挥、监督、计划、控制和组织等,而更应重视职工之间的关系,培养和形成职工的归属感和整体感。

(3) 在实际奖励时,提倡集体的奖励制度,而不主张个人奖励制度。

(4) 管理人员的职能也应有所改变,不应只限于制定计划、组织工序、检验产品,而应在职工与上级之间起到联络人的作用。一方面,要倾听职工的意见和了解职工的思想感情,另一方面,要向上级呼吁和反映。

(5) 提出"参与管理"的新型管理方式,即让职工和下级不同程度地参加企业决策的研究和讨论。

"社会人"假设中对人性的认识无疑比"经济人"假设要进步些,不仅看到了人具有生理的、物质的需要,而且看到了人还具有安全的、社会的需要,而后一种需要比前一种需要更高级。此种看法较为深刻地揭示了人的本质,因此对于人力资源管理的影响比 X 理论更大。直到现在,"社会人"假设还起着重大的作用。但是,"社会人"的观点并不是对人的社会性的全部概括,它强调的是个体对群体的依赖关系,忽视了人同整个社会的关系。与"社会人"假设相应的行为科学管理理论注重发挥人际关系、非正式群体和领导行为在提高工作效率中的作用,但该理论忽视了人的行为的经济动因,显然具有片面性。

 【知识链接】

弗里茨·罗特利斯伯格——霍桑试验的发展者

没有梅奥,霍桑就不会引起激动人心的效应;而没有罗特利斯伯格,霍桑就没有经久不衰的影响。弗里茨·罗特利斯伯格(Fritz Roethlisberger,1898—1974)1921 年毕业于哥伦比亚大学,1922 年取得麻省理工的理学学士学位,1925 年又取得哈佛的文学硕士学位。他本来是化学工程师,在哈佛彻底转行,毕业后就参加了哈佛的工业研究室工作。不久,他跟随梅奥参与霍桑实验,并由此奠定了他在管理学中的地位。梅奥根据霍桑实验的素材,先后出版《工业文明的人类问题》和《工业文明的社会问题》两本专著,但他只是开启了新的研究方向,却并没有构建起人际关系学派严谨的理论体系。这一理论体系的完成人,是罗特利斯伯格。他同西部电器公司的员工关系研究部负责人迪克森(William Dickson)一道,于 1938 年出版了《管理与工人》,又于 1941 年出版了独著《管理与工作士气》。罗氏对霍桑的资料给予了严密的梳理,他才是人际关系理论的具体建立者。经过多年的思考和积累,罗氏在 1968 年出版了他的深入思考之作《组织中的人》。

罗氏主要是从人类行为的非理性、非逻辑角度指出经济人假设的不足,给理性留下了恰当的领域,从而使社会人假设能够同经济人假设衔接起来。同时,把"效率的逻辑"和"感情的逻辑"(还特别指出了感情的非逻辑性)统一到管理活动的整体之中,由二者的统一推导出了他的全部论点。正是罗特利斯伯格在理论阐发上的努力,使霍桑实验的解释更为合理,也使人际关系理论得以发扬光大。

资料来源:百度官方网站,http://www.baike.baidu.com/item/弗里茨·朱利斯·罗特利斯伯格/10190699? fr=ge_ala。

2

（三）"自我实现人"假设——Y理论

Y理论是麦格雷戈在总结马斯洛关于人的需要层次的研究，以及马斯洛提出的"自我实现人"概念的基础上，于20世纪50年代后期提出的一种管理理论。

1943年，美国人本主义心理学家亚伯拉罕·马斯洛在《人类动机理论》一文中提出了人的"需要层次"的基本观点，并指出人的所有需要可以分为五个层次，分别是：生理需要、安全需要、归属和爱的需要、尊重需要以及自我实现的需要。其中，生理需要是最基本也是最强烈的需要；只有满足了生理需要，高一层次的各种需要才能逐级显现出来；只有在生理、安全、归属和爱、尊重四个层次的需要相继满足之后，自我实现的需要才能充分表现出来。

马斯洛在以上研究的基础上提出了"自我实现人"假设的人性观。所谓"自我实现人"是指人都需要发挥自己的潜力，发现自己的才能，只有人的潜能充分发挥出来，人才会感到最大满足。继马斯洛之后，麦格雷戈、沙因等都对"自我实现人"的人性假设理论进行研究，形成了Y理论：

（1）一般人都是勤奋的，厌恶工作并不是人的普遍本性，如果环境条件有利，工作就如同游戏或休息一样，自然而愉快。

（2）当人的衣、食、住等最基本需要得到满足时，就会致力于获得高层次需要的满足，也就是力求最大限度地利用自己的才华和资源去实现自己的抱负。

（3）人具有可以开发的巨大潜力。大多数人都存在着解决社会或组织中各种问题所需的想象力、创新力以及其他方面的智慧潜力。在现代工业社会，人的自身潜力只得到部分发挥。

（4）在正常情况下，人会主动承担责任，力求有所作为，而缺乏抱负、逃避责任并非人的本性。

（5）人具有自主自动性。在实现所承诺的目标活动中，人都能够自我管理、自我控制；外来的控制、惩罚不是鞭策人为组织目标努力工作的唯一方法。

在Y理论的人性假设前提下，管理者可以采取以下人力资源管理方法：

（1）管理重点的改变。把管理的重点从人的身上转移到工作环境上，即创造一种适宜的工作环境、工作条件，使人在这种环境条件下，能充分挖掘自己的潜力，充分发挥自己的才能，也就是说，能够充分的自我实现。

（2）管理人员职能的改变。管理者的职能既不是生产指导者，也不是人际关系的协调者，而是一个采访者，他们的主要任务在于如何发挥人的才智，创造适宜的条件，减少和消除职工自我实现过程中所遇到的障碍。

（3）奖励方式的改变。将奖励方式分为两类：一类是外在奖励（物质奖励），如工资，提升等；一类是内在奖励（精神奖励），即在工作中使人能增长知识和才干，发挥自己的潜力。只有内在奖励才能满足人的自尊和自我实现的需要，从而极大地调动起职工的积极性。

（4）管理制度的改变。管理制度应保证职工能充分地表露自己的才能，达到自己所希望的成就。

　　"自我实现人"假设和 Y 理论是对"社会人"人性假设和行为科学理论的补充和发展。

　　"社会人"假设和行为科学管理理论虽然看到了人的社会需要对调动工作积极性的作用,注重在管理中满足管理者在安全、社会等方面的社会性需要,但忽视了人的高层次需要的满足对调动工作积极性时更为重要的作用。"自我实现人"假设和 Y 理论尊重人的自我发展,强调人的主动精神,注重对人的内在激励和促进自我实现,较好地弥补了"社会人"假设和行为科学理论的不足,具有理论上的合理性和实践上的针对性。因此,在管理实践中产生了较大影响。但是,该理论只重视"自我实现人"人性实现的生理基础,忽略了自我实现观形成的社会制约性,忽视了人的理想、信念在一定环境下可以抵制低层次需要而服从高层次需要的作用,因此,仍然是一种不完善的理论。

 小看板

《西游记》与马斯洛的需要层次理论

以《西游记》中的取经五人团队来说明马斯洛的需求层次理论:

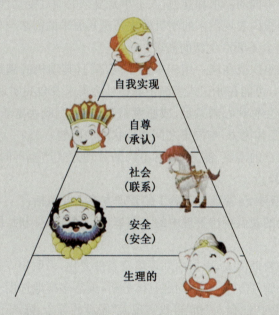

　　□ 猪八戒想要满足的是自己的生理需求。在故事当中他屡次因为食物和贪图美色被妖怪们骗得五迷三道,我们提起这个人物时的印象就是既贪吃又懒惰,而且还好色。

　　□ 沙僧想要满足的是自己的安全需求。他的台词很有特点,比如:"不好啦,师父被妖怪抓走了!""不好啦,二师兄被妖怪抓走啦!""不好啦,师父和二师兄都被妖怪抓走啦!""不好啦,我也被妖怪抓走啦!"可以看到沙僧常年处在一种"不安全"的状态里,他最大的需求就是安全。

　　□ 对白龙马来说,它平生最大的遗憾莫过于被赶出家门,被龙族开除出家族行列,所以很珍惜自己所在的这个取经团队,它最在意的是能否得到其他人的友情。

　　□ 对于唐僧来说,到西天取经的动力来自哪里呢?既来自自己被唐太宗选中并尊为御弟,也来自自己在取经团队中至高无上的地位,更来自对精湛佛法的自我陶醉,所以唐僧想要满足的是被尊重和承认的需求。

□ 对于孙悟空,他的目标只有一个,就是完成对自我的放飞,洗刷被囚禁五百年的耻辱——也就是说,他想要的是一种自我实现的需求。

(四)"复杂人"假设——超 Y 理论

复杂人假设是 20 世纪 60 年代末至 70 年代初由埃德加·沙因提出的,认为人既不是单纯的"经济人",也不是完全的"社会人",更不是纯粹的"自我实现人",而应当是因时、因地、因各种情况采取不同反应的"复杂人"。其后,由美国管理心理学家约翰·莫尔斯和杰伊·洛希根据"复杂人"假设,提出了超 Y 理论,即权变理论,组织对环境的变化而产生的适应性变化,主要见于 1970 年《哈佛商业评论》杂志上发表的《超 Y 理论》一文和 1974 年出版的《组织及其他成员:权变法》一书中。

其基本观点是:

(1) 每个人都有不同的需求和能力,人不单是复杂的而且变动性很大。

(2) 一个人在组织内表现出来的动机模式乃是其原来的需求与外界环境交互作用的结果,也就是说,个体会不断产生新的需求。

(3) 人在不同的组织或在同一组织中的不同部门,其动机的满足是会有差别的。在正式组织中不合群的,可能在非正式组织中获得社会需求及自我实现的满足。

(4) 一个人是否会感到心满意足,或愿意献身于组织,既决定于本身的动机结构,也受到工作性质、执行工作能力,与同事之间相处状况的影响。

(5) 人可以依自己的需要、能力,而对不同的管理方式产生不同的反应,所以管理方式也要依时、依人而异。

在超 Y 理论的指导下,管理者对员工的管理方式主要包括:

(1) 运用权变论的观点看待管理中的人和事,把人看成是因时、因地、因事而变的"复杂人"。

(2) 采用权变的管理模式,根据内外环境及条件变化,采取相应的管理模式。

(3) 运用权变的管理方法,具体问题具体分析,灵活多样地选用不同的管理方法。

"复杂人"假设是对"社会人"和"自我实现人"假设的综合,强调了人的需要的复杂性、多变性和满足方式的多样性。在"复杂人"假设基础上提出的超 Y 理论,重视对人的需要的形成、变化的复杂性的研究,强调在管理方式上必须采用"权变"的观点和方法。这在理论上是比较科学和全面的,因此,能够较为广泛地应用于西方国家的人力资源开发和管理中。但是,"复杂人"假设过分强调了人的差异性,忽视了人与人之间的共同性,未能认识到"复杂人"的人性本质;超 Y 理论过分强调了管理的权变性和特殊性,忽视了管理的一般规律性,表明这一理论仍然存在一定的局限性。

第三节　现代人力资源管理的基本原理

现代人力资源管理的基本原理是在总结古今中外人事管理实践和经验的基础上概括出来的,是现代人力资源开发与管理中具有普遍意义的基本规律。

一、要素有用原理

要素有用原理是指人力资源个体之间尽管有差异,有时甚至是非常大的差异,但必须承认人人有其才,即每个人都有其"闪光点",都有突出的地方。比如:有的个体研究开发能力很强,有的个体组织协调能力很强,还有的个体表达能力和自我展示的能力强,当然也有的个体对社会经济发展变化适应的能力很强等。

在人力资源开发和管理中,任何要素(人员)都是有用的,关键是为其创造发挥作用的条件。换言之,没有无用之人,只有没用好之人。因此,可以从以下三个方面来理解这一原理。

(1)人才的任用需要一定的环境。一是知遇,要有伯乐式的领导者对人才任用所发挥的关键作用;二是政策,如"公开招聘""竞争上岗"等政策,使许多人才走上更高的岗位。

(2)人的素质往往呈现复杂的双向性。如吝啬的人有时也很慷慨,一向认真的人也会马虎,坚强的人也会有胆怯,懦弱的人也会铤而走险等。因此,发现和任用人才是有难度的,这要求人力资源管理者要克服各种困难去知人善任。

(3)人的素质往往在肯定中包含着否定,在否定中包含着肯定。优点和缺点共存,失误往往掩盖着成功的因素。各种素质的模糊集合使人的特征呈现"横看成岭侧成峰,远近高低各不同"的现象。平庸的人,也有闪光的一面。一个优秀的领导者应当成为善于捕捉每个人身上的闪光点并加以利用的伯乐。

要素有用原理告诉我们,人力资源个体之间尽管有差异,这种差异要求人力资源开发工作者要有深刻的认识,对人不可求全责备,而是在人力资源配置过程中要注意合理地搭配组合人才,充分发挥每个人的长处和优势,而不是只采用淘汰的办法,使人人有不安全感。

二、同素异构原理

同素异构原理一般是指事物的成分因在空间组合关系和方式的不同,即在结构形式和排列次序上的不同,会产生不同的结果,引起不同的变化。将此原理移植到人力资源领域是指在群体成员的组合上,同样数量和素质的一群人,由于组织网络及其功能的差异,形成不同的权责结构和协作关系,可以产生不同的协同效应。在生产和管理过程中,同样数量和素质的劳动力,因组合方式不同会产生不同的劳动效率。

在人力资源开发过程中,组织构成是一个非常重要的内容。在一个组织中,即使组成的人力资源因素是一样的,但采用不同的组织结构,其组织效力的发挥会大不相同。因为传统的金字塔结构具有传递信息慢、缺乏灵活性,难以适应外界快速变化的需要等不足,所以需要进行变革。当前变革的趋势是:压缩层次,拓宽跨度。组织结构由金字塔向扁平化、网络化发展,以增强组织的适应性和灵活性,有效发挥组织人力资源的积极性、创造性和主动性。例如,在群体成员的组合上,同样数量和素质的一群人,由于排列组合不同而产生不同的效应;在生产过程中,同样人数和素质的劳动力因组合方式不同,其劳动效率高低也不同。根据这一原理,组织必须建立有效的人事调控机制,根据组织经营的需要,重视组织内部各种信息的传递和反馈,不断地对组织与人员结构方式进行调整,以保证系统的正常运行。

三、系统优化原理

系统是指由相互作用和相互依赖的若干(两个以上)有区别的子系统组合而成,并具有特定功能和共同目的的有机集合体。人力资源系统具有以下特征:关联性、目的性、社会性、多重归属性、有序性、适应性和冗余性。系统优化原理是指人力资源系统经过组织、协调、运行、控制,使其整体动能获得最优绩效的过程。在这方面,表现得最为简单的就是有关组织架构的设计,这便是人力资源部门为满足系统优化而进行的战略性人力资源调整。

系统优化原理是人力资源开发与人力资源管理中最重要的原理。人力资源的系统优化原理包含以下内容:

(1)系统的整体功能不是简单地等于部分功能的代数和。整体功能可能出现大于、等于或小于部分功能之和三种情况。

(2)系统的整体功能必须达到最大,也就是在大于部分功能之和的各值中取其最优。

(3)系统的内部消耗必须达到最小,系统内耗的原因主要是系统人员因目的分歧、利益的冲突而导致的相互摩擦与能量抵消。减少内耗主要应采取目标整合、利益协调等措施。

(4)系统内人员状态达到最佳。系统最佳状态表现在系统内人员身心健康,目标一致,奋发向上,关系和谐,充满快乐。

(5)系统对外的竞争能力必须最强。系统对外的竞争力取决于系统对外部环境的适应力与系统内的凝聚力。

四、能级对应原理

能级是指个体的能力大小分级,不同行业或不同岗位对从业人员能级的标准是不一样的。能级对应是指在人力资源开发中,要根据个体能力的大小安排工作、岗位和职位,使人尽其才,才尽其用。能级对应原理包含以下主要内容:

（1）承认人具有能力的差别；

（2）人力资源管理的能级要求按层次建立和形成稳定的组织状态；

（3）不同能级应表现为不同的权力、物质利益和荣誉，人的能级必须与其所处的管理层次动态对应；

（4）人的能级不是固定不变的，能级原理承认能级本身的动态性、可变性与开放性；

（5）人的能级与管理级次相互之间的对应程度，标志着社会进步和人才使用的状态改变。

能级对应原理要求我们要承认人具有能力的差别，根据人的能级层次要求建立稳定的组织形态，同时承认能级本身的动态性、可变性与开放性，使人的能级与组织能级动态对应。

五、互补增值原理

由于人力资源系统每个个体的多样性、差异性，因此在人力资源整体中具有能力、性格等多方面的互补性，通过互补可以发挥个体优势，并形成整体功能优化。

互补增值原理包含以下内容：

（1）知识互补。每个人在知识的领域、深度和广度上都是不同的，不同知识结构互为补充，整体的知识结构就比较全面。例如，不同知识结构的人思维方式不同，他们互为补充，就容易引起思想火花的碰撞，从而获得最佳方案。

（2）气质互补。不同气质者之间互补，有助于将事物处理得更完善。例如，一个组织中既要有踏踏实实的"管家型人才"，也要有敢闯敢冲的"将军型人才"和出谋划策的"协调型人才"。

（3）能力互补。在组织人力资源系统中，各种不同能力的互补可以形成整体的能力优势，以促进系统更有效地运行。例如，一个组织中应集中各种能力的人才，既有善于经营管理的，也有善于公关协调的，还有善于市场营销的和从事行政管理的等。

（4）性别互补。男女互补，能发挥不同性别的人的长处，形成工作优势。例如，既发挥女性细心、耐心的优势，又展示男性粗犷、坚强的一面，各展其优，各挥所长。

（5）年龄互补。不同年龄层次的人结合在一起，优势互补，可以将工作做得更好。例如，一个组织中，既要有经验丰富、决策稳定的老年人，也要有精力充沛、反应敏捷的中年人，还要有勇于开拓、善于创新的青年人。

（6）关系互补。每个人都有自己特殊的社会关系，如果这些关系重合不多，具有较多的互补性，就可以形成集体的关系优势，增强对外部的适应能力。

关系互补原理强调人各有所长也各有所短，以他人之长补自己之短，从而使每个人的长处得到充分发挥，避免短处对工作的影响，通过个体之间取长补短而形成整体优势，实现组织目标的最优化。当个体与个体之间，个体与群体之间具有相辅相成作用的时候，互补产生的合力要比单个个人的能力简单相加而形成的合力大得多，群体的整体功能就会正向放大；反之，整体功能就会反向缩小，个体优势的发挥也受到人为的限制。因此，按照现代人力资源个的要求,一个群体内部各个成员之间应该是密切配合的互补关系,互补的一群人必须拥有共同的理想、事业和追求,而互补增值原理是最重要的"增值"。

六、激励强化原理

激励强化原理是指在人力资源开发和管理中,管理者应利用各种激励手段,激活组织成员的进取心,激发组织成员的创新精神,调动组织成员的工作积极性,充分施展自己的才华,为实现组织目标服务。

激励强化原理包括以下主要内容:

(1)激励是人力资源开发和管理主体的重要职能,其目的是为激发组织成员的工作积极性、创造性,尤其是为形成组织成员的主人翁精神提供系统动力。

(2)系统动力既包括物质动力、精神动力和信息动力三大方面,也包括正激励与负激励两大类型。

(3)激励手段必须综合运用才能获得最佳效果。综合运用激励手段的基本原则是:公平目标与效率目标相结合;个体激励与群体激励相结合;物质激励与精神激励相结合;外激励与内激励相结合;正激励与负激励相结合。

组织中一切工作都要以提高效率为中心,时时处处将提高效率放在第一位,各级主管应当充分有效地运用各种激励手段,对员工的劳动行为实现有效激励。例如,对员工有奖有惩、赏罚分明,才能保证各项制度的贯彻实施,才能使每个员工自觉遵守劳动纪律,严守岗位,各司其职,各尽其力。此外,通过组织文化的塑造,特别是企业精神的培育、教育、感化员工,以提高组织的凝聚力和员工的向心力;通过及时的信息沟通和传递,以及系统的培训,使员工掌握更丰富的信息和技能,促进员工观念上、知识上的转变和更新。

七、反馈控制原理

反馈控制是指在管理活动中,决策者(管理者)根据反馈信息的偏差程度采取相应措施,使输出量与给定目标之间的偏差保持在允许的范围内。

反馈控制原理是指利用信息反馈作用,对人力资源开发与管理活动进行协调和控制。其实质是建立灵敏、准确、有效的信息反馈机制和自我发展、自我调节、自我控制、自我适应的充满生机活力的管理体制。其中,信息反馈作用是指管理系统输出信息,经管理对象系统作用后返回再作用于输出信息,以实现对系统的调节和控制。

反馈控制原理具体包括以下内容:

(1)人力资源开发与管理是一个综合运动过程,包括培养、选拔、配置、使用、管理等多个相互联结的环节,各个环节之间存在着因果关系。

(2)人力资源开发与管理活动应设定目标,也就是要有衡量活动实际结果的标准。

(3)建立灵敏、准确、有效的信息反馈机构,以反馈实际结果与预期目标之间的偏差信息,并分析和说明实际情况偏离预期目标的程度和原因。

（4）建立自我调控、高效运作的管理体制，能及时采取有效措施纠正偏差，防止失控。

在人力资源开发过程中，各个环节、各个要素或各个变量形成前后相连、首尾相顾、因果相关的反馈环。其中任何一个环节或要素的变化，都会引起其他环节或要素发生变化，并最终又使该环节或要素进一步变化，从而形成反馈回路和反馈控制运动，这就是人力资源开发的反馈控制原理。由此，在人力资源开发中要注意把握各个环节或各个要素之间的关系，通过抓住关键环节或主要要素，提高工作效率。

八、弹性冗余原理

弹性冗余原理是指在人力资源开发与管理中，必须充分考虑管理对象生理、心理的特殊性，以及内、外环境的多变性造成的管理对象的复杂性，人力资源开发过程必须留有余地，保持弹性，不能超负荷或带病运行。"弹性"通常都有一个"弹性度"，超过了某个度，弹性就会丧失。

弹性冗余原理包括以下主要内容：

（1）必须考虑劳动者体质的强弱，使劳动强度具有弹性。

（2）必须考虑劳动者智力的差异，使劳动分工具有弹性。

（3）必须考虑劳动者年龄、性别的差异，使劳动时间有适度的弹性。

（4）必须考虑劳动者性格、气质的差异，使工作定额有适度弹性。

（5）必须考虑行业的差异，使工作负荷有弹性。

（6）必须重视对积极弹性的研究，努力创造一个有利于促进劳动者身心健康，提高劳动效能的工作环境，要注意防止和克服管理中的消极弹性。

人们的劳动强度、劳动时间、劳动定额等都有一定的"度"，超过这个"度"进行开发，只会使人身心疲惫，精神萎靡不振，造成人力资源的巨大损失。因此，人力资源开发要在充分发挥和调动人力资源的能力、动力和潜力的基础上，主张松紧合理、张弛有度、劳逸结合，使人们更有效、更健康、更有利地开展工作。

九、竞争协作原理

竞争协作原理是指在人力资源开发与管理过程中，既要引进竞争机制，以激发组织成员的进取心，培养创新精神和开拓能力，发挥其在促进人力资源开发与管理方面的积极作用；又要强化协作机制，以克服片面竞争造成的系统内耗等消极作用，最终达到全面提高人力资源综合效益的目的。

竞争协作原理包括下列主要内容：

（1）竞争在人力资源的综合运动过程中普遍存在。

（2）合理竞争有利于人力资源的开发与管理效益的提高，但不合理竞争会压抑个人发展，造成组织内耗等严重危害。

（3）合理竞争就是竞争与协调共存的竞争。衡量竞争是否合理的主要标志是：竞争以组织目标为导向,竞争以利益相容为前提,竞争以公平、适度为准则。

十、信息催化原理

信息是指作用于人的感官,并被大脑所反映的事物的特征和运动变化的状态。信息是一种资源,不同的事物具有各种不同的特征和运动状态,会给人们带来各种不同的信息,人们正是通过获得识别自然界和社会的不同信息来区分不同的事物,才得以认识世界和改造世界的。因此,离开了信息,就谈不上人力资源开发。信息是人才成长的"营养液",是人们发展智力和培养非智力素质的基本条件。

信息催化原理是指人们通过获取和识别信息来认识和改造世界。根据信息催化原理,组织应运用最新的科学技术知识,最新的管理理论武装员工,建立并保持人力资源质量优势。随着科学技术的飞速发展,通信技术和传播媒介的高度发达,信息的质和量迅猛增长,信息的传递速度日新月异,"信息爆炸"形象地说明了当代的时代特点。在现代社会,人们能否迅速地捕捉、掌握和运用大量的信息(科学技术信息、管理信息、社会信息、自然信息)决定了能否在激烈竞争中站在科学技术和现代管理的前列,能否使人力资源的开发跟上飞速变化的形势。

根据信息催化原理,应该高度重视发展教育事业,高度重视员工的教育培训工作,应该用最新的科学技术知识、最新的工艺操作方法、最新的管理理论去武装他们,保持人力资源的质量优势,这是增强组织活力和竞争力的关键。因此,世界各发达国家和新型工业化国家,花在教育和培训上的经费大量增加。这种培训已不局限在岗前培训、新职工培训、各种专业技能培训,而且扩展为终生性的教育和培训。随着网络技术的发展,在线学习、远程学习的活动正方兴未艾。此外,应该在本地区、本部门、本单位,建立起信息收集、处理和通报制度,使信息管理这一基础性管理工作上档次、上水平。

十一、主观能动原理

主观能动性是一个哲学概念,亦称"自觉能动性",指人的主观意识和实践活动对于客观世界的能动作用。主观能动性有两方面的含义:一是人们能主动地认识客观世界;二是在意识的指导下能主动地改造客观世界。在实践的基础上使二者统一起来,即表现出人区别于物的主观能动性。

主观能动原理是指人是生产力中最活跃的因素、最宝贵的资源,人具有主观能动性。人的主观能动性对一个人的积极性和事业成就起着决定性的作用,组织应高度重视员工主观能动性的开发和管理控制,提供和创造良好的条件,使员工的思维运动更活跃,主观能动作用得到更好地发挥。

人的主观能动性的高低,直接影响着人的素质的高低。人的主观能动性是可以通过开发而增强的。这为人才的培养和使用创造了良好的外部条件,包括完善的制度、发达的教育、全面的培训、宽松的环境,建设组织精神文明,使员工的思维运动越来越活跃,其主观能力作用更好地发挥。

十二、动态优势原理

动态优势原理是指组织应在动态中用好人、管好人,充分利用和开发员工的潜能和聪明才智。在工作活动中,人员于岗位的适合度是相对的,不适合、不匹配是绝对的。因此,应当注重人员的绩效考评及人员潜能和才智的开发,始终保持人才竞争的优势。社会一切事物和现象都是处于变动之中的,组织人员也处于变动之中,"流水不腐,户枢不蠹",从优化组织的角度看,组织人员要有上有下、有升有降、有进有出、不断调整、合理流动,才能充分发挥每个人员的潜力、优势和长处,使组织和个人都受益。

本 章 小 结

本章内容结构如下所示:

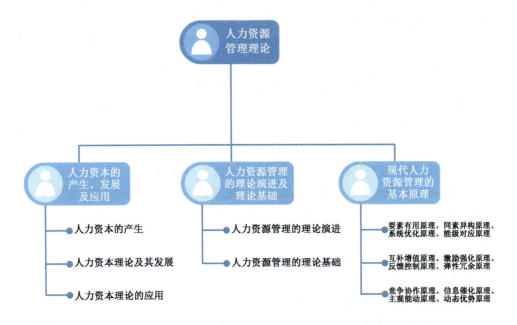

复 习 思 考 题

1. 什么是人力资本?它是如何产生的?

2. 舒尔茨的人力资本理论的主要内容是什么?

3. 贝克尔的人力资本理论有哪些主要观点?

4. 试阐述随着人力资本和人力资本理论研究的逐步深入,在卫生经济学、家庭经济学和人力资源会计学等新兴领域是如何实现其应用的?

5. 人力资源管理理论的发展历程是怎样的？

6. 什么是"经济人"假设、"社会人"假设、"自我实现人"假设和"复杂人"假设？

7. 上述人性假设中,相应的 X 理论、人际关系理论、Y 理论和超 Y 理论的内容分别是什么？

8. 简述现代人力资源管理的基本原理有哪些？其基本内容分别是什么？

案 例 讨 论

中国女足蓄势腾飞

对中国女足来说,2022 年是收获的年份,年初在印度,"铿锵玫瑰"时隔 16 年再次捧起亚洲杯冠军;对中国女足来说,2022 年是"走出去"的年份,十多名球员留洋欧美联赛;对中国女足来说,2022 年也是备战的年份。2023 年,姑娘们将面对世界杯、亚运会、巴黎奥运会预选赛三项大赛的考验。

国字号球队表现抢眼

2022 年 2 月 6 日在印度,中国女足在亚洲杯决赛中逆转击败韩国队,时隔 16 年再夺该项赛事冠军。中国女足的这个冠军来之不易,她们在整个赛事过程中保持了全胜,半决赛更是通过点球大战击败了上届冠军日本队。

56 岁的主教练水庆霞无疑是中国女足走上正轨的头号功臣。东京奥运会后接手帅印,她首先让队员们重拾老一代女足的拼搏精神。水庆霞强调,亚洲杯踢得好,最主要的原因就是球队在精神层面做到了"铿锵玫瑰"的不言弃、不放弃。7 月底,中国女足在东亚杯比赛中保持不败,最终夺得亚军。

在 10 月进行的 U17 女足世界杯小组赛中,中国 U17 女足先是击败上届亚军墨西哥队,随后遗憾地负于南美劲旅哥伦比亚队和上届冠军西班牙队。虽然无缘淘汰赛,但中国 U17 女足向外界展现出了旺盛的斗志。

留洋人数创历史新高

"我希望有更多的球员走出去,看看外面的世界是什么样的,无论是对球员个人还是中国女足都有好处。"水庆霞曾不止一次公开鼓励队员留洋。2022 年,中国女足有多达 13 名球员效力于海外联赛,留洋人数创下历史新高。

这其中既有王霜、唐佳丽、肖裕仪、杨丽娜、李梦雯等正值当打之年的球员,也有沈梦雨、沈梦露、张琳艳、杨淑慧等"00 后"小将。不久前,32 岁的老将李佳悦宣布加盟土耳其加拉塔萨雷队,在职业生涯尾声赴海外追梦。

在海外联赛效力的女足队员,有不少已经成为所在球队的主力甚至核心。小将张琳艳在为瑞士草蜢队效力的 10 场比赛中已经斩获 7 个进球,成为球队的第二号射手;李梦雯本赛季已经为巴黎圣日耳曼队出场 10 次,其中 5 次首发;沈梦雨在上个月的一场苏格兰超级联赛中上演"帽子戏法",成为当地球迷的新偶像。

改革方案明确发展目标

2022 年 10 月,国家体育总局、教育部、财政部、中国足协联合印发《中国女子足球改革发展方案(2022—2035 年)》(以下简称《方案》),为中国女足运动的发展提出了具体方案。

《方案》以 2025 年、2030 年、2035 年为三个时间节点,分别从运动参与人口数量、校园足球与青训水平、联赛规模、国家队成绩等方面明确了中国女足的发展目标。其中,2023 年女足世界杯和 2024 年奥运会的目标都是晋级八强。《方案》明确了建立完善的组织管理体系、加强女足国家队的建设和管理、完善女足竞赛体系、大力发展女足青训、改革推进校园女子足球发展、加快女足教练员队伍建设、普及发展社会足球共 7 项主要任务。

值得一提的是,《方案》中针对国内女足俱乐部"生存难"的问题提出了解决方案,包括推行中超俱乐部"男足带女足"、研究女足俱乐部多元化股权、自 2023 赛季实施女足俱乐部"投入帽""工资帽"等。

资料来源:京报网站,http://www. baijiahao. baidu. com/s? id=1754054873139634873&wfr=spider&for=pc,2023-1-4。

讨论:

1. 2022 年,中国女足在亚洲杯决赛中逆转击败韩国队的过程中,体现了哪些人性假设?

2. 水庆霞教练一直鼓励队员"走出去",体现了哪些现代人力资源管理的基本原理?

3. 国家颁布的《中国女子足球改革发展方案(2022—2035 年)》尝试从哪些方面对女足人力资源进行科学化管理?

第三篇　实践篇

第三章 体育人力资源规划与设计

> 惟有民魂是值得宝贵的,惟有它发扬起来,中国人才有真进步。
>
> ——鲁迅

3

★ 知识目标

- □ 掌握体育人力资源规划的内涵和主要类型;
- □ 理解体育人力资源规划的内容和作用;
- □ 理解体育人力资源规划制订的步骤;
- □ 了解和熟悉体育人力资源需求的外部影响因素和内部影响因素;
- □ 熟悉和运用体育人力资源需求的定性预测和定量预测分析法;
- □ 了解和熟悉体育人力资源供给的外部影响因素和内部影响因素;
- □ 熟悉和运用体育人力资源供给的预测方法;
- □ 认识和理解现代人力资源信息系统。

★ 能力目标

- □ 运用人力资源供需预测的基本方法;
- □ 掌握编写人力资源规划的步骤和格式;
- □ 熟悉人力资源信息系统相关界面和操作。

★ 核心概念

- □ 人力资源规划　体育人力资源规划
- □ 体育人力资源需求　体育人力资源供给　外部影响因素　内部影响因素
- □ 定性预测分析法　管理人员判断法　德尔菲法　驱动因素预测法
- □ 定量预测分析法　工作负荷分析法　趋势外推法　回归分析法　比率分析法
- □ 技能清单法　人员替代法　管理人员接替模型　马尔可夫分析法
- □ 人力资源信息系统

开篇案例：问题提出

安踏集团：打造支撑千亿新战略目标的人力资源体系

2021 年 12 月，安踏发布新十年战略，提出以"创造共生价值"为商业准则，把"将超越自我的体育精神融入每个人的生活"作为新使命，以"单聚焦、多品牌、全球化"的新战略步入新十年的发展。在过去 5 年中，安踏集团盈利连续增长。2022 年，安踏集团的全年收益达 536.5 亿元，同比增长 8.8%，位居中国市场行业首位，连续 11 年位列中国体育用品企业首位。在 2022—2023 年度"ATD BEST Awards"颁奖典礼中，安踏荣获"最佳学习型企业奖"，是中国体育用品行业唯一一家入选企业。这表明在学习型组织打造与人才培养方面，安踏收获了全球人才发展领域权威机构的认可。

经过 30 年发展，安踏集团已经从一家传统的民营企业转型成为具有现代化治理结构和国际竞争能力的多品牌公司，向运动品牌行业头名发起挑战。成为国际领先体育用品集团的背后，依靠的是一套多品牌文化融合的人力资源战略体系，也是促进安踏集团走向未来，实现全球领先目标的重要动力。

国际化企业的文化认同难题

从 2009 年开始，安踏开始国际化进程，陆续收购 FILA 中国和 Sprandi，并与 Descente 成立合资公司，在中国经营其品牌业务，逐渐发展成为一个拥有多品牌的体育用品集团。在多品牌的战略下，来自意大利、美国、日本、韩国等不同国家的管理精英加入了安踏的团队，每一次的经营会议都由来自各国的高管参与，语言沟通成为最常见的障碍。

跨国人才队伍日益壮大带来了诸如核心人才观不突出、文化理念不一致、认知不统一、沟通不同频等问题。人才国际化是安踏集团走向未来，走向全球化和打造国际一流的体育用品集团非常重要的一步。如何形成统一的企业文化认知，高效管理国际化团队，对于拥有国际人才的企业显得尤为重要。

人力资源体系亟待与新战略目标相匹配

在 2016 年正式开始"单聚焦、多品牌、全渠道"的战略后，安踏明显感受到人力资源难以支持集团战略目标的实现。集团业务和组织结构碎片化，组织效率有待提高；缺乏高端管理人才储备，员工的专业能力和管理能力有待提升，考核与激励等机制保障有待完善；企业文化方面，旗下各品牌文化不统一，基层员工缺少激情等。

公司的组织包括业务结构、政策和企业文化等，所有这些要素可能会在一个快速变化的商业环境中发生机能失调，组织发展和人才价值需要不断升级以适应不同阶段的发展需求和目标，调整组织文化往往是企业成功实施新战略的关键。安踏集团千亿目标的实现需要强有力的企业文化支持，需要核心价值理念为依归，需要共同行为准则为聚焦。如何构建一个匹配 4.0 战略的人力资源体系，以及不断激励员工冲锋的企业文化，是安踏迫切的需求。

安踏实现营收增长与文化建设双丰收

在经过调研分析和多轮业务架构梳理研讨后，安踏在人力资源战略与企业文化两大板块进行升级：

1. 构建承接战略目标的人力资源体系

找出战略 4.0 目标，实现在组织、人才、文化氛围方面的差距或诉求，建设承接战略 4.0 及人力资源战略目标体系。

2. 优化业务架构和管理平台

制定了基于战略 4.0 的组织与人才管理策略方案。梳理出安踏集团三级业务架构体系；明确核心人才定义及评估标准，为核心人才的识别提供了科学管理工具；制定核心人才数量和结构规划方案，形成人才梯队培养和员工成长方案、干部培养、人才激励等全面的管理机制；构建安踏的基础效率平台和文秘体系，为安踏实现战略目标提供组织和人才保障。

3. 企业文化升级引领文化认同

通过与 20 多位高管、50 位中层管理干部、各级员工进行多轮研讨后，对安踏的文化体系框架进行了系统升级。提炼出以消费者为导向、以市场地位为目标、以贡献者为榜样、以创新为生存之本的文化符号——"安踏之道"，确立安踏愿景和使命，优化安踏员工行为规范，有效解决了企业文化与品牌文化、集团文化的管理问题，为统一思想和文化构建组织基础，为实现战略目标提供了方向和指引。

针对升级后的安踏之道及核心价值观，制定了文化落地的策略、框架和详细计划，确保文化能运用于人才招聘、干部选拔、员工行为管理、荣誉管理等制度和流程之中，落地生根；引入了组织氛围调查管理工具和方法，赋能并辅导客户使用，为安踏集团持续打造高绩效团队、提升管理水平提供支持。

资料来源：百思特管理咨询官方网站，http://baijiahao. baidu. com/s？ id＝1767937908644742818&wfr＝spider&for＝pc，2023－6－6。

【案例思考题】

请分析：

1. 在国际化进程中，安踏的战略目标是什么？

2. 安踏是如何建立与战略目标相匹配的人力资源体系的？

3. 安踏是怎样有效管理跨国人才队伍的？

第一节　体育人力资源规划概述

人力资源规划是将人力资源管理和组织战略相结合的计划，其在组织发展战略的指导下，涵盖人力资源各项管理工作的重要环节。人力资源规划在体育组织人力资源管理乃至整体战略规划中具有举足轻重的作用，对于体育组织的人力资源获取、配置、培训、开发等成本控制及战略目标的实现等方面都具有重要意义。

一、体育人力资源规划的内涵和类型

(一) 体育人力资源规划的内涵

人力资源规划(Human Resource Plan,HRP)也称人力资源计划,是指为实施组织发展战略,完成生产经营目标,根据组织内外环境和条件的变化,通过对组织未来人力资源的需要和供给状况的分析及估计,运用科学的方法进行组织设计,对人力资源的获取、配置、使用、保护等各个环节进行职能性策划,制定组织人力资源供需平衡计划,以确保组织在需要的时间和需要的岗位上,获得各种必需的人力资源,保证事(岗位)得其人、人尽其才,从而实现人力资源与其他资源的合理配置,有效激励、开发员工的规划。

体育人力资源规划就是从体育组织战略规划和发展目标出发,根据其内外部环境的变化,预测体育组织未来发展对人力资源的需求,以及为满足组织需要所提供人力资源的活动过程。

该定义有三层含义:

(1) 制定体育人力资源规划,首先必须对体育组织所面临的人力资源环境进行分析,科学地预测人力资源的供给和需要。

(2) 体育人力资源规划的关键是要确定人力资源规划的目标和措施,以确保体育组织对人力资源的如期实现。

(3) 体育人力资源规划是体育组织整体规划的重要组成部分,必须以整体规划目标为依据来确定人力资源规划目标。

(二) 体育人力资源规划的类型

根据不同的视角,体育人力资源规划可以划分为不同的类型:

1. 按照规划的期限

短期计划:一年及以内,一般按照年度编制。中长期规划:一般来说,五年以上的计划可以称之为长期规划,中期计划期限在一年以上、五年以下。体育组织人力资源规划的期限长短,主要取决于组织环境的确定性、稳定性和人力资源素质高低的要求。

2. 按照规划的层次

体育人力资源规划包括两个层次,即总体规划及各项业务计划。体育人力资源的总体规划是有关计划期内,体育组织人力资源开发利用的总目标、总政策、实施步骤及总预算安排。各项业务计划包括:配备计划、补充计划、使用计划、培训开发计划、职业计划、绩效与薪酬福利计划、退休解聘计划、劳动关系等计划。

3. 按照规划的全局性和长远性

按照规划的全局性和长远性不同,体育人力资源规划可分为战略计划和战术计划两个方面。

战略计划:实质是促进体育组织实现其目标,因此必须具有战略性、前瞻性和目标性,要体现体育组织的发展要求。同时,还要注意战略规划的稳定性和灵活性的统一。

战术计划：根据体育组织未来面临的外部人力资源供求的预测，以及组织发展对人力资源需求量的预测，根据预测的结果制定的具体方案，包括招聘、辞退、晋升、培训、工资福利政策、梯队建设和组织变革等。

二、体育人力资源规划的内容

体育人力资源规划包含两个层面的内容：总体规划（如图3-1所示）和各项业务计划（如表3-1所示）。

（一）体育人力资源总体规划

体育人力资源总体规划是在一定时期内，涵盖体育组织人力资源开发与管理所有业务方面的总体性目标、总政策、实施步骤及总预算安排。包含三方面内容：人力资源数量规划、人力资源质量规划和人力资源结构规划。

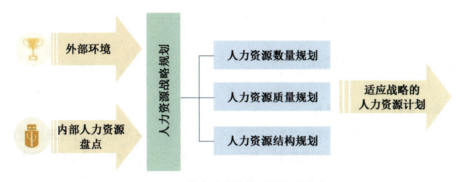

图3-1 体育人力资源总体规划内容

（二）体育人力资源业务计划

体育人力资源各项业务计划，即基于体育组织的人力资源开发与管理各项业务职能，分别进行的有针对性的专项规划，包括：人员补充计划、人员使用计划、人员接替和提升计划、教育培训计划、薪酬激励计划、劳动关系计划、退休（退役）解聘计划等。

表3-1 体育人力资源业务计划内容

计划类别	目标	政策	步骤	预算
人员补充计划	类型、数量、对人力资源结构及绩效的改善等	人员标准、人员来源、起点待遇等	拟定标准、广告宣传、甄选、录用	招聘、选拔费用
人员使用计划	部门编制、人力资源机构优化、绩效改善、职务轮换等	任职条件、职务轮换、范围和时间	略	按照使用规模、类别和人员状况决定工资、福利
人员接替和提升计划	保持后备人员数量、改善人员结构、提高绩效等	选拔标准、资格、试用期、提升比例、未提升人员安置	略	职务变化引起的薪酬福利变化

计划类别	目标	政策	步骤	预算
教育培训计划	提高素质、改善态度、提供新人力资源、培训类型和数量等	确定培训数量和类型、保证培训时间和培训效果	略	预算教育培训总投入、估算脱产损失
薪酬激励计划	提高绩效、鼓舞士气、降低离职率等	激励重点：薪酬政策、奖励政策、反馈	略	增加工资、奖金额预算
劳动关系计划	改善劳动关系、降低投诉率、减少非期望离职率等	加强沟通、参与管理	略	法律诉讼费
退休（退役）解聘计划	缩小编制、降低劳动成本、提高生产效率等	退休政策、退役条件、退役安置、解聘程序等	略	安置费、人员重置费

三、体育人力资源规划的作用

1. 确保体育组织完成目标

体育人力资源规划是实现体育组织战略的基础计划之一，制定人力资源规划的主要目的就是确保体育组织完成发展战略。目前，大多数体育组织为了生存、发展和保持竞争优势都制定了独特的战略，组织战略确定好后，就需有"人"去执行和完成。因此，人力资源规划的首要目的就是有系统、有组织地规划体育组织人员的数量、质量和结构，并通过人员补充、人员配置、教育培训、薪酬激励等方案，保证最佳人力资源完成预定目标。

2. 适应环境变化的需要

体育人力资源规划有助于体育组织对外部环境、竞争、新技术等做出相应的反应和调整。

现代体育组织处于多变的环境之中，一方面，组织内部的环境不断发生变化，如管理方式的改变、新技术的开发和应用、生产和营销方式的改变等都将对体育组织人员的结构和数量等提出新的要求；另一方面，外部环境的变化，如社会经济的发展、人口规模的变化、教育程度的提高、法律法规的健全等也直接影响到人员的供给和体育组织对人员的需求，影响到组织成员的工作动机、工作热情及工作方式等。因此，体育人力资源规划的作用是使体育组织能更好地把握未来不确定的外部环境，适应内外环境的变化，及时调整人力资源的构成，保持竞争优势。

3. 提高体育人力资源使用效率

体育人力资源规划能帮助体育组织管理人员预测人力资源的短缺和冗余，在人员管理成本增加时及时纠正供需不平衡状态，减少人力资源的浪费，有助于体育组织降低人员使用成本。良好的体育人力资源规划能充分发挥人员的知识、技术和能力,提供公平竞争的机会;能客观地评价成员业绩,提高劳动积极性。同时,通过人力资源规划,向成员提供适合个人发展的教育培训计划和职业生涯计划,提高岗位胜任力,从而最终提高体育组织对人力资源的使用效率。

第二节 体育人力资源规划的制订

一、体育人力资源规划的基本过程

体育人力资源规划的制定大体可以分为四个步骤:信息收集和整理、预测人力资源供求、确定人力资源政策、制定人力资源规划、人力资源规划实施和反馈。

(一) 信息收集和整理

信息资料是制定人力资源规划的依据,一般包括以下内容:

(1) 体育组织整体状况和发展战略:如产品结构、市场占有率、技术设备、资金情况、经营举措、竞争重点等。

(2) 人力资源管理的外部环境:如政策环境、劳动力市场环境、地域因素(人才地域分布的离散程度)等。制定体育人力资源规划时,要特别考虑外部环境这一动态因素,不能简单地将其理解为静止的数据收集,而是要根据环境的动态变化进行适时的改进和调整。

(3) 体育组织现有人力资源状况:如各部门人数、人员空缺、人员超编情况、各部门人员的任职资格、人岗匹配情况、人员培训情况等。其重点在于明确体育组织各类人力资源的数量、质量、结构、分布、利用、潜力、流动比率等状况。

(二) 预测人力资源供求

在收集和整理人力资源的相关信息资料之后,就需要选择合适的预测方法,对人力资源的需求和供给进行预测。了解体育组织对各类人力资源在数量、质量和结构上的需求,以及能满足需求的体育组织内部、外部人力资源的供给情况,从而得出人力资源的净需求(劳动力短缺或劳动力过剩)数据。在进行体育人力资源的供给预测时,内部供给预测是重点,外部供给预测应侧重于关键人员。体育人力资源供求的预测具有较强的技术性,是人力资源规划中的关键部分。

(三) 确定人力资源政策

一旦人力资源的需求和供给情况确定后,体育组织就可以决定采取何种人力资源政策来解决潜在问题了。体育组织的人力资源政策是根据不同情况确定的,主要是解决人员短缺和剩余问题。

1. 当体育组织人力资源短缺时,应制定以下政策弥补人力资源不足

(1) 把富余人员安排到人员短缺的岗位上;

(2) 培训组织部分内部人员,使其能够胜任短缺但又很重要的岗位;

（3）管理人员加班加点，适当延长工作时间；

（4）提高人员效率；

（5）适当聘用一些兼职人员；

（6）适当聘用一些临时的全职人员；

（7）适当聘用一些正式人员；

（8）采用资源外包，即把部分工作转包给专业组织；

（9）适当减少工作量（或产量、销量等）；

（10）添置新设备，利用设备来解决人员短缺。

以上政策中，第（1）～（4）条属于挖掘组织内部潜力。虽然也会增加一些成本（比如增加工资、奖金、福利等），但相对代价较低，有利于组织的长期发展，是人力资源的首选政策。第（5）～（7）条属于中间政策，当组织内部已充分挖掘潜力时，可以运用，但需要谨慎。第（8）～（10）条属于较为消极的政策，不仅代价较大，而且不利于组织的长远发展。

上述方法达到目的的速度和可回撤程度如表3-2所示。

表3-2 避免预期劳动力短缺的方法及达到目的的速度、可回撤程度

方法	速度	可回撤程度
加班	快	高
临时雇用	快	高
外包	快	高
再培训后换岗	慢	高
减少流动数量	慢	中等
外部雇用新人	慢	低
技术创新	慢	低

2. 当体育组织人力资源剩余时，应制定以下政策克服人力资源的多余

（1）扩大有效业务量，比如提高产量或销量、改进产品或服务质量、改善售后服务等；

（2）培训人员，由于人力资源富余，一部分人员可以通过培训来提高自身知识、技能、素质等，以利于适应新的工作岗位；

（3）实行提前退休（退役）制度；

（4）降低工资待遇；

（5）减少福利待遇；

（6）鼓励人员主动离职；

（7）减少人员的工作时间；

（8）实行临时下岗制度；

（9）辞退人员；

（10）适当或临时关闭部分部门或分支组织。

以上政策中，第（1）～（2）条将人员富余当作组织发展的机会，属于积极的措施，但是

许多组织不一定能做到。第(3)～(8)条均属于中间政策,在组织中运用得最多,也较容易起作用。第(9)～(10)条属于消极政策,这种舍卒保车的措施往往是一把双刃剑。

上述方法达到目的的速度和人员受伤害程度如表3-3所示。

表3-3　避免预期劳动力过剩的方法及达到目的的速度、员工受伤害程度

方法	速度	可回撤程度
裁员	快	高
减薪	快	高
降级	快	高
工作轮换	快	中等
工作分享	快	中等
退休(退役)	慢	低
自然减少	慢	低
再培训	慢	低

(四) 制定人力资源规划

以上工作做好后,体育组织就可以制定人力资源规划了。每个体育组织的人力资源规划各不相同,但一份典型的人力资源规划至少应该包括以下主要内容:

1. 规划的时间段

从人力资源规划的期限来看,可分为:长期规划、中期规划和短期规划。长期规划的时间一般在5年以上,主要是战略性人力资源规划;中期规划一般是1～5年,主要是根据战略来制定具体的战术;短期规划一般是1年以下,主要是制定详细的行动方案。因此,人力资源规划必须具体指出规划的起始时间。

2. 规划目标

体育组织在制定人力资源规划时,一定要与组织战略目标紧密相连。同时,目标要明确、具体,要用数据说话。

3. 当前现状分析

在人力资源战略制定分析信息的基础上,阐明目前体育组织人力资源的供需状况,以此作为人力资源规划的依据。

4. 未来情况预测

主要是在收集信息的基础上,在规划时间段内,预测体育组织未来人力资源供需状况,进一步指出制定该规划的依据。

5. 规划的具体内容

这是人力资源规划的核心,涉及面较广。体育组织存在不同的人力资源规划:总体规划、人员补充计划、人员使用计划、人员接替和提升计划、教育培训计划、薪酬激励计划、劳动关系计划、退休(退役)解聘计划等。在每个具体的计划方面,都要落实具体内容,而且还要落实执行规划的项目负责人、负责检查项目执行情况的人员、检查日期、预算等。

6. 规划制定者

人力资源规划的制定者可以是体育组织各职能部门或人力资源部门的人员,也可以是一个群体,还可以是外部顾问或咨询专家等。

7. 规划制定的时间

主要是指人力资源规划正式确定的日期。

(五)人力资源规划实施和反馈

人力资源规划最终方案需要付诸具体实施,此阶段包括四个步骤:

1. 实施

人力资源规划必须确保有专人负责既定目标的实施,在执行过程中需要定期报告,以确保所有方案都能在既定时间内执行到位,并且方案执行的成效与预测情况是一致的。

2. 检查

检查是必不可少的步骤,许多体育组织在实施人力资源规划时通过检查都能发现不少问题。

3. 反馈

反馈是执行人力资源规划中的一个重要步骤,反馈一定要及时、真实、可靠。

4. 修正

由于内外部环境的迅速变化,体育组织的人力资源规划并不是一成不变的,需要根据环境不断进行修正。

二、体育人力资源规划的主要模块

(一)组织愿景、目标和战略规划

认识和把握体育组织的愿景、组织目标和战略规划。

(二)人员配置计划

根据体育组织的发展规划,结合组织人力资源现状,制订人员配置计划,并制订岗位说明书编写计划。其中,人员配置计划需要说明每个职位的人员数量、岗位变动情况、人员空缺数量等,目的是描述未来人员的数量和质量构成(如表3-4所示)。岗位说明书的编制则应包括岗位职责、任职资格、晋升方向等内容,是一项需要根据职位变化经常更新的工作。

表 3 - 4 年度人力资源配置计划表(以某体育用品公司为例)

级别	部门	岗位	人数规划			人员学历要求			
			2024 年	2025 年	2026 年	博士	硕士	本科	大专
高层人员	产品开发部	总监							
	生产技术部	总监							
	市场推广部	总监							
	产品销售部	总监							
	……								
中层人员	产品开发部	产品设计经理							
		产品工艺经理							
		生品制版经理							
	生产技术部	计划统计经理							
		原料开发供应经理							
		辅料开发供应经理							
		生产跟单经理							
	市场推广部	产品宣传推广经理							
		卖场活动推广经理							
	产品销售部	客户管理经理							
		销售代表主管							
		销售内勤主管							
	……								
基层人员	产品开发部	产品设计专员							
		产品工艺专员							
		生品制版专员							
	生产技术部	计划统计专员							
		原料开发供应专员							
		辅料开发供应专员							
		生产跟单专员							

级别	部门	岗位	人数规划			人员学历要求			
			2024 年	2025 年	2026 年	博士	硕士	本科	大专
基层人员	市场推广部	产品宣传推广专员							
		卖场活动推广专员							
	产品销售部	客户管理专员							
		销售代表							
		销售内勤							
		……							
	合计								

填表人：　　　　　审核人：　　　　　填表时间：　　年　月　日

（三）人员需求清单

在人员配置和工作分析的基础上，合理预测各部门的人员需求状况。这其中应详细列出人员需求的岗位名称、人员数量、期望到岗时间等，形成一个包括员工数量、招聘成本、技能要求、工作类别及所需管理人员数量和层次的表格，根据该表可以有目的地实施人员补充计划（如表 3 - 5、3 - 6 所示）。

表 3 - 5　人员需求申请表（以某体育用品公司为例）

需求部门		需求岗位		需求人数	
岗位职级		岗位定编人数		岗位现有人数	
申请人		申请日期	年　月　日	要求到岗时间	年　月　日
需求原因	编制内增加:□ 离职补充　□ 员工内部调动补充　□ 其他 编制外增加:□ 工作量增加　□ 新业务拓展需要　□ 其他				
岗位主要工作职责	1.				
	2.				
	3.				
	4.				
	5.				
	……				
岗位任职资格	年龄		专业		学历	
	性别	□ 男　□ 女　□ 不限			
	其他要求	1.			
		2.			

（续表）

	3.	
	4.	
	5.	
	……	
特殊要求(行业经验、地域、相关企业工作经历等)		
建议岗位薪资范围	＿＿＿＿元/月＿＿＿＿元/月	

审核/审批意见				
部门经理	所属中心总监	人力资源部经理	行政管理总监	总经理
签名/日期：	签名/日期：	签名/日期：	签名/日期：	签名/日期：

注:1. 部门主管及以上级别人员的需求申请必须由总经理最终审批,部门主管级以下人员的需求申请由行政管理总监最终审批;

2. 总监级人员到岗时间为 4 个月以内、经理级人员到岗时间为 2 个月以内、主管级及高级技术人员到岗时间为 1 个月以内、其他人员到岗时间为半个月以内。部分特殊人才到岗时间具体商议。

表 3-6　人员需求清单(以某体育用品公司为例)

人员需求明细								
序号	部门	岗位	需求人数	岗位主要工作职责	岗位任职资格	特殊要求	岗位薪资范围	期望到岗时间
1	产品开发部	产品开发部总监						
2								
3		产品设计经理						
4		产品工艺经理						
5		生品制版经理						
6		产品设计专员						
7		产品工艺专员						
		生品制版专员						
8	生产技术部	生产技术部总监						
9		计划统计经理						

(续表)

				人员需求明细					
序号	部门	岗位	需求人数	岗位主要工作职责	岗位任职资格	特殊要求	岗位薪资范围	期望到岗时间
10		原料开发供应经理						
11		辅料开发供应经理						
12		生产跟单经理						
13		计划统计专员						
14		原料开发供应专员						
15		辅料开发供应专员						
16		生产跟单专员						
17	市场推广部	市场推广部总监						
18		产品宣传推广经理						
19		卖场活动推广经理						
20		产品宣传推广专员						
21		卖场活动推广专员						
22	产品销售部	产品销售部总监						
23		客户管理经理						
24		销售代表主管						
25		销售内勤主管						
26		客户管理专员						
27		销售代表						
28		销售内勤						
……								
总计								

备注:

填表人: 审核人: 填表时间: 年 月 日

（四）人员供给计划

人员供给计划是人员需求的对策性计划，主要陈述人员供给的方式、人员内外部流动政策、人员获取途径和获取计划的实施等（如表3-7所示）。

表3-7 人员需求清单（以某体育用品公司为例）

预测项目	预测情况		职务类别								合计
	现有人员拥有量		总监	经理	主管	产品开发人员	生产技术人员	市场推广人员	产品销售人员	其他	
内部供给预测	未来人员变动量										
	规划期内人员拥有量	第1季度									
		第2季度									
		第3季度									
		第4季度									
	年度合计										
外部供给预测	第1季度										
	第2季度										
	第3季度										
	第4季度										
	年度合计										

填表人： 审核人： 填表时间： 年 月 日

（五）人员净需求预测

根据人员需求预测和供给预测的结果，结合组织现有人力资源状况，通过对比分析得出人员的净需求数（如表3-8所示），从而决定是否实施人员招聘、培训、轮岗等计划。

表3-8 人员需求清单（以某体育用品公司为例）

部门	需求预测			内部供给								人力净需求		
					人力损耗									
	期初人力需求数	预测该阶段需求增减人数	期末总需求	期初拥有人数	调入或升入人数	调出或迁出	辞职	退休	辞退或其他	人力损耗小计	期末拥有数	不足或有余人数	新进人员损耗数量预计	该部门人力净需求数量
产品开发部														
生产技术部														

(续表)

部门	需求预测			内部供给								人力净需求		
	期初人力需求数	预测该阶段需求增减人数	期末总需求	期初拥有人数	调入或升入人数	人力损耗					期末拥有数	不足或有余人数	新进人员损耗数量预计	该部门人力净需求数量
						调出或迁出	辞职	退休	辞退或其他	人力损耗小计				
市场推广部														
产品销售部														
财务部														
人资部														
行政部														
后勤部														
……														
总计														

填表人：　　　　　审核人：　　　　　填表时间：　　年　　月　　日

（六）培训计划

制定培训计划包括培训政策、培训需求、培训内容、培训形式、培训效果评估等内容，每一项均要求有详细的文档、时间进度和可操作性。

（七）人力资源管理政策调整计划

人力资源调整计划应说明调整政策的原因、步骤和范围等，包括招聘政策、绩效政策、薪酬和福利政策、激励政策、职业生涯政策、人员管理政策等。

（八）费用预算

包括招聘费用、人员培训费用、工资费用、劳保福利费用等。

（九）关键任务的风险分析与对策

通过风险识别、风险估计、风险控制等一系列活动防范风险的发生，确保意外事件不致影响体育组织的正常运转。

第三节　体育人力资源需求和供给预测

一、体育人力资源需求的影响因素

体育人力资源需求（Human Resource Requirement，HRR）是指为了实现体育组织的发展规划,而需要雇用人员的数量和质量。对人力资源的需求产生于体育组织发展的需要,为体育组织的目标、战略服务。体育人力资源需求预测是指根据体育组织的发展规划和其内外部条件,选择适当的预测技术,对人力资源需求的数量、质量和结构进行预测。

影响体育人力资源需求的因素很复杂,既有经济、社会、政治方面的宏观方面因素,又有体育组织的战略目标、管理水平、现有人员素质等微观方面的因素。下面将分别从外部环境因素和组织内部因素两个层次加以分析。

(一) 外部环境因素

1. 经济环境

经济环境包括全世界、国家或地区、行业的经济状况,这些都会对体育组织的人力资源需求产生很大的影响。当今经济全球化的影响下,区域性的经济情况都会对全世界经济产生影响,进而影响体育组织对人力资源的需求。同时,经济周期的变化也会影响人力资源需求。当经济处于高速发展周期时,体育组织对人力资源的需求较为旺盛;当经济处于低迷周期时,需求则可能呈现下降趋势。近年来,我国经济处于高速发展期,继 2020年、2021 年经济总量连续突破 100 万亿元、110 万亿元之后,2022 年更是达到 120 万亿元。经济总量和人均水平持续提高,意味着我国综合国力、社会生产力、国际影响力、人民生活水平进一步提升,我国经济呈现出韧性强、潜力大、空间广且长期向好的发展态势。

小看板

体育总局办公厅印发《关于体育助力稳经济促消费激活力的工作方案》的通知(节选)

为深入贯彻落实党中央"疫情要防住、经济要稳住、发展要安全"的总体要求和全国稳住经济大盘电视电话会议精神,在体育领域切实推动国务院扎实稳住经济的一揽子政策措施及时落地见效,发挥体育助力稳经济、促消费、激活力的作用,现制定以下工作方案。

一、总体要求

以习近平新时代中国特色社会主义思想为指导,深入贯彻中央经济工作会议精神和《政府工作报告》部署,按照"疫情要防住、经济要稳住、发展要安全"要求,高效统筹推进疫情防控和经济社会发展,充分发挥体育团结民心、凝聚力量、激励精神的独特作用,落实落细稳经济促发展各项政策措施,深化体育供给侧结构性改革,不断丰富体育产品和服务,激发体育消费活力,推动体育产业高质量发展,助力服务"六稳""六保"、构建新发展格局,为稳住经济大盘、确保经济在合理区间运行贡献体育力量。

二、主要措施

......

(二) 加大体育产品供给

7. 加大赛事供给。按照"一赛一审"要求,安全有序恢复线下体育赛事,加大登山、赛艇、帆船、马拉松、自行车等户外运动赛事供给,组织开展"体总杯"全国三大球城市联赛,启动中国青少年足球联赛,优化赛事结构、提高观赏性、加大转播力度,力争做到国内赛事应办尽办、应播尽播,把更多赛事呈现到人民群众面前;公布全国运动会、全国冬季运动会及全国单项体育赛事目录,公布办赛指南和申办办法,鼓励符合条件的各类市场主体承办。

8. 丰富健身活动。继续开展全民健身线上运动会等各项线上群众体育活动;组织开展全国社区运动会、"行走大运河"全民健身健步走等主题健身活动等;以"8.8"全民健身日为契机,开展全民健身系列活动;面向青少年组织开展"奔跑吧·少年"儿童青少年主题健身活动。

9. 吸引群众参与。在运动技术等级评定政策基础上,打通专业与业余之间的界限,按照科学合理、便民利民的原则建立体育运动水平等级称号体系、等级标准体系;践行"训练场就是直播间"理念,支持有条件的国家队将运动员训练场景向公众传播,组织开展国家队公开课;落实《建立国家队、省队运动员进中小学校和社区开展健身指导服务长效化机制工作方案》,组织开展冠军进校园、进社区活动,丰富普及运动项目、推广体育技能、传播体育文化的方式,不断激发群众参与体育运动的热情。

10. 推动场馆开放。有序推动体育系统所属的公共体育场馆向社会开放,组织或承接各类全民健身和体育竞赛活动;在保证专业运动队日常训练和确保防疫安全的前提下,有序推动体育系统训练中心、基地和体校内的部分场馆场地向社会开放。
……

体育总局办公厅
2022 年 7 月 5 日

资料来源:国家体育总局网站,http://www.sport.gov.cn/n315/n20001395/c24457160/content.html。

2. 社会、政治和法律环境

社会政治环境因素,比如政局的稳定性会对人力资源需求产生影响。法律法规的出台也会影响人力资源需求,比如户籍管理政策、档案管理法、大学生毕业就业政策、运动员选招培养退役安置工作管理办法、社会保障法规、体育法的变更等。《中华人民共和国体育法》1995 年 8 月 29 日第八届全国人民代表大会常务委员会第十五次会议通过;根据 2009 年 8 月 27 日第十一届全国人民代表大会常务委员会第十次会议《关于修改部分法律的决定》第一次修正;根据 2016 年 11 月 7 日第十二届全国人民代表大会常务委员会第二十四次会议《关于修改〈中华人民共和国对外贸易法〉等十二部法律的决定》第二次修正;2022 年 6 月 24 日第十三届全国人民代表大会常务委员会第三十五次会议修订,随着我国体育法的不断修订和健全,这些对体育组织的人力资源需求的影响是明显的。

3. 劳动力市场

劳动力市场一般指人才市场,是组织进行招工、招聘,劳动者进行求职、投递填写简历的市场。由于互联网经济的兴起,除了实际场地的人才市场之外,还有网上人才市场、校园招聘人才市场等。劳动力市场是随时发生变化的,继而会引起组织内部劳动力质量和数量的变化,因此也是影响组织人力资源需求的重要因素。

4. 技术进步

技术进步是技术不断发展、完善和新技术不断代替旧技术的过程。主要内容有:(1) 科学、技术、生产紧密结合,使三者协调发展;(2) 不断采用新技术、新工艺、新设备、新材料,用先进的科学技术改造原有的生产技术和生产手段;(3) 全面提高劳动者的道德素质和文化技术素质;(4) 综合运用现代科技成果和手段,提高管理水平。当前,信息技术、生物技术革命,特别是移动互联网、大数据、物联网、人工智能、区块链等新兴技术对体育的介入、渗透都会直接影响到体育组织的人力资源需求。

5. 竞争者

竞争者是影响体育组织人力资源需求的一个重要因素。竞争对手的变化情况,或者国家、地区、团队相互之间争取人才,或者竞争者不断提供新的产品、服务、技术和项目等,这些都会引起体育组织人力资源需求发生变化。

(二) 组织内部因素

1. 组织规模的变化

组织规模的变化主要包括两种情况:

(1) 组织业务范围不变时,规模的扩大或缩小使组织对人力资源数量的需求随之增加或减少;

(2) 组织业务范围改变时,规模的变化不仅会对人力资源需求的数量产生影响,而且会导致人力资源的结构需求发生变化,新的业务需要掌握新业务知识、技能和素质的人员。

2. 组织经营方向的变化

组织经营方向发生变化时,其规模不一定随之改变。因此,对组织人力资源数量上的需求不一定变化,但是组织人力资源的结构会随之发生改变。

3. 管理水平和技术的变化

组织内部引进新的管理技巧或新的生产技术时,一方面由于劳动生产率的提高,组织所需要的人力资源数量会发生减少;另一方面组织对管理人员和技术人员在数量上和质量上的需求都会增加。

4. 人员流动情况

人员流动率是组织内部人员由于辞职、解聘或合同期满后终止合同等原因引起的职位空缺。对于组织来说,人员流动的成本相当高,包括离职成本、重置成本、培训开发成本等,尤其对于管理人员和技术人员来说,流动成本还要更加高。因此,组织人员流动率的大小直接影响到组织对人力资源的需求。

二、体育人力资源需求的预测方法

一般来说,体育人力资源需求的预测方法可分为两大类,定性分析预测法和定量分析预测法。其中,定性分析预测法主要包括管理人员判断法、德尔菲法、驱动因素预测法;定量分析预测法主要包括工作负荷分析法、趋势外推法、回归分析法和比率分析法。

(一)定性分析预测法

1. 管理人员判断法

管理人员判断法又称为"管理估计法""经验预测法",是体育人力资源需求预测的基本方法,是指体育组织内的管理人员凭借个人的经验和直觉,结合组织特点,对组织未来的人力资源需求进行预测,对组织的发展方向进行判断。

管理人员判断法分为"自下而上"和"自上而下"二种方式。

(1)自下而上

自下而上是由体育组织直线部门的基层管理者向其上级主管提出用人要求和建议,并征得上级主管的同意,适用于短期预测和组织的经营(服务)比较稳定的情况。

最基层的管理者根据本组织的情况,凭借经验预测出本组织未来对人员的需求;下级部门向上级部门汇报预测结果,自下而上层层汇总;人力资源部门从各级部门收集信息,通过判断、估计,对各部门的需求进行横向和纵向的汇总,最后根据组织的发展战略制定出总的预测方案;预测被批准后正式公布,将预测层层分析,作为人员配置计划下达给各级管理者。

(2)自上而下

自上而下是由组织高层管理者先拟定出总体的用人目标和建议,然后由各级部门自行确定用人计划。适用于短期预测,在组织作总体调整和变化时尤其方便。

高层管理者先拟定总体人力资源需求计划;将总体人力资源需求计划逐级下达到各个部门;各部门根据本部门的情况,对计划进行修改;汇总各部门对计划的意见,并将结果反馈给高层管理者;高层管理者根据反馈信息修正总体预测,正式公布,将预测层层分解,作为人员配置计划下达给各级管理者。

体育组织最好是将"自下而上"与"自上而下"两种方式结合起来运用:先由组织提出人力资源需求的指导性建议,再由各部门按组织指导性建议的要求,会同人力资源部门、各职能部门、培训部门确定具体用人需求;同时,由人力资源部汇总确定全部用人需求,最后将形成的人力资源需求预测交由组织高层管理者审批。

2. 德尔菲法

德尔菲法也称为专家调查法,1946年由美国兰德公司创始实行,本质上是一种反馈匿名函询法,大致流程是在对所要预测的问题征得专家意见之后,进行整理、归纳、统计,再匿名反馈给各专家,再次征求意见,再集中,再反馈,直至得到一致的意见。

德尔菲法的具体实施步骤如下(如图3-2所示):

(1)确定调查题目,拟定调查提纲,准备向专家提供的资料(包括预测目的、期限、调查表以及填写方法等)。

(2)组成专家小组。按照课题所需要的知识范围,确定专家。专家人数的多少,可根据预测课题的大小和涉及面的宽窄而定,一般不超过20人。

（3）向所有专家提出所要预测的问题及有关要求，并附上有关问题的所有背景材料，同时请专家提出还需要什么材料。然后，由专家做出书面答复。

（4）各个专家根据他们所收到的材料，提出自己的预测意见，并说明自己是怎样利用这些材料并提出预测值的。

（5）将各位专家第一次判断意见汇总，列成图表，进行对比，再分发给各位专家，让专家比较自己同他人的不同意见，修改自己的意见和判断。也可以把各位专家的意见加以整理，或请身份更高的其他专家加以评论，然后把这些意见再分送给各位专家，以便他们参考后修改自己的意见。

（6）将所有专家的修改意见收集起来汇总，再次分发给各位专家，以便做第二次修改。逐轮收集意见并为专家反馈信息是德尔菲法的主要环节，收集意见和信息反馈一般要经过三、四轮。在向专家进行反馈的时候，只给出各种意见，但并不说明发表各种意见的专家的具体姓名。这一过程重复进行，直到每一个专家不再改变自己的意见为止。

（7）对专家的意见进行综合处理。

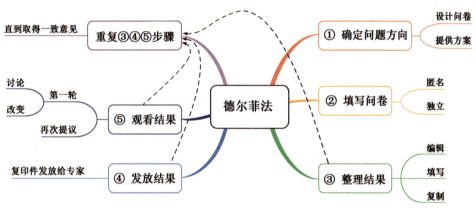

图 3-2　德尔菲法实施步骤

3. 驱动因素预测法

驱动因素预测法是通过某些与组织本质特征相关的因素主导着组织活动，从而决定组织的业务量，进而决定人员的需求量。驱动因素预测法就是要找出这些驱动因素，并根据这些因素预测人力资源需求。

由于体育组织性质不同、特征不同，不同体育组织的驱动因素会有差异。比如体育用品制造企业的人员需求与产量密切相关，体育服务企业的人员需求则与客户数量相关，竞技体育组织的人员需求量与不同体育项目相关。

驱动因素预测法的实施步骤如下：

（1）寻找驱动因素；

（2）分析驱动因素与人力资源需求之间的关系；

（3）预测驱动因素的变动；

（4）根据预测的驱动因素影响，预测人力资源需求。

由于可直接运用驱动因素的变化来进行人力资源需求预测,预测方法简单,预测时间短,所以是一种比较实用的方法。同时,这一预测法可直接将人力资源需求预测与体育组织的其他规划相联系,有利于组织宏观协调。尤其是当组织的人力资源需求与某些因素有很明显的关系时,非常适合用驱动因素预测法。

(二)定量分析预测法

1. 工作负荷分析法

工作负荷分析法是指通过不同组织在工作荷载和结果方面的横向比较来确定各个组织效率水平的方法,对组织人力资源需求数量的短期分析,以及工作容易量化的生产类工作可以采用此分析法。

具体步骤是:先根据工作分析的结果计算出劳动定额,再按照未来产品生产量目标算出总工作量,最后折算出所需人数。

举例:某体育户外用品公司新设一车间,设有四类工作,请根据计划产量预测未来 3 年所需的员工人数。

(1)根据工作分析,得出这四类工作的工时定额分别为 0.5、1、1、0.5 小时/件;

(2)估算出未来 3 年每一类工作的产量计划(如表 3-9 所示);

表 3-9　某体育户外用品公司未来 3 年年产量计划　　　　　　单位:件

工作类别	第一年	第二年	第三年
1	10 000	12 000	15 000
2	20 000	25 000	30 000
3	30 000	35 000	40 000
4	40 000	45 000	50 000

(3)将计划工作量折算成所需工作时数(如表 3-10 所示);

表 3-10　某体育户外用品公司未来 3 年年工作时数　　　　　　单位:小时

工作类别	第一年	第二年	第三年
1	5 000	6 000	7 500
2	20 000	25 000	30 000
3	30 000	35 000	40 000
4	20 000	22 500	25 000
总计	75 000	88 500	102 500

(4)现根据以下条件:一年 365 天,除去 52 个双休日为 104 天,11 天国家法定节假日,工人出勤率为 85%,产品合格率为 95%,每天工作 8 小时。则每年工作小时数为:

$$(365-104-11)\times85\%\times8=1\,700(小时)$$

进而,得到未来 3 年该车间所需人数分别为:

第1年：(75 000÷95%)÷1 700＝46.44≈47(人)

第2年：(88 500÷95%)÷1 700＝54.8≈55(人)

第3年：(102 500÷95%)÷1 700＝63.47≈64(人)

2. 趋势外推法

趋势外推法是根据组织的人力资源历史和现有资料随时间变化的趋势具有连续性的原理，运用数学工具对该序列加以引申，即从过去延伸将来，从而达到对人力资源未来发展状况进行预测的目的。此方法既可以对组织进行整体预测，又可以对组织各部门进行结构性预测。

趋势外推法的具备步骤如下：

(1) 选择相关变量。此因素能够直接影响到组织对人力资源的需求，比如：销售量、生产率等。

(2) 分析相关变量与人力资源需求的关系。分析此因素与所需员工数量的比率形成一种劳动生产率指标，比如：生产量/每人时。

(3) 计算生产率指标。根据以往5年或5年以上的生产率指标值求出均值。

(4) 计算所需人数。用相关变量除以劳动生产率得出所需人数。

举例：某体育场馆2016—2020年的接待量、员工人均接待量和员工需求量(如表3-11所示)。

表3-11 某体育场馆的人力资源需求表

年份	总接待量(万人)	员工人均接待量(人次/年)	员工需求量(人)
2016	10	2 000	50
2017	15	2 500	60
2018	20	3 000	67
2019	25	3 500	71
2020	30	4 000	75

计算公式：员工需求量＝总接待量÷员工人均接待量

根据以上历史数据，可以得出2016—2020年的员工人均接待量为：

(2 000＋2 500＋3 000＋3 500＋4 000)÷5＝3 100(人次/年)

继而，根据体育场馆的总接待量预测可以推知预测未来3年的员工需求量：

2021年：35 0000÷3 100＝113(人)

2022年：40 0000÷3 100＝129(人)

2023年：45 0000÷3 100＝145(人)

3. 回归分析法

回归分析法是根据数学中的回归原理对组织人力资源需求进行预测。其基本思路是：确定与组织中的人力资源数量和构成高度相关的因素，建立回归方程；然后根据历史数据,计算出方程系数,确定回归方程;从而得到相关因素的数值,就可以对人力资源的需求量做出预测了。回归模型包括一元线性回归模型、多元线性回归模型和非线性回归模型。一元线性回归是指只有一个因素与人力资源需求高度相关;多元线性回归是指两个或两个以上的因素与人力资源需求高度相关。下面通过简单的一元线性回归模型进行介绍。

举例:已知某高校体育学院每年所需的教师人数随学生人数的变化而变化,2013—2022 年学生人数和教师人数历史记录如表 3-12 所示,如果根据学院发展计划,2023 年学生人数增至 1 500 人,则届时需要多少名教师?

表 3-12　某高校体育学院学生人数与教师人数历史记录

年份	学生人数 X(人)	教师人数 Y(人)
2013	380	32
2014	450	39
2015	520	46
2016	580	52
2017	650	59
2018	720	66
2019	800	74
2020	890	83
2021	980	92
2022	1 100	104

根据以上历史数据,建立直线趋势方程:

$$Y = a + bX$$

式中:Y——教师人数;X——学生人数。

利用最小二乘法,可以得出 a、b 的计算公式:

$$a = \overline{Y} - b\overline{X}$$

$$b = \frac{\sum(x_i - \overline{x})(y_i - \overline{y})}{\sum(x_i - \overline{x})^2}$$

代入数据可得:$a = 0.5$,$b = -5$

$$Y = 0.1X - 5$$

因此,如果学生人数增加到 1 500 人,则体育学院需要教师人数为:

$$Y = 0.1 \times 1\ 500 - 5 = 145(人)$$

4. 比率分析法

比率分析法是通过计算某些原因性因素和所需人力资源数量之间的比率来确定人力资源需求的方法,主要分为两种:

(1) 人员比例法

举例:某体育运动器材零售店铺有 20 名销售人员和 4 名管理人员,那么销售人员与管理人员的比率就是 $20 \div 4 = 5$,即:1 名管理人员负责管理 5 名销售人员。

如果该店铺明年将销售人员扩大到 30 名,那么根据比率可以确定店铺对管理人员的需求为:$30 \div 5 = 6$,即:需要再增雇 1 名管理人员。

（2）生产单位/人员比例法

举例:某运动企业鞋类产品有生产工人 100 名,每日可生产 50 000 双运动鞋,即一名生产工人每日可生产 500 双运动鞋。

如果企业明年要扩大运动鞋产量,每日生产 100 000 双,根据比率可以确定需要生产工人 $100 000 \div 500 = 200$ 名,即:需要再增雇 100 名生产工人。

比率分析法是假定劳动生产率是不变的,如果考虑到劳动生产率的变化对人力资源需求量的影响,可以运用以下计算公式:

$$N = \frac{w}{q(1+R)}$$

式中:N——人力资源需求量;

w——计划期内任务总量;

q——目前劳动生产率;

R——计划期内生产率变动系数;

$$R = R_1 + R_2 - R_3$$

式中:R_1——由于技术进步而引起的劳动生产率提高系数;

R_2——由于经验积累而引起的生产率提高系数;

R_3——由于年龄增大及某些社会因素而引起的生产率降低系数。

三、体育人力资源供给的影响因素

在进行了人力资源需求预测后,需要开始对人力资源供给进行预测,即估计体育组织在未来一段时间内,可获得的人力资源数量和类型。人力资源供给预测同人力资源需求预测一样是人力资源规划的重要环节,但是需求预测单纯研究组织内部需求,而供给预测包括组织内部人力资源供给预测和组织外部人力资源供给预测两个方面。

（一）体育组织内部人力资源供给的影响因素

内部人力资源是体育组织人力资源供给的重要来源,影响内部人力资源供给的因素主要包括:人员流失情况(如退休、退役、离职、辞退等)和内部流动情况(如晋升、降职、换岗等)。为了满足组织未来对人力资源的需求,首先应分析现有人力资源状况,同时考虑组织内部人员的流动情况,充分挖掘组织内部现有人力资源的潜力,通过组织内部人员的选拔来补充未来可能出现的空缺岗位或新增岗位。

（二）体育组织外部人力资源供给的影响因素

当体育组织内部无法满足或无法全部满足人力资源需求时,就必须通过组织外部人力资源供给渠道来解决。影响组织外部人力资源供给的因素是多种多样的,主要包括以下六种：

1. 宏观经济形势

一般来说，宏观经济形势越好，失业率越低，劳动力供给越紧张，体育组织招聘人员的难度就越大；宏观经济形势越差，失业率越高，劳动力供给越充足，体育组织招聘人员的难度就较小。

2. 人口状况

人口状况能直接影响体育组织外部人力资源供给。一般情况，人口总量越大，人力资源率越高，人力资源供给就越充足。同时，人力资源总体构成因素主要包括年龄、性别、教育、技能、经验等，它们决定了可提供的不同层次与类别的人力资源数量。

3. 劳动力市场状况

劳动力市场影响体育组织外部人力资源供给主要体现在以下方面：一是劳动力供应的数量；二是劳动力供应的质量；三是劳动力职业选择中的价值取向；四是当地经济发展的现状和前景；五是组织提供的工作岗位的数量和层次；六是组织提供的工作地点、工资水平和福利等。

4. 政府政策和法规

政府的政策和法规是影响体育组织人力资源供给的一个不可忽视的因素。政府为了经济发展，保护本地劳动力就业机会，都会颁布一些组织必须遵守的相关政策法规。

5. 地区性因素

地区性因素具体包括：组织所在地区的人口密度，其他组织对劳动力的需求状况，组织当地的科技文化教育水平，组织当地的就业水平和就业观念，组织所在地的住房、交通、生活条件等对人力资源的吸引程度。

6. 组织吸引力

根据本组织的外部形象，可以对组织在劳动力市场的优势和劣势有清醒的判断，从而预测组织可以直接利用的人员素质和数量。

四、体育人力资源供给的预测方法

人力资源供给预测是人力资源预测的又一关键环节，只有进行人员拥有量预测，并把它与人员需求相比之后，才能制定各种具体的规划。人力资源内部供给预测是根据组织内部人力资源状况预测可供给的人力资源以满足未来人力资源变化的需求，最常用的预测方法有：技能清单法、人员替代法、管理人员接替模型和马尔可夫分析法。

(一) 技能清单法

技能清单列出了与组织人员从事不同职业的能力相关的特征，包括所接受的培训课程、以前的经验、持有的证书、通过的考试、监督判断能力，甚至包括对其实力或耐心的测试情况。技能清单是对人员竞争力的反映，可以用来帮助预测潜在的人力资源供给。人力资源规划的目的不仅是要保证为体育组织的空缺岗位提供相当数量的人员,而且要保证人力资源的质量,因此有必要建立人员能力记录。技能清单主要用于晋升人选的确定、职位调动的决策、对特殊项目的工作分配、培训及职业生涯规划等。

一般来说,技能清单包括七大类信息:

1. 个人数据:年龄、性别、婚姻状况;
2. 技能:教育经历、工作经验、培训经历;
3. 特殊资格:专业团体成员、特殊成就;
4. 薪酬和工作历史:现在和过去的薪酬水平、加薪日期、承担的各种工作;
5. 组织数据:福利计划数据、退休(退役)信息、资历;
6. 个人能力:在心理或其他测试中的测试成绩、健康信息;
7. 个人特殊爱好:地理位置、工作类型。

表 3 - 13　人员技能清单

姓名		任职岗位		所属部门	
出生年月		性别		最高学历	
合同到职日期		婚姻状况		职称	
教育背景	学历	毕业院校	主修专业	毕业日期	
工作经历	起止日期	工作单位	所任职务	工作成果	
培训经历	培训时间	培训主题		培训机构	所获证书
技能	技能种类			证书	
职业发展	是否愿意担任其他类型的工作			□ 是　□ 否	
	是否愿意调到其他部门工作			□ 是　□ 否	

（续表）

	是否愿意接受工作调配以丰富工作经验	□ 是　□ 否
	愿意承担哪种工作	
	愿意接受何种指派	
您认为自己需要接受何种培训	改善目前的技能和绩效	
	职位晋升所需要的经验和能力	

（二）人员替代法

人员替代法将每个工作职位均视为潜在的工作空缺，而该职位下的每个人均是潜在的供给者。人员替代法以人员的绩效作为预测依据，当某位人员的绩效过低时，组织将采取辞退或调离的方法；而当人员的绩效很高时，可能将被提升以替代其上级的工作。这两种情况均会产生职位空缺，其工作则由下属替代。

人员替代法是通过一张人员替代图来预测组织内的人力资源供给。在人员替代图中要给出部门、职位名称、在职人员姓名、每位人员的职位（层次）、每位人员的绩效与潜力。通过人员替代图可以清楚地看到组织内人力资源潜在的供给情况，这为人力资源规划提供了依据。

人员替代法的基本步骤如下：

1. 通过工作分析，明确工作岗位对人员的要求，确定岗位需要的人数；

2. 根据绩效评估和经验预测，确定哪些人员能够达到工作岗位要求、哪些人员可以晋升、哪些人员需要培训、哪些人员需要被淘汰；

3. 根据以上数据，组织就可以确定该工作岗位上合适的补充人员。

人员接替模型如图3－3所示，借助该模型，可以看出每一岗位现有人员数、从外部招聘的人数、提升上来的人数、退休人数、辞职人数、开除人数、降职人数、具备提升实力的人数等信息，一目了然，是一种简单实用的方法。

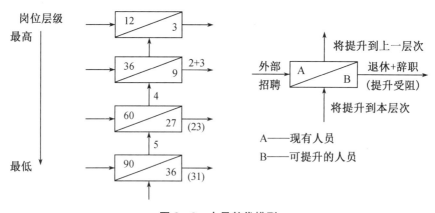

图3－3　人员替代模型

（三）管理人员接替模型

管理人员接替模型是预测组织内部管理人员供给的一种简单有效方法，它是指对管理人员的状况进行调查、评价之后,列出未来可能的管理人员人选。

制定该模型的步骤如下:

1. 确定管理人员晋升计划包括的管理岗位;

2. 确定各个管理岗位上的可能接替人选;

3. 评价各位接替人员的当前绩效和提升潜力。根据评价结果,当前绩效可划分为"优秀""良好"和"需要改进"三个级别;提升潜力可划分为"可以提升""需进一步培训"和"有问题"三个级别;

4. 确定职业发展需要,并将个人目标和组织目标结合起来。

具体的管理人员接替模型示例如图 3-4 所示。

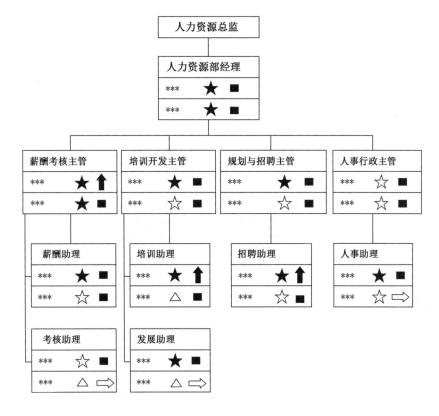

图 3-4　管理人员接替模型

通过管理人员接替模型，可以优先提拔培养组织内部人员，为组织的内部人才提供了一个良好的发展平台，同时也确保了组织有足够合格的管理人员供给，为组织的持久发展提供了保障。

(四) 马尔可夫分析法

马尔可夫分析法是一种内部人力资源供给的统计预测方法，其基本思路是根据组织内部某一阶段内从事某项工作人员转移的历史数据，找出组织过去人力资源变动的规律，由此预测未来某时期该项工作的人员转移概率，从而预测组织内部从事该项工作的人力资源供给。马尔可夫模型实际上一种转换概率矩阵，该方法能够描述组织中人员流出、流入和内部流动的整体形式，并将其作为预测内部劳动力供给的基础。

马尔可夫分析法的步骤如下：

1. 根据组织历史数据，计算出每一类每一级别人员流向另一类或另一级别的平均概率；

2. 根据每一类人员的每一级别流向其他类或其他级别的概率，建立人员变动矩阵表；

3. 根据组织年底的各职类人数和步骤二中的人员变动矩阵表，预测未来人力资源供给量。

举例：某体育训练中心有四类教练人员：国家级教练(N)、高级教练(S)、中级教练(I)和初级教练(J)。其初始人数和转移矩阵如表3-14所示。

表3-14　某体育训练中心不同级别教练变动矩阵

初始人数		国家级教练N	高级教练S	中级教练I	初级教练J	离职
40	N	0.8	/	/	/	0.2
80	S	0.1	0.7	/	/	0.2
120	I	/	0.05	0.8	0.05	0.1
160	J	/	/	0.15	0.65	0.2

表3-14表明：在任何一年中，有80%的国家级教练仍留在该训练中心，20%的则退出；有70%的高级教练仍在原职，10%的高级教练成为国家级教练，20%的则选择离开；有5%的中级教练升为高级教练，80%的中级教练仍在原职，15%的中级教练则降为初级教练，10%的中级教练外流；有15%的初级教练晋升为中级教练，65%的初级教练仍在原职，20%的初级教练则另谋他职。

用上述历史数据来代表人员转移流动的转移率，可以推算出人员变动情况。即初始时刻每一类人员的数量与每一类人员的转移率相乘，然后纵向相加，就可以得到下一年的各类人员供给量，如表3-15所示。

表 3-15 某体育训练中心不同级别教练人员供给量

初始人数	国家级教练 N	高级教练 S	中级教练 I	初级教练 J	离职
40	32	0	0	0	8
80	8	566	0	0	16
120	0	6	96	6	12
160	0	0	24	104	32
合计	40	62	120	110	68

从表 3-15 可以看出,该体育训练中心下一年将有相同数量的国家级教练(40 名)和中级教练(120 名)。但是,高级教练将减少 18 人,初级教练将减少 50 人。体育训练中心可以根据这些数据和正常的人员扩大、缩减或维持计划来采取措施,使人力资源供给与需求保持平衡。

第四节 人力资源信息系统

人力资源规划是组织战略规划的必要组成部分,而信息则是成功战略规划的核心,建立必要的人力资源信息系统是十分必要的工作。

一、人力资源信息系统概述

人力资源信息系统(Human Resource Information System,HRIS)是运用信息技术收集、记录、储存、分析和提取组织人力资源信息,对人力资源进行管理和开发的系统,用以保证人力资源开发与管理工作的科学化和高效率。基本的人力资源信息系统包含人员信息数据库、技能清单等人力资源报表信息,应具有及时、准确、简洁和完整的特征。集成化的人力资源信息系统可以进行人力资源管理各个功能块的管理,如招聘管理、培训管理、福利管理、岗位管理、能力评估等。

人力资源信息系统应具有以下特征:

(1)及时:管理者能够获得最新的信息。

(2)准确:管理者能够相信系统所提供信息的准确性。

(3)简明:管理者一次只能吸收一定数量的信息,重要的信息不应被淹没。

(4)相关:管理者应当能通过系统获得特定情况下具有较强针对性的信息。

(5)完整:管理者所获得的信息应当是完整的。

二、人力资源信息系统的作用

1. 为人力资源管理建立电子人事档案

人事档案既可以用来估计目前劳动力的知识、技术、能力、经验和职业抱负，又可用来对未来的人力资源需要进行预测。这两种信息必须互相补充，否则对人力资源规划是无用的。例如：如果不以组织内现有人员状况为基础做出的预测，显然对组织是无用的。并且也只有对未来人员的数量、技术及经验等有所了解，才能制定行动规划去解决预计的问题。

2. 为各类人事决策提供依据

晋升人选的确定、对特殊项目的工作分配、工作调动、培训；肯定性行动规划和报告、工资奖励计划、职业生涯计划和组织结构分析，这些工作的完成都必须依靠人力资源信息系统。

3. 为领导者决策提供各种报告

人力资源信息系统可以向领导者决策提供比如用于日常管理的工作性报告：包括岗位空缺情况、新职工招聘情况、辞职情况、退休情况、提升情况和工资情况等。还可以向政府机构和一些指定单位提供规定性的报告和用于组织内部研究的分析性报告，以表明劳动力在各部门或各管理层次上的性别、种族和年龄分布，按消费水平划分的人员福利情况，也可表明录用新人员的测验分数与工作绩效考核分数之间统计关系的有效性研究等。

总之，人力资源信息系统是人力资源管理中的一项基础性工作，可以为决策者提供许多必不可少的决策信息，使管理和决策更加科学化和更符合实际。

三、人力资源信息系统的建立

人力资源信息系统的建立一般分为系统要求、系统分析、系统设计、系统实施、系统评价与维护五个阶段。

1. 系统要求阶段

系统要求阶段又称系统建立准备阶段。此阶段包括人力资源系统现状分析，建立信息系统的目标、功能、所需资源，以及信息系统的建立方法、限制条件等。

2. 系统分析阶段

系统分析阶段包括系统调查、需求分析、系统逻辑设计等工作。通常要对人力资源的现状进行分析，找出存在问题，为系统逻辑设计提供依据。

3. 系统设计阶段

系统设计阶段的工作是根据新系统的逻辑模型，根据选定的计算机系统的限制，构造出新系统的物理模型。主要内容是对人力资源的人事档案、工资福利等信息进行数据库设计以及处理功能、代码、输入/输出等设计。

4. 系统实施阶段

系统实施阶段的工作是将系统设计的结果转换成计算机系统中可运行的信息系统，主要任务是程序设计与调试、系统调试、人员培训、系统转换等。

5. 系统评价与维护阶段

系统转换并投入正式运行时应进行一次评价，对系统的工作质量和效益情况进行评判，看其是否达到系统要求阶段提出的目标。另外，系统维护是指运行的系统不能满足应用要求而进行的少量修改完善，往往同系统评价相伴随。

四、人力资源信息系统的模块构成

人力资源信息系统一般包括人事档案、组织架构、招聘管理、培训管理、考勤管理、绩效管理、薪酬管理和社保管理八大模块。更加智能的人力资源信息系统应该支持人员自助服务、互动语音服务、自动邮件系统和简单的报表设计。

1. 人事档案

人事档案分为在职、离职、退休（退役）、后备四种人员库。人事档案中包括薪酬、考勤、绩效、培训、社保、调岗、调薪、奖惩等常用数据子集。用户可以自行增加新的数据子集，还可以针对子集进行独立的导入、导出、统计分析。系统支持人事业务的在线办理，包括入职、转正、调岗、调薪、奖励、处分、离职、复职等。

2. 组织架构

首先，可以进行部门管理，用户可以对部门进行设立和撤销操作，建立无限层级的树形部门结构；可以回顾部门结构的历史记录；可以随时查看组织架构图，并直接打印，也可以导出为 HTML 格式。其次，可以开展职务及岗位管理，用户可以对职务和岗位进行设计和撤销，建立说明书，对岗位编制进行管理；可以实时通过各部门及岗位编制人数统计表，随时了解编制情况。最后，可以进行模型化管理，用户可以建立精确的岗位及人员能力素质模型，为人力资源各项工作提供量化依据。

3. 招聘管理

用户可以制订招聘计划，包括招聘岗位、要求、人数、招聘流程定义等，可在线申报。应聘简历可以详细记录应聘者资料，以及其在应聘各阶段的评价。应聘流程也可以通过系统完成，管理应聘者的整个应聘过程。系统内置招聘报表包括：各部门招聘计划明细表、应聘情况明细表、应聘人员构成统计表、招聘计划各阶段人数统计表、各岗位招聘及应聘人数统计表等。

4. 培训管理

培训管理员可以进行培训需求调查，各部门上报培训需求，汇总成培训计划，计划内容包括培训时间、地点、参与人、预算等。培训计划可以在线申报，根据培训计划生成培训实施方案，并详细记录培训实施情况。可以进行分部门管理，各部门独立管理本部门的培训。系统内置培训报表包括：各部门培训计划费用与人数统计表、各部门培训实施费用与人数统计表等。

5. 考勤管理

与组织现有考勤有机结合，实现班次定义、人员排班、智能抓班、考勤汇总计算等功能。系统可以进行请假、出差、加班、补休、调班、停工等考勤业务管理；薪酬模块可以直接引用月考勤结果进行相关计算；假期管理中可以自定义法定假期与单位假期。可以进行分部门管理，各部门独立管理本部门的考勤系统，提供常用的考勤数据报表。

6. 绩效管理

系统内置各岗位常用的绩效考核表，可供用户直接使用；用户也可以自行设定考核指标、评分权重、计分公式等项目，创建自己的考核表。考核任务发布后，相关者直接在线进行绩效打分，系统自动完成分数汇总计算；考核结果自动记录在人员档案中；薪酬模块可以自动引用绩效考核结果，直接计算绩效工资。系统内置绩效报表包括：绩效考核结果和记录一览表、考核结果单指标分析表、考核评分记录明细表、各部门量化指标分析表、部门考核等级汇总表。

7. 薪酬管理

用户可以通过计算公式、等级表等方式，实现岗位工资、级别工资、工龄工资、学历津贴、考勤扣款、社保扣款、绩效奖、个人所得税等各类常见的薪酬项目管理。可以进行分部门管理，由各部门独立管理本部门的薪酬，也可以进行薪酬发放工作流程的审批，每月薪酬数据自动记录人事档案中。系统内置薪酬报表包括：各部门人员薪酬明细表、各部门及岗位薪酬汇总表、部门月工资条打印表、职务薪酬汇总表、部门及岗位薪酬多月合计表、部门及岗位多月薪酬对比表、人员薪酬多月合计表等。

8. 社保管理

用户可以自定义各类保险福利类别；可以为人员批量创建保险账户；可以为当月入职人员开户、离职人员退保；实现社保缴费自动核算；可以在工资计算中自动引入社保缴费数据；完成社保报表。

除了以上主要功能之外，系统还具有报表中心、预警功能和系统管理等模块。在报表设计中心，用户可以自行定义各类明细、统计报表；预警功能可以设置人员生日、劳动合同期满、合同续签、转正等方面的提醒；以及实现部门数据权限、数据结构等方面的系统管理。

小看板

国内外知名人力资源系统供应商

□ Oracle HCM Cloud

HCM Cloud 是 Oracle 公司已经成熟的人力资源管理软件，旨在为企业提供全面的员工雇佣管理。该软件支持全球将近 40 种语言和 200 多个国家和地区，它的一大优势就是庞大和稳定的硬件和软件支持基础设施。

□ SAP Success Factors

SAP Success Factors 是一个全面的雇佣体系解决方案,适用于大型企业。该软件旨在提高组织的生产力和效率,简化 HR 管理过程。该软件提供的功能包括管理招聘、培训计划以及实施绩效管理等。它的优点在于模块化的体系结构,可以根据客户的需要自定义。

□ Workday

Workday 是一款基于云的人力资源管理软件,提供雇佣数、财务预算等一系列管理功能,其中包括人力资源计划、雇佣管理、组织管理等。该软件具有灵活,自适应性强,支持用户自定义,可以满足中小型公司和大型企业的需要。

□ ADP VANTAGE

ADP VANTAGE 是一款综合性软件解决方案,旨在管理人力资本。该软件包括招聘管理、培训管理、薪酬管理等,使其成为企业的一站式解决方案。除了管理人力资源业务以外,该软件还提供财务和税务功能,帮助企业减少临时工作量和人力资源管理的成本。

□ BAMBOO HR

BAMBOO HR 是一款功能简单、易于使用的软件,旨在提供可扩展的 HR 管理解决方案。该软件具有用户界面友好的特点,旨在为小型企业提供人力资源管理的解决方案。

□ 红海 eHR

红海 eHR 是大中型企业广泛采用的人力资源管理系统,系统全面覆盖人力资源管理需求,包括组织架构、人事管理、考勤管理、薪酬管理、绩效管理、档案管理、招聘管理、培训管理、人才发展等。

□ 北森

北森主要为大中型企业提供覆盖员工招募、入职、管理到离职等人才管理业务。通过创新的一体化 HR SaaS 及人才管理平台 iTalentX,为中国企业提供人力资源管理场景中所有技术和产品,包括 HR 软件、人才管理技术、员工服务生态、低代码平台的端到端整体解决方案。

□ 用友 HR

用友 HR 是国内知名的企业管理软件之一,提供完整的人力资源管理解决方案,包括招聘、员工管理、薪资管理、考勤管理、绩效管理等功能。用友 HR 适用于各类企业,尤其适合中大型企业,因为其功能较为全面、复杂,需要一定的技术支持和专业知识。但价格方面比较昂贵,适合有一定预算的企业。

□ i 人事

i 人事是国内领先的人力资源管理软件之一,致力于为中小型企业提供全方位的人力资源管理解决方案。该软件的优势在于其强大的管理功能和可定制化的特性,主要功能包括招聘管理、档案管理、薪酬管理、考勤管理、绩效管理等。此外,i 人事的价格也非常亲民,适合中小型企业的财务预算。

　　□ 薪人薪事

　　薪人薪事是一款面向中小型企业的云端人力资源管理软件,可以实现薪酬计算、绩效考核、档案管理等功能。还可以支持多种薪资结构和计算方式,满足企业的不同需求。此外,薪人薪事还支持与金蝶财务等财务软件的集成,尤其适合那些有一定财务管理基础、想要简化薪酬计算、提高效率的企业。价格方面,薪人薪事的价格也比较亲民,可以根据企业员工数量和需求选择不同的套餐。

本 章 小 结

本章内容结构如下所示:

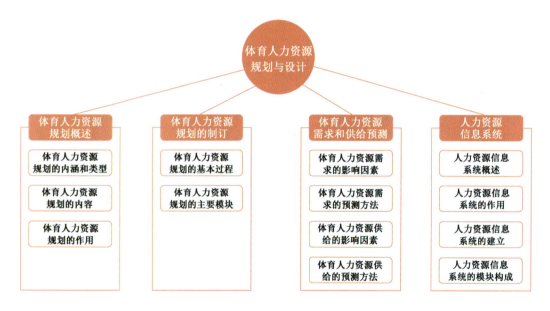

复习思考题

　　1. 什么是人力资源规划和体育人力资源规划?体育人力资源规划具有哪些不同的类型?

　　2. 体育人力资源规划具有哪些层面的内容?

　　3. 对于体育组织来说,制订体育人力资源规划具有什么作用?

　　4. 如何制订体育人力资源规划?

　　5. 体育人力资源规划可以划分为哪些主要模块?

　　6. 简述体育人力资源需求的外部影响因素和内部影响因素。

　　7. 体育人力资源需求有哪几种定性预测分析方法?又有哪些定量预测分析方法?

8. 试简述体育人力资源供给的外部影响因素和内部影响因素。

9. 体育组织内部人力资源供给具有哪些预测分析方法?

10. 现代人力资源信息系统有哪些作用? 通常有哪些主要的模块构成?

案例讨论

抢人! 付费与场景变革之后, 乐刻打响教练资产争夺战

2022 年,健身市场继续火热,团课的风潮还没过去,私教的需求已经萌生。作为健身产业的颠覆者,健身产业互联网平台乐刻运动决定率先将竞争的重点转移到对优质教练资产的角逐中去。9 月初,在南京举办的 2022 健身教练新十年峰会上,乐刻运动联合创始人 & 联席 CEO 夏东表示,过去五年,国内健身人群及渗透力的增长"肉眼可见",而健身教练的职业化发展,将是推高健身行业发展天花板的决定因素之一。如果说健身赛道的上半场是付费模式、健身场景之争,那么下半场,或许就是教练职业化的抢跑了。毕竟对于乐刻这一类的互联网平台来说,不同类型的专业化教练对其到店业态的丰富有着重要意义。

重新定义:教练就是资产

在健身场景的构建中,无论是居家健身还是线下团课和私教,教练都是不可或缺的一环。在传统健身房中,教练的形象常以"卖课＋带练"的职能存在,但在新型健身品牌的认知中,教练则成了整个商业模式中不可或缺的资产。

近两年,因为疫情因素,线下健身房的教练流失率一直居高不下。根据 Gym Square《2020 中国健身行业报告》,2020 年更换健身房或离开健身行业的教练从业者占比达到了 33.7%;2021 年,40.4% 的教练在疫情后更换了工作单位。2020 年,乐刻开始提出"健身教练新十年"计划,为门店教练设计了除成为教练之外,未来转型培训、健身网红、课程研发、运营管理等 6 大途径,以延长教练的职业生命周期,提升平台教练的留存率。

此次,乐刻再次加码教练的培训与养成。据乐刻运动商家事业部总经理梁皓介绍,"乐刻教练成长基金"将围绕教练培训、教练文化、教练关怀等维度,聚焦教练的发展与诉求。"过去 7 年多时间,我们尝试用不同的方式去不断构建一个完整且良性的教练生态,比如我们搭建好了平台培训体系、布设了从 1 星教练到 5 星教练、从教练到培训师的晋升路径,我们还专门做了一个行业级的团课教练赛事,叫作《闪耀吧! 教练》,为团课教练提供更广阔的舞台、促进行业内的分享交流等等。"梁皓说。平台数据显示,2021 年乐刻累计开展培训 2 000 余场,覆盖教练达 30 000 人次。自 2015 年创立以来,乐刻累计培养 300 余位培训师,有近 40 位教练转型为课程研发,300 余位教练走上运营管理岗位,近百位教练签约成为乐刻门店合伙人,拥有了自己的门店,且落地成功率达 98%。

据了解,迄今为止,乐刻已基本完成了包括用户评价系统、约课系统、平台导购、派单系统、调度系统等在内的重要数字化基础设施建设。目前乐刻技术团队已达 200 人。乐刻方面表示,未来 10 年将持续探索更多数字化服务场景,赋能平台教练职业发展。

私教的标准：在共性与个性之间平衡

近两年团课大受欢迎，团课教练供不应求。乐刻早已关注到行业这一日益增长的私教需求。行业人士告诉记者，团课教练与私教相比，在同样专业的基础上，后者更强调与单一用户的沟通技能等，而前者则需要面对用户群体进行沟通，并进行情绪调动、控场等。对比来看，前者所需具备的技能更多，培训成本也更高。私教培养的难点之一在于标准化。过于标准化，消费者或许会觉得无趣；但缺乏标准，私教课的效果则难以评估。

因此，教练体系的标准化建设需要一个平衡点。目前，乐刻在约课流程、教练教学及管理等环节把控中对标准化的执行较为彻底。当私教面对运动消费者时，后者在课程选择上可以有校大的选择空间。此外，私教课程作为个性化服务的一种，无论是消费者的运动水平、健康状况还是个人希望通过课程达到的健身效果，可能都不相同。

目前，乐刻孵化的私教馆 FEELING ME 目前已有接近百家。乐刻普通馆乐刻健身房、解决操课需求的 LOVE FITT、满足体能训练的 Fit Tribe 以及此次私教馆 FEELING ME 的露脸，其覆盖的线下到店场景已经相当广泛。在这样多场景的建设中，乐刻对不同类型的专业教练需求自然很大。事实上，乐刻早在几年之前已经开始教练建设。位于上海的训练中心，目的之一就是建立自身的教练培训体系。随着新型健身房的商业模式逐步跑通，未来健身市场将进入健身教练的"人才大战"之中。

资料来源：每日经济新闻网站，http://www.baijiahao.baidu.com/s?id=17431835 51111674469&wfr=spider&for=pc，2022-9-6。

讨论：

1. 在新型健身场景的构建中，乐刻是如何重新定义健身俱乐部的重要人力资源——"教练"的？

2. 在企业发展战略中，乐刻是如何进行专业教练的需求规划和预测的？

3. 乐刻在建立自身教练体系的过程中，有哪些值得借鉴的经验和做法？

第四章　体育组织中的工作分析

人既尽其才,则百事俱举;百事举矣,则富强不足谋也。
——孙中山

★ 知识目标

□ 掌握工作分析的内涵;

□ 理解体育组织中工作分析的基本术语;

□ 了解和熟悉工作分析的作用和步骤;

□ 熟悉和运用体育组织中的工作描述书、工作规范书和工作说明书;

□ 了解和熟悉体育组织中工作分析的不同方法;

□ 掌握体育组织中工作设计的内涵和内容;

□ 熟悉和运用体育组织中工作分析的不同方法。

★ 能力目标

□ 运用工作分析的基本方法;

□ 掌握编写体育组织工作描述书、工作规范书和工作说明书;

□ 组织实施具体的工作分析流程。

★ 核心概念

□ 工作分析　职务　职责　职权

□ 工作描述书　工作规范书　工作说明书

□ 观察法　访谈法　管理职位描述问卷法　职位分析问卷法　生理素质分析法　关键事件法　工作日志法

□ 工作设计　激励型工作设计法　机械型工作设计法　生物型工作设计法　知觉运动型工作设计法

开篇案例：问题提出

四部门发文：学校可根据工作实际，设立专（兼）职教练员岗位

国家体育总局、中央编办、教育部、人力资源和社会保障部等四部门联合出台了《关于在学校设置教练员岗位的实施意见》，部署学校教练员岗位设置工作。全文如下：

为深入贯彻落实中共中央办公厅、国务院办公厅《关于全面加强和改进新时代学校体育工作的意见》（中办发〔2020〕36号）和《体育总局 教育部关于印发深化体教融合 促进青少年健康发展意见的通知》（体发〔2020〕1号）精神，进一步加强学校体育工作，促进青少年健康成长，厚植国家竞技体育后备人才基础，现就在学校设置教练员岗位有关工作提出如下实施意见。

一、指导思想

以习近平新时代中国特色社会主义思想为指导，全面贯彻党的教育方针，以服务学生全面发展、增强综合素质为目标，坚持健康第一的教育理念，通过在学校工作的教练员（以下简称"学校教练员"）加强学校体育工作力量，提升青少年体育锻炼质量和水平，帮助青少年享受乐趣、增强体质、健全人格、锤炼意志，助力教育强国、体育强国、健康中国建设，培养德智体美劳全面发展的社会主义建设者和接班人。

二、适用范围

本意见适用于义务教育阶段学校、普通高中、职业院校、普通高校。

三、岗位设置

学校可根据工作实际，设立专（兼）职教练员岗位。有条件的地区可以通过购买服务方式，与相关专业机构等社会力量合作向学校提供体育教育教学服务，缓解体育师资不足问题。确有必要设立专职教练员岗位的学校，在核定的编制和专业技术岗位总量及结构比例内设置，专岗专用，纳入专业技术岗位进行管理。学校主管部门可对所管理学校的教练员岗位统筹设置，统一管理使用。各地人力资源社会保障部门应在专业技术岗位总量及结构比例方面给予支持。

四、岗位职责

学校教练员按照学校体育工作计划，发挥专业特长，参与体育教学和训练工作。主要承担学生体育运动专项技能、体能训练和体育后备人才选育工作，承担学校体育赛事活动组织、学校运动队训练竞赛管理、运动损伤防护康复等知识技能传授，以及学校体育社团、体育俱乐部的建设管理等工作。

五、职称体系

学校教练员的职称层级、岗位等级和评价标准按照《人力资源社会保障部 体育总局关于深化体育专业人员职称制度改革的指导意见》（人社部发〔2020〕76号）有关规定执行。学校教练员执教期间，学生体质和运动能力提升情况、体育后备人才培养情况、学校体育赛事活动组织情况、学校体育社团管理情况等，均可作为其职称评审有效业绩。

六、任职条件

学校教练员应具备以下基本条件：

（一）具有良好的思想政治素质和道德品质，遵纪守法，遵守职业道德规范，身心健康，举止文明。

（二）热爱教育事业，为人师表，关爱学生，遵循教育规律和学生成长规律。

（三）热爱体育事业，了解相应运动项目的竞赛规程及裁判规则，熟悉相应年龄段学生的运动生理、心理特点。

各地结合实际制定具体的岗位任职条件，严把入口关。

七、岗位聘用

（一）学校按现有规定程序要求制定学校教练员岗位设置实施方案，根据按需设岗、公开招聘、择优聘用的原则，开展岗位聘用工作。

（二）各地可拿出一定数量的学校教练员岗位面向取得一级及以上运动员技术等级的退役运动员公开招聘。

（三）体育部门负责做好退役运动员转型学校教练员培训工作，教育部门在学校教练员入职后加强思想政治、职业道德和教学培训，提高教育教学能力水平。

（四）学校教练员在取得教师资格后可按规定转任体育教师，体育教师在取得教练员职称后可按规定转任学校教练员。

八、组织实施

（一）加强领导，协调推进

在学校设置教练员岗位是对学校体育工作力量的有力加强，是体教融合的重要举措，事关青少年身心健康和全面发展。各地要高度重视，加强组织领导。各级机构编制、教育、人力资源社会保障、体育等部门要提高认识，凝聚共识，分工协作，共同支持保障，形成推进合力。

（二）立足实际，积极探索

各地可根据本意见研究制定实施细则，鼓励各地先行先试，积极探索，制定符合本地实际的学校体育工作机制和学校教练员职称评价标准体系。

资料来源：央视官方网站，http://news.cctv.com/2023/02/10/ARTI3PIjsxZquJjuaNThRh1a230210.shtml，2023 - 2 - 10。

【案例思考题】

请分析：

1. 我国四部门为何要在学校设立专（兼）职教练员岗位？

2. 专（兼）职教练员的岗位职责是什么？

3. 专（兼）职教练员需要符合哪些聘用要求？

第一节　体育组织中的工作分析概述

工作分析是对组织中某个特定职务的设置目的、任务或职责、权力和隶属关系、工作条件和环境、任职资格等相关信息进行收集与分析，并对该职务的工作做出明确的规定，且确定完成该工作所需的行为、条件、人员的过程。工作分析是人力资源管理工作的基础，其分析质量对其他人力资源管理模块具有举足轻重的影响。

一、工作分析的概念

（一）工作分析的内涵

工作分析（Job Analysis）又称职位分析、岗位分析或职务分析，是指组织全面了解获取与工作有关的详细信息的过程，是对某个特定职务的工作内容和职务规范的描述和研究过程，即制定职务的说明和职务规范的系统过程。工作分析在人力资源管理中的位置，通过对工作输入、工作转换过程、工作输出、工作的关联特征、工作资源、工作环境背景等的分析，形成工作分析的结果——职务规范（也称作工作说明书）。职务规范包括工作识别信息、工作概要、工作职责和责任，以及任职资格的标准信息，为其他人力资源管理职能的使用提供方便。

（二）工作分析的基本术语

在工作分析中，需要对组织成员所从事的各种活动进行了解，其间会涉及一些常用术语，因此掌握和了解这些术语对工作分析是十分必要的。

1. 工作要素

工作要素是工作中不能继续再分解的最小动作单位。例如，健身俱乐部的迎宾服务工作要素：开门、请顾客进来。

2. 任务

任务是工作中为了达到某种目的而进行的一系列活动。任务可以由一个或多个工作要素组成。例如，工人给产品贴标签这一任务只有一个工作要素。上面提到的迎宾员，任务是迎接客人，则包括两个工作要素。

3. 职责

职责是任职者为实现一定的组织职能或完成工作使命而进行的一个或一系列工作。例如，市场营销部的经理要实现新产品推广职责就需要完成一系列工作任务，包括制定新产品推广策略、组织新产品推广活动和培训新产品推广人员等。

4. 职位

职位也叫岗位，是指担负一项或多项责任的一个任职者所对应的位置。一般情况下，有多少个职位就有多少个任职者。例如,经理、秘书、财务总监等。应该注意的是职位是以"事"为中心而确定的,强调的是人所担任的岗位,而不是担任这个岗位的人。职位是确定的,而职位的任职者是可以更换的。

5. 职务

职务是由一组主要责任相似的职位组成的,也称为工作。在不同的组织中根据不同的工作性质,一种职务可以有一个或多个职位。

职务与职位在内涵上是不同的,职位意味着要承担任务和责任,它是人与事的有机结合体;而职务是指同类职位的集合体,是职位的统称。例如,某高校体育部有5位教研室主任3位系主任,其中,"教研室主任"这一职务提供了5个职位,"系主任"这一职务提供了3个职位。

6. 职位分类

职位分类是将所有的工作岗位(职位),按其业务性质分为若干职系、职组(横向),然后按责任大小、工作的难易程度和技术高低又分为若干个职级、职业等。对每一职位给予准确的定义和描述,制成职务说明书,以此作为对聘用人员管理的依据。

(1)职系

职系是一些工作性质相同,而责任轻重和困难程度不同的工作。例如,体育用品企业应当从事设计、生产、技术研发、营销推广、财务管理等活动,这些活动就构成了不同的职系。

(2)职组

职组是工作性质相近的若干职系的总和。

(3)职级

职级是分类结构中最重要的概念,是将工作内容、难易程度、责任大小、所需资格皆很相似的职位划为同一职级,实行同样的任职、考核和待遇标准。

(4)职等

职等是职务的等级。由于不同职务所需要的任职资格条件不同,就产生了不同的职务等级。工作性质不同或主要职务不同,但其困难程度、责任大小、工作所需资格均相似的职级可以归为同一职等。

7. 职业

职业是一个更广泛的概念,是指在不同的组织中从事相似活动的一系列职务。职业的概念有较大的时间跨度,处在不同时期,从事相似工作活动的人都可以被认为具有相同的职业。例如,教师、运动员、工程师、工人、服务员等都属于职业。

8. 职权

职权是指依法赋予的完成特定任务所需要的权力,职责与职权紧密相关。特定的职责要赋予特定的职权,甚至特定的职责等同于特定的职权。例如,企业的安全检查员对企业的安全检查,既是职责又是职权。

下面以职业足球队为例,列明了职业、工作、职责等基本术语之间的关系(如图4-1所示)。

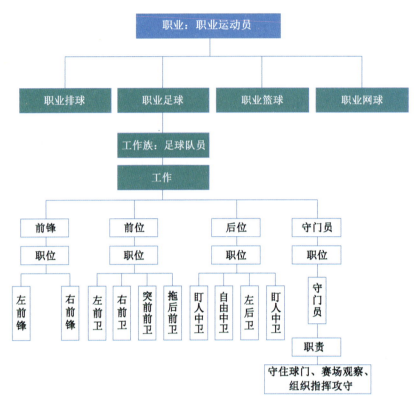

图 4-1 职业足球队范围内职业、工作、职责等基本术语

二、工作分析的作用

工作分析是人力资源管理工作者所从事的所有活动的基石，人力资源管理的各种规划和设计——人员的甄选与任用、人员培训与开发、职业生涯规划与发展、工作评价与设计、绩效管理、薪酬管理、劳动关系管理等均需要通过工作分析获得相关的信息。因此，工作分析在人力资源管理中具有十分重要的作用。

1. 工作分析是人力资源规划的基础

制定人力资源规划时，不仅需要分析组织在动态环境中人力资源的需求，而且需要通过执行某些相应的活动来帮助适应这种变化。其中，整个规划的过程需要获得关于各种工作对于不同工作技能水平要求的信息，这样才能保证组织内有足够的人力资源来满足战略规划的需要。

2. 工作分析能够指导组织人员的甄选与任用

通过开展工作分析，可以明确组织中各项工作的目标和任务，规定各项工作的要求、责任等，同时提出各职位任职者的知识、技能、生理、心理、品格等要求。在此基础上，组织可以确定人员的任用标准，通过人员测评选拔、任用符合工作需要的合格人员。

3. 工作分析有助于人员培训与开发

工作分析已经明确了完成各项工作所需具备的知识、技术和能力以及其他方面的素质和条件等要求。根据工作分析所提供的信息,针对不同的工作要求、任职人员的具体情况,设计不同的培训方案,采用不同的培训方法,对不同素质的人员进行培训。

4. 工作分析有利于人员职业生涯规划与发展

通过工作分析对组织中的工作要求和各项工作之间的联系进行研究,组织可制定出行之有效的人员职业生涯规划。同时,工作分析也使人员有机会或能力了解工作性质与规范,制定出适合自身发展的职业生涯发展道路。

5. 工作分析为绩效管理提供客观标准和依据

工作分析以工作为中心,分析和评定了各项工作的功能和要求,明确了每项工作的职责、权限,任职者的资格、条件;绩效评价工作对人员的德、能、勤、绩等方面做出综合评价,以判断人员是否称职。从人力资源管理程序上看,工作分析是绩效考核的前提,为人员绩效评价的内容、标准等的确定提供了客观依据。

6. 工作分析有助于设计薪酬管理方案

任职者所获得薪酬高低主要取决于其从事工作的性质、技术难易程度、工作负荷、责任大小和劳动条件等,而工作分析正是从这些基本因素出发,从而使各项工作在组织中的重要程度或相对价值得以明确。

7. 工作分析有助于组织的劳动关系管理

工作分析为每个工作的任职者提供了客观标准,成为组织对人员进行提升、调动或降职的决策依据;工作分析保障了同工同酬,并使人员明确了工作职责和今后的努力方向,必然使人员能积极工作、不断进取;工作分析获得的其他有关信息也使管理者能更为客观地进行人力资源管理决策。

8. 工作分析有利于工作评价与设计

工作分析通过人员测评和分析,不断对工作进行改进和重新设计,推动各项工作在组织中的合理配置,以促进组织的科学化,保证生产过程的均衡,更加合理地配置各项生产要素,从而提高组织的效益。

第二节 体育组织中的工作分析过程

一、工作分析的原则

工作分析是现代人力资源管理的基础,只有在客观、准确的工作分析基础上才能进一步建立科学的招聘、培训、绩效考核及薪酬管理体系。因此,组织在进行工作分析时,一般遵循 6W1H 原则:做什么(What)、为什么做(Why)、谁来做(Who)、何时做(When)、在哪里做(Where)、为谁做(Who)和如何做(How)。

1. 做什么(What)

工作分析通过对工作的详细描述和说明,帮助从事该项工作的人员直接了解工作内容,尽快掌握工作要求和要领。因此,需要详细了解:完成什么工作任务、工作活动是什么、工作活动的结果是什么、工作标准是什么、工作的错误分析等内容。

2. 为什么(Why)

工作分析通过对工作内容的说明,以及对组织目标的阐述,赋予工作实际价值。因此,需要详细了解:为什么需要完成此项工作、该项工作在组织中有何重要作用、该项工作与其他工作之间的关系如何等内容。

3. 谁来做(Who)

工作分析通过对某项工作的描述,对任职者提出相应的工作要求,并且协助组织确定最后的聘用者。因此,需要详细了解:从事此项工作的人员必须具备哪些知识和技能、必须拥有哪些工作经验、必须接受过何种培训、必须具有哪些生理或者心理特征等内容。

4. 何时做(When)

工作分析围绕工作内容开展,需要给出该项工作的普遍完成需求等情况,从而判断完成时间。因此,需要详细了解:此项工作开展的时间、哪些工作活动具有固定时间和固定发生频率、哪些工作活动具有突发性等内容。

5. 在哪里做(Where)

工作分析通过分析工作流程和性质等内容,对工作完成地点、环境等进行描述,同时还需要强调人员的安全性问题。因此,需要详细了解:此项工作在何种环境下进行,包括自然环境、社会环境和组织环境等内容。

6. 为谁做(Who)

需要详细了解:此项工作实施过程中会与哪些人员发生联系、工作对哪些人员负责、需要向哪些人员汇报、接受哪些人员的指挥和监督等内容。

7. 如何做(How)

工作分析通过分析概述此项工作的工作要点,并结合组织战略和使命等,对任职者给予工作指导。因此,需要详细了解:运用何种方式和何种工具完成工作任务、完成此项工作的程序是什么等内容。

二、工作分析的步骤

工作分析是对工作进行全面评价的过程,一般分为四个阶段:准备阶段、调查阶段、分析阶段和完成阶段。

1. 准备阶段

准备阶段的主要任务是对工作分析进行全面设计,包括确定分析的组织、样本、规范,以及建立关系等。具体步骤如下：

（1）成立由工作分析专家或顾问、人力资源部工作人员、各部门负责人、岗位在职人员参加的工作分析小组或委员会；

（2）确定工作分析小组开展工作的原则和要求；

（3）确定工作分析的意义、目的、方法和步骤；

（4）在组织内向有关人员进行工作分析的宣传，使其具有良好的心理准备；

（5）确定调查和分析的样本，并使其具有代表性；

（6）把各项工作分解成若干个工作元素和环节，确定工作的基本难度。

2. 调查阶段

调查阶段的主要任务是对整个工作流程、工作环境、工作内容和任职者等主要方面进行全面调查的过程。具体步骤如下：

（1）设计各种调查问卷和调查提纲；

（2）针对不同目的、不同调查对象灵活运用不同的调查方法，比如面谈法、问卷法、观察法、参与法、实验法、关键事件法等；

（3）广泛收集有关工作的特征及需要的各种数据，一方面提出原有工作描述书和工作规范书的主要条款不清楚的问题，另一方面收集新工作的所有信息；

（4）收集工作任职者必需的特征信息；

（5）对收集来的有关工作特征、工作人员特征的信息重要性以及发生的频率等做出等级评定。

3. 分析阶段

分析阶段的主要任务是对调查收集的整个工作的特征和任职者的特征结果进行认真分析。具体步骤如下：

（1）仔细审查已收集的各种信息；

（2）创造性发现有关工作和任职者的关键成分；

（3）归纳、总结出工作分析的必需材料和要素。

4. 完成阶段

完成阶段是在前面三个阶段工作的基础上，形成工作分析的最终结果即工作描述书和工作规范书。具体步骤如下：

（1）根据收集的有关工作信息，草拟出工作描述书和工作规范书；

（2）将草拟的工作描述书和工作规范书与实际工作进行对比；

（3）修正工作描述书和工作规范书；

（4）经过多次反馈、修订，形成最终的工作描述书和工作规范书；

（5）将工作分析的成果运用到实践中，注重实际工作过程中的反馈信息，不断完善工作描述书和工作规范书；

（6）对工作分析的工作进行总结评估，将工作描述书、工作规范书进行归档保存，建立工作分析成果的管理制度，为今后的工作分析提高参考。

三、工作分析的内容

按照上述方法和步骤,工作分析表现为两方面内容:一是确定工作所包含的任务、职责、责任以及其他特征,即工作描述;二是对完成工作的任职者所具备的知识、技能和其他特征的说明,即工作规范。

(一) 工作描述

工作描述又称为岗位描述,是以"事"为中心对工作岗位进行全面详细的说明,是工作分析的初始和主要产物。常以简明概括形式说明:工作的目的和任务、工作内容和特征、工作责任和权力、工作标准和要求、工作时间和地点、工作流程和规范、工作环境和条件等问题。工作描述没有统一的格式,一般来说,规范的工作描述书包含以下内容:

1. 工作概况

工作概况阐明工作名称、工作代码、所属部门、工作时间和地点、工作关系等内容。工作名称是组织对从事该项工作活动所规定的名称,应简明扼要,力求反映工作内容和责任。工作代码(或工号)是组织对各种工作进行分类并赋予的编号,以便于工作的登记、识别、分类等管理工作。所属部门是对工作性质的界定以及所在的部门。工作时间和地点是完成工作活动的时间范围和主要地点。工作关系是该工作活动接受的监督、实施与监督的性质和内容,或者该工作活动结果对组织的影响。通常是描述该工作接受的直接上级、直接下级或直接服务对象。

2. 工作目的

通过简短精确的陈述说明组织为何要设立此工作,需要从组织机构的视角来表述此工作的意义和目的。

3. 工作职责

工作职责是工作描述的主体部分,即为了完成本项工作的目标,任职者应在哪些主要方面开展工作活动并必须取得何种结果。此外,描述工作职责的同时还应提出该职责如何进行衡量的方法,或者提出如何确定该工作最后结果取得与否。

4. 工作条件和物理环境

工作描述还应完整说明执行工作任务的条件,比如使用的办公设备、原材料、工具和机器设备等;以及工作的物理环境,比如工作地点的温度、光线、湿度、噪音、安全条件等。

5. 社会环境

社会环境包括完成工作任务所需涉及的工作群体的人际相互关系;完成工作所需的人际交往的数量和程度;与组织内各部门的关系;工作活动涉及的社会文化、习俗等。

6. 聘用条件

聘用条件包括工时数、工资结构、支付工资的方法、福利待遇、该工作在组织中的正式位置、晋升机会、工作的季节性、进修机会等。

以下是关于某健身俱乐部"私人健身教练"的工作描述的例子(如表 4-1 所示)。

表 4-1　私人健身教练工作描述书

岗位名称	私人健身教练	岗位编号	
所在部门	健身教练部	岗位定员	12
直接上级	经理助理	直接下级	无
工作目的	引导会员正确健身,指导会员的饮食和生活习惯		
工作描述			

职责任务	1. 负责健身场所内健身器械的保管和维护
	☆ 负责领取、保管健身场所内工具、器械、设备和其他物品; ☆ 负责检查、补充和更换各种健身器材和设备; ☆ 负责将会员健身过后所使用的器械工具归位; ☆ 负责定期检查并记录设备的损耗、损坏,并对轻度损坏的设备进行简单的维修,损坏严重则上报。
	2. 负责健身场所内的私人教练服务
	☆ 负责对新会员进行健身介绍,让新会员了解相关场地、器械和设备的使用方法,并解答新会员的健身问题,与其建立个人联系;在会员锻炼遇到问题时进行指导;纠正会员锻炼中做出的危险动作和困难动作; ☆ 负责观察了解健身会员的健身锻炼情况,对特殊会员及危险人群进行特别保护; ☆ 负责担任一部分会员的私人教练:为会员制定适当健身计划、设计会员的健身课程及安排时间、引导会员进行健身课程、为会员设计运动健身食谱、充当会员健身老师、劝导者、监督者、支持者、顾问、协商伙伴; ▲ 需要注意:私人教练不是营养师、理疗师、按摩师,也不是心理医生。 ☆ 定期向教练部统计归纳所教授的会员数量,对会员的锻炼情况进行总结,并适时进行调整; ☆ 负责向会员解释锻炼效果、锻炼原则、注意事项,并进行饮食生活指导、健康教育指导。
	3. 其他日常工作
	☆ 负责统计当日工作量,填写当日工作日志; ☆ 负责相关资料信息的填写、收集、汇总和整理(消毒登记本、各种操作登记本、财产器械交接本等); ☆ 负责定期向直接上级汇报工作,接受检查和监督。
	4. 完成领导交办的其他任务
权限范围	安排课程、饮食计划,免费使用器械
岗位工作关系	会籍管理部、接待部、有氧区、器械区、操课部、服务部
工作环境	工作环境较好,有教练专用办公室,内有空调、饮水设备等
可能患的职业病	由于职业限定,常有身体疲惫,易患腰肌劳损等身体疾病

（二）工作规范

工作规范又称职位要求,要求说明从事某项工作职位的入职人员必须具备的生理要求和心理要求。主要包括以下几方面:

1. 一般要求

主要包括年龄、性别、学历、工作经验等。

2. 生理要求

主要包括健康状况、力量和体力、运动的灵活性、感觉器官的灵敏度等。力量和体力通常指任职者能够承受举、提、推、拉的强度;运动的灵活性即指手、脚、身体是否移动敏捷,能否自由自在地控制身体各个部分;感觉器官的灵敏度即指说、听、看的能力要求,包括口头语言表达思想、交流信息的能力,辨别声音的能力,用眼睛感知物体的形状、大小、距离、动作、色彩或其他物理特征等。

3. 心理要求

主要包括观察能力、集中能力、记忆能力、理解能力、学习能力、解决问题的能力、创造性、数学计算能力、语言表达能力、决策能力、特殊能力、性格、气质、兴趣爱好、态度、事业心、合作性、领导能力等。

以下是关于某体育用品企业"人力资源部部长"工作规范的例子(如表4-2所示)。

表4-2　人力资源部部长工作规范书

岗位名称		人力资源部部长	工作性质	行政管理
所属部门		人力资源部	岗位编号	南京
直接上级		人事总监	直接下级	人力资源部副部长、战略管理员、信息分析员
生理要求	年龄	30~50周岁		
	性别	不限		
	健康状况	身体健康		
所需学历与专业	最低学历	本科		
	专业	人力资源管理或相近专业		
	其他说明	中级职称		
所需知识	综合知识	一定的计算机知识、网络知识和战略管理、企业管理知识		
	专业知识	全面的人力资源管理知识和人事政策法规		
	相关知识	一定的体育行业背景知识		
所需能力	管理能力	较强的领导、计划、分析、综合与判断能力;较强的组织、协调能力		
	专业能力	解决业务实际问题的能力强;较强的公文写作能力和沟通能力		
	人际能力	很强的人际关系能力		

（续表）

	综合能力	良好的职业道德，能够保守企业人事机密；具有敬业精神和团队协作精神
所需经历或经验		在下一层级岗位上工作2年以上，在管理岗位工作7年以上
所需体能		身体健康，精力充沛，能连续工作8小时以上
所需职业风格		处事公平、公正；诚信；敬业

（三）工作说明书

工作说明书也称为岗位说明书、职务说明书，是对上述"工作描述"和"工作规范"的总结，包括工作描述中对"事"的说明和工作规范中对"人"的说明，是工作分析最完整的表述结果。

工作说明书是对每一工作的性质、任务、责任、环境、处理方法及对工作人员的资格条件的要求所做的书面记录，不存在标准格式，每个组织的职务说明和内容都不相同。现以某体育用品企业的运动服装设计师岗位为例进行说明（如表4-3所示）。

表4-3　工作说明书示例

单位：	职位名称:运动服装设计师		编制日期：
部门:运动服装设计部	任职人：		任职人签字：
	直接主管:运动服装设计部部长		直接主管签字：
	直接下属:（　）人		间接下属:（　）人
职位编号：	说明书编号：		批准日期：

职位概要：

根据公司技术发展战略和年度设计计划的要求，在设计部部长的领导下，完成产品设计开发任务，控制产品质量和开发成本，严控执行设计预算。

	学历/专业		本科以上
任职条件	必备知识	专业知识	服装设计及相关管理经验
		外语要求	国家四级以上
		计算机要求	熟练使用网络和相关办公软件
	工作经验		三年以上运动服装设计经验
	业务了解范围		熟悉掌握运动服装设计、工业技术设计相关知识和技能
	能力素质要求	能力项目	能力标准
		设计能力	对新产品设计、新面料开发及应用具备专业开发能力
		分析、预测能力	对服装行业潮流趋势、市场情况的分析和预测能力
	职位晋升	可直接晋升的职位	设计部部长
		可相互轮换的职位	服装设计员
		可晋升至此的职位	服装设计员
		可以降级的职位	服装设计员

（续表）

工作关系	内部关系	所受监督	受运营总监和服装设计部部长的领导和监督
		所施监督	对设计过程中相关工作的监督
		合作关系	同其他部门相互协调的沟通关系
	外部关系		同国内外服装设计、研究机构及其他企业技术管理部门之间的关系

沟通关系	内部	
	服装设计部部长	运营总监和其他各总监
	各职能部门	运动服装设计部其他同事
	外部	
	各设计机构	各高校科研单位
	国内设计开发组织	国外相关设计组织

责任范围	汇报责任	直接上报：	间接上报：
	督导责任	直接督导：	间接督导：
	成本责任	电话/手机	每月费用控制在（　）元之内
		电脑安全	保证电脑的安全使用
		办公用品设备	对所使用的办公用品和设备负有最终成本责任
	保密责任	对产品设计相关的重要资料、研发成果具有保密责任	
	技术创新责任	对公司工艺水平、设计水平负有不断提升的责任	

权力范围	权力项目	主要内容
	设计权	负责公司产品的设计
	建议权	对相关技术选题、产品设计方向的确定具有建议权

工作范围	工作依据	负责程度	建议考核标准
1. 协助服装设计部部长，拟订公司年度设计开发计划、设计开发预算和技术创新方案	公司发展战略和新产品设计的相关规定	部分	新产品设计课题完成情况
2. 根据新产品设计的实际计划，组织产品设计的实施	公司产品设计相关管理规定	全责	产品设计过程相关工作管理情况
3. 定期参加部门分析会议，分析市场与潮流趋势、市场需求、产品质量及设计工作情况并提出有价值的建议	设计部相关工作制度	全责	部门会议开展情况
4. 负责做好产品信息、设计资料的归档管理工作	公司技术档案的管理规定	全责	设计文档等资料的管理情况

第三节 体育组织中的工作分析方法

在确定工作内容之后,组织在收集有关工作任务、职责和活动等方面的信息时,可以运用多种方法。下面介绍一些常用的工作分析方法。

一、观察法

观察法是在工作现场运用感觉器官或其他工具,观察人员的实际工作过程、行为、内容、特点、性质、工具、环境等,并通过文字或图表的形式记录下来以收集工作信息的一种方法。

1. 观察法的实施原则和标准

(1) 被观察者的工作应相对稳定、工作场所也应相对固定,这样便于观察;

(2) 适用于大量标准化的、周期较短的以体力活动为主的工作,例如组装线工人、会计员,而不适用于脑力活动为主的工作,例如律师、设计工程师;

(3) 观察者尽可能不要引起被观察者的注意,也不要干扰被观察者的工作,否则可能引起霍桑效应;

(4) 对于不能通过观察法得到的信息,应辅以其他形式如访谈法来获得;

(5) 观察前要有详细的观察提纲。

2. 观察法的优缺点

观察法具有以下优点:(1) 操作较灵活、简单易行;(2) 直观、真实,能给岗位分析人员直接的感受,因而所获得的信息资料也较准确;(3) 可以了解广泛的信息,例如工作活动内容、工作中的正式行为和非正式行为、工作人员的士气等。

同时,观察法也表现出以下缺点:(1) 不适用于脑力劳动成分较高的工作,以及处理紧急情况的间歇性工作;(2) 对有些人员而言难以接受,会觉得自己受到监视或威胁,从而在心理上会对工作分析人员产生反感。

在运用观察法时,一定需要有一份详细的观察提纲(如表 4-4 所示),以便于观察者及时做好相关记录。

表 4-4 工作分析观察提纲(部分)

被观察者姓名:_____ 被观察者职位:_____

观察者姓名:_____ 观察时间:_____

工作类型:_____ 直接主管:_____

观察内容:

    1. 什么时候开始正式工作_____

    2. 上午工作多少小时_____

(续表)

3. 上午休息几次_____

4. 休息时间从_____到_____

5. 第二次休息时间从_____到_____

6. 上午完成产品多少件_____

7. 平均多长时间完成一件产品_____

8. 与同事交谈约多长时间_____

9. 每次交谈约多长时间_____

10. 室内温度_____度

11. 上午抽了几支香烟_____

12. 上午喝了几次水_____

13. 什么时候开始午休_____

14. 出了多少次品_____

15. 搬了多少次原材料_____

16. 工作地噪音分贝是多少_____

4

二、访谈法

访谈法是由分析人员分别访问工作人员本人或其主管人员,以了解工作说明中原来填写的各项目的正确性,或对原填写事项有所疑问,以面谈方式加以澄清。可见,访谈的作用一是对于观察所不能获得的资料,可通过访谈法获得;二是对已获得的资料加以证实或补充。

1. 访谈法的实施原则和标准

(1) 所提问题和职务分析的目的有关;

(2) 职务分析人员语言表达要清楚、含义准确;

(3) 所提问题必须清晰、明确,不能太含蓄;

(4) 所提问题和谈话内容不能超出被谈话人的知识和信息范围;

(5) 所提问题和谈话内容不能引起被谈话人的不满或涉及被谈话人的隐私。

2. 访谈内容

(1) 工作目标:组织设立该岗位的原因,根据什么确定该岗位的薪酬。

(2) 工作内容:任职者在组织中起到多大作用,其行动对组织会产生何种结果。

(3) 工作性质和范围:这是访谈的核心,主要了解该工作在组织中的关系,上下属职能的关系,所需一般技术知识、管理知识、人际关系知识等,需要解决问题的性质和自主权等。

(4) 所负责任:涉及组织、战略政策、控制、执行等方面。

3. 访谈要点

(1) 预先准备访谈提纲;

（2）与主管密切配合，找到最了解工作内容、最能客观描述工作职责的人员；

（3）尽快与被访谈者建立融洽的感情氛围（知道对方姓名、明确访谈目的及选择对方的原因）；

（4）访谈中应该避免使用生僻的专业词汇；

（5）访谈者应该只能被动地接受信息；

（6）就工作问题与被访谈者持有不同意见，不要争论；

（7）被访谈者对组织或主管有抱怨，也不要介入；

（8）不要流露出对某一岗位薪酬的特殊兴趣，以免被访谈者夸大自己的职责；

（9）不要对工作方法与组织的改进提出任何批评或建议；

（10）请被访谈者将工作活动与职责按照时间顺序或重要程度顺序排列，这样可以能够避免一些重要的事情被忽略；

（11）访谈结束后，将收集到的信息请任职者和主管阅读，以便修正。

在运用访谈法时，一定需要有一份详细的访谈提纲（如表4-5所示），以便于访谈者及时做好相关记录。

表4-5 工作分析访谈提纲示例

工作分析访谈提纲

一、工作目标

1. 此岗位的工作目标是什么？

2. 此岗位最终要取得什么结果？

二、工作地位

1. 您所做的工作在组织中的作用是什么？或者说组织流程图中所处的位置是怎样的？

2. 您与上下属之间的职能关系是什么？负有何种监督职责？

3. 与您进行工作联系的主要人员有哪些？联系的主要方式是什么？

三、工作内容

1. 您所从事的是一项什么样的工作？

2. 您在工作中真正参与的活动有哪些？

四、工作职责

1. 您所从事工作的基本职责是什么？

2. 您所在职位的主要职责是什么？是如何做的？

3. 您在完成岗位职责的过程中遇到的主要困难和问题是什么？

4. 组织所赋予您的最主要权限有哪些？您认为这些权限有哪些是合适的，哪些是需要重新界定的？

五、绩效标准

1. 您工作的绩效标准有哪些？

2. 您实际完成的情况与绩效标准之间存在何种差距？

3. 您认为衡量能否出色完成自身所在岗位职责的标准是什么？

六、工作背景

1. 您的工作环境和工作条件如何？

2. 您的工作环境与别人有何不同？

3. 工作对安全和健康的影响如何？有可能会受到身体伤害吗？

七、任职资格

1. 这项工作所需具备的教育程度、工作经历、技能是怎么样的？

2. 工作对身体的需求是怎么样的，工作对情绪、心理和能力的要求又是怎么样的？

八、工作中的问题

1. 您认为此工作对您最大的挑战是什么？

2. 您对此工作最满意和最不满意的地方分别是什么？

3. 您工作中自主决策的机会有多大？

4. 工作中是否经常加班？工作繁忙程度是否具有很大的不均衡性？

4. 访谈法的优缺点

访谈法具有以下优点：(1) 一种被广泛采用、相对简单、便捷的搜集信息的方法，而且适用面较广，尤其是用来达到编制工作描述的目的；(2) 经常被作为其他信息收集方法的辅助，例如当问卷填写不清楚、观察被访谈者工作时存在问题等；(3) 通过访谈能探察到一些不为管理层知晓的内容，例如工作态度、工作动机等较深层次的东西或一些管理问题；(4) 方式亲切，能拉近访谈者与被访谈者的关系。

同时，访谈法也表现出以下缺点：(1) 对访谈者技巧要求高，例如运用不当可能影响信息收集的质量；(2) 不能作为工作分析的唯一方法；(3) 打断被访谈者的正常工作，有可能造成生产的损失；(4) 可能会因问题不够明确或不够准确而造成访谈者与被访谈者双方误解或信息失真。

小看板

访谈法的典型提问方式

访谈法是工作分析中大量运用的一种方法，典型的提问方式如下：

□ 您所做的是一种什么样的工作？

□ 您所在职位的主要职责工作是什么？您又是如何处理的呢？

□ 您的工作环境与别人有什么不同呢？

□ 做这项工作所需具备的教育程度、工作经历、技能是怎样的？它要求您必须具有什么样的文凭或者工作许可证？

□ 您都参加一些什么活动？

□ 这种工作的职责和任务是什么？您所从事的工作的基本职责是什么？说明您工作绩效的标准有哪些？

□ 您真正参与的活动都包括哪些？

□ 您的责任是什么？您的工作环境和工作条件是怎样的？

□ 工作对身体的要求是怎样的？工作对情绪和脑力的要求又是怎样的？

□ 工作对安全和健康的影响如何？

□ 在工作中您有可能会受到身体伤害吗？在工作时您会暴露于非正常工作条件下吗？

运用访谈法进行工作分析时可以提出的问题还远不止此。一般认为，富有成效的访谈是根据一张结构合理或可以加以核正、对比的问卷来进行。这种工作分析问卷包括了一系列与以下内容有关的信息：工作的总体目的；监督职责；工作责任；对教育、经历、技能等的要求等。工作分析人员在运用这种问卷表格来搜集信息时，既可以通过观察工作的实际进行情况来自行填写，也可以先由承担工作的人员填写，然后由工作分析人员来加以整理。一般情况下，访谈法不单独使用，而是与观察法、问卷法结合起来。

三、问卷法

问卷法要求在岗人员和管理人员分别对各种工作行为、工作特征、工作人员特征的重要性和频率做出描述分级，再对结果进行整理和分析。由于工作分析的目的和内容不同，问卷可分为工作导向问卷和人员导向问卷，前者强调对工作本身的条件和结果的分析，后者则集中了解人员的工作行为。以下介绍几种典型的工作分析问卷法。

（一）管理职位描述问卷法

管理职位描述问卷法（Management Position Description Questionnaire，MPDQ）是专门为管理职位设计的一种结构化工作分析问卷法。它侧重于对有关工作本身的特征进行研究和分析。管理职位描述问卷法具有以下特点：（1）区别对待组织内不同职能的管理工作；（2）用于区别处理组织内不同层次的管理工作；（3）为不同组织、不同职能间管理工作的分析和比较提供依据。

1976 年由美国学者托尔诺（Walter W. Tornow）和平托（Patrick R. Pinto）设计，定型于 1984 年。管理职位描述问卷所分析的内容包括与管理者的主要职责密切相关的 15 个部分，274 项工作因素，15 个组成部分的内容含义分别介绍如下：

（1）一般信息。一般信息指岗位代码、岗位名称、岗位任职者的姓名、工作职能范围、人力资源管理职责、财务管理职责和预算权限以及管理下级的类型和人员数量等描述性信息。

（2）决策。决策主要包括决策活动和决策复杂程度。决策活动是一个过程，可以反映出决策过程中的各项行为，为岗位描述和岗位评价提供信息；决策的复杂程度与决策背景因素相关，可以为岗位评价提供依据。

（3）计划和组织。计划和组织主要描述战略计划的制定和执行情况。

（4）行政。此部分内容主要评估管理者的文件处理、公文写作和管理以及记录等行政管理活动。

（5）控制。此部分内容主要包括项目跟踪、质量控制、财务预算、产品生产、工作成效分析和其他商业活动等。

（6）督导。此部分内容主要描述与监督、指导下属相关的活动和行为。

（7）咨询和创新。咨询和创新主要描述技术性专家的工作行为，一般是为某类或某项工作以及直接或间接的下属提供专业性和技术性工作咨询和指导。

（8）联系。联系主要包括内部联系和外部联系，收集的信息包括联系对象、联系目的和联系方式方法等。

(9) 协作。协作主要描述内部联系过程中的工作行为,通常表现为部门内部和部门之间的协作活动。

(10) 表现力。此部分内容所描述的行为通常发生在营销活动、谈判活动和广告宣传活动中管理者的表达能力。

(11) 监控商业指标。此部分内容的适用对象多是组织高级管理者,商业指标包括财务指标、经济数据指标、市场类指标等。

(12) 综合评定。此部分内容根据上述部分将管理活动划分为 10 种职能,要求问卷填答者评估 10 种职能分别占整个工作时间的比重以及它们的相对重要程度。

(13) 知识技能和能力。此部分内容要求问卷填答者分析为高效完成工作所需要的知识、技能和能力要求,包括对 31 种素质的评定。同时还要求问卷填答者回答为保证高效完成工作所需要接受的培训。

(14) 组织层级结构图。此部分内容给出了一般性的组织层级结构图,让问卷填答者填写其下属、同级、直接上级分别是什么职位,收集此部分信息有助于薪酬专家快速确定岗位任职者在组织中的位置。

(15) 评论。问卷的最后一部分要求填答者反馈对问卷的看法。首先要估计自己所任职的岗位工作有多大比例的内容被本文件所涵盖;其次,问卷设计了 5 个问题,让填答者评定问卷总体、问卷题目以及问卷模式的质量和使用的难易程度等;第三,填答者还要回答自己花费了多少时间完成问卷;最后,填答者需要回答是否有重要的工作活动在本问卷中没有涉及。如果有,需要补充说明是什么活动。评论部分的内容有助于收集到其他重要信息,为 MPDQ 的发展和修订提供依据。

(二) 职位分析问卷法

职位分析问卷法(Position Analysis Questionnaire, PAQ)是美国普渡大学麦考密克(Ernest McCormick)等人的研究成果,是一种常用的以人员为中心的工作分析方法。PAQ 是一种结构化的、定量化的工作分析问卷,问卷从各种不同的工作中概括出各种行为、工作条件和工作本身的特点,共涵盖了 194 个不同的工作任务,其中 187 项工作元素和 7 项与薪酬有关的问题,分为六大类:

(1) 信息投入:任职者从哪里获得完成工作所必需的信息。

(2) 思考过程:在执行工作的时候需要完成的推理、决策、计划以及信息加工活动。

(3) 工作产出:任职者在执行工作的时候所发生的身体活动以及所使用的工具和设备等。

(4) 人际关系:在执行工作时要求同其他人之间发生的关系。

(5) 工作环境:执行工作的时候所处的物理环境和气候环境。

(6) 其他特征:除了上面所描述的同工作有关的其他活动、条件以及特征。

运用 PAQ 时,工作分析人员应根据 6 个计分标准:(1) 使用程度;(2) 对工作的重要程度;(3) 工作所需的时间;(4) 适用性;(5) 发生概率;(6) 特殊计分。职位分析问卷的部分示例如表 4-6 所示。

表 4-6　职位问卷分析示例

使用程度(U):不能应用(NA);正常/很少(1);偶尔(2);中等(3);相对较多(4);大量的(5)

1. 信息投入

1.1　工作信息的来源

按照在完成工作过程中可能信息来源的使用程度给以下各项评级

1.1.1　工作信息的可视来源

1U　书面材料(书籍、报告、办公室通知、文章、工作指令、标语等)

2U　量化材料(与数量有关的材料,如图表、账目、规格、数量表等)

3U　图片资料(图片或照片类材料,如图画、图解、地图、线路图、胶卷、X光片、电视片等)

4U　模式/有关设备(模版、型板、模式等;这里包括第3项中的描述)

5U　直观展示(罗盘、量器、信号灯、雷达、速度米表、钟等)

6U　测量仪器(尺、卡钳、轮胎气压计、秤、厚度量器、球管、温度计、热电流表、量角器等,用来获取关于物体衡量的直观信息;这里不包括第5项中的描述)

7U　机械装置(工具、设备、机器以及其他在使用或运作过程中进行观察、作为信息来源的机械设备)

8U　加工材料(零件、材料、物品等,在修正工作或其他加工过程中作为信息来源的东西)

9U　未加工的材料(零件、材料、物品等,没有被加工的而在检验、经手、包装、分销或挑选时作为信息来源的东西)

10U　自然面貌(风景、田野、地质样本、植物、云层和其他经过观察或检验,来提供信息的自然面貌)

11U　人造环境面貌(被观察或检验以提供工作信息的人造或经修整的室内或户外环境景观,不包括第7项中提到的设备、机器等)

(三) 生理素质分析法

生理素质分析法侧重于对人员自身生理特征的分析,主要目的是对某一工作的任职者本身具有的完成一项工作所必需的身体素质特殊能力进行分析,通常借助体能分析问卷(Physical Abilities Analysis Questionnaire,PAAQ)完成。此方法对任职者完成工作任务所需要的九种生理素质按照"极度具备、明显具备、具备、略微具备、不具备、明显不具备、极度不具备"的标尺进行度量,九种身体素质能力如下:

(1) 运动力量:使用肌肉力量进行长时期重复的和连续不断的运动能力;

(2) 躯体力量:运动力量的一种变化形式,即躯体抵抗因重复使用某种动作而产生疲劳的能力;

(3) 静态力量:个体进行举、推、拉、抬和携带物体的能力;

(4) 爆发力量:突然一次或者多次达到力量的最大限度的能力;

(5) 伸展灵活性:在一定范围内向不同方向伸展躯体、手臂和腿的能力;

(6) 运动灵活性:与伸展灵活性相反,运动灵活性是快速地和重复地进行伸展运动的能力,其程度主要依靠肌肉伸展和收缩弹性;

(7) 整体身体协调性:当身体处于运动状态时,同时保持身体各个部位的动作协调能力;

(8) 整体身体平衡性:当身体处于不稳定姿态的时候,或者当受到外力作用的时候,个体保持身体平衡的能力；

(9)耐力:完成类似于一场时间很长的比赛任务而不感到疲劳的能力。

四、关键事件法

关键事件法(Critical Incident Approach,CIA)由美国学者福莱·诺格(Flanagan)和伯恩斯(Baras)在1954年共同创立,是由上级主管纪录人员平时工作中的关键事件:一种是做得特别好的,一种是做得不好的。在预定的时间,通常是半年或一年之后,利用积累的纪录,由主管与被测评者讨论相关事件,为测评提供依据。关键事件是指在劳动过程中,给人员造成显著影响的事件,通常关键事件对工作的结果有决定性的影响,关键事件基本决定了工作的成功与失败、赢利与亏损、高效与低效。

关键事件法考虑了职务的动态特点和静态特点。对每一事件的描述内容,包括:

(1)导致事件发生的原因和背景;

(2)人员的特别有效或多余的行为;

(3)关键行为的后果;

(4)人员自己能否支配或控制上述后果。

运用关键事件分析法的步骤如下:

1. 识别岗位关键事件

运用关键事件分析法进行工作分析,其重点是对岗位关键事件的识别,这对调查人员提出了非常高的要求。一般非本行业、对专业技术了解不深的调查人员很难在短时间内识别该岗位的关键事件是什么;如果在识别关键事件时出现偏差,将对调查的整个结果带来巨大的影响。

2. 识别关键事件后,调查人员应记录以下信息和资料

(1)导致该关键事件发生的前提条件是什么?(2)导致该事件发生的直接和间接原因是什么?(3)关键事件的发生过程和背景是什么?(4)人员在关键事件中的行为表现是什么?(5)关键事件发生后的结果如何?(6)人员控制和把握关键事件的能力如何?

3. 对资料进行分类、归纳和总结

将上述各项信息资料详细记录后,可以对这些信息资料做出分类,并归纳总结出该岗位的主要特征、具体控制要求和人员的工作表现情况。

关键事件分析法的缺点也比较明显,主要表现在:(1)需要花大量的时间去搜集关键事件;(2)遗漏了平均绩效水平,对中等绩效的人员难以涉及,全面的职务分析工作就不能完成。因此,此方法一般不可单独作为考核工具,必须跟其他方法搭配使用,效果才会更好。

五、工作日志法

工作日志法是在组织主管的领导下由人员本人自行进行,按活动发生的先后顺序随

时填写的一种工作分析方法。工作日志法应事先由工作分析人员设计好详细的工作日志单(如表4-7所示),让有关人员按照要求及时记录每日工作的内容、程序、方法、权限、时间等。此方法所获得的信息可靠性很高,有利于管理人员了解员工实际工作的内容、责任、权利、人际关系及工作负荷。因此,不仅对工作分析有用,而且也是自我诊断的工具。

工作日志法使用范围比较小,不适用于工作循环周期较长、工作状态不稳定的职位。另外,由于记录人员不易坚持,除非有特别的激励措施才能保证顺利实施。随着移动互联网的普及,曾经利用纸质表格填写工作日志的方法得到了极大的改变。目前有很多移动APP可以帮助人员随时随地填写工作日志,比如日事清(Rishiqing)、Hitask、Evernote 等软件,都是优秀的工作日志软件。

表4-7　工作日志示例

工作日志

一、工作日志基本信息

姓名:

年龄:

岗位名称:

所属部门:

直接上级:

从事本业务工龄:

填写日期自_____月_____日

至_____月_____日

二、工作日内容

_____年_____月_____日

工作开始时间:_____

工作结束时间:_____

序号	工作活动名称	工作活动内容	工作活动结果	工作活动起止时间	工作地点	工作关系	工作性质	备注
1								
2								
3								
...								

填表人签字:_____
审 核 人:_____

上述介绍的七种工作分析方法各有优缺点(如表4-8所示),通常情况下,组织在进行工作分析时会将几种方法结合起来使用,效果会更好。比如分析事务性工作和管理性工作时,工作分析人员可以采用问卷法,并辅之以访谈和有限的观察;在分析生产性工作时,可采用访谈和广泛的观察法来获取信息。

表 4-8   工作分析方法优缺点、适用情境比较

方法	优点	缺点	适用情境
观察法	工作分析人员能较为全面、深入地了解工作要求	不适用于以脑力活动为主的工作和处理紧急情况的间歇性工作;被观察者可能会反感	适用于标准化、任务周期较短、以体力活动为主的工作
访谈法	工作分析人员能了解到工作态度和工作动机等深层次内容;收集信息简单、迅速、具体	访谈者需要接受专门训练、费时且成本较高	适用于任务周期较长、工作行为不易直接观察的工作
管理职位描述问卷法	对管理岗位的工作内容进行较为全面的概括	适用范围较窄,仅适用于管理岗位的工作分析	适用于不同组织内管理层次以上职位的工作分析
职位分析问卷法	广泛适用于不同组织、不同工作,各组织间的工作分析具有可比性	对问卷填答者有较高的要求;不能很好地描述构成工作的特定任务活动	适用于对体力劳动性质的工作适用性较高,对管理、技术和专业性质的工作适应性则差一些
生理素质分析法	专门对人员自身生理特征的分析	适用范围较窄	适用于以生理素质为主的工作
关键事件法	建立行为标准准确,能更好地确定每一行为的利益和作用	费时费力;忽略了对平均工作绩效的考察	适用于以招聘选拔、培训、绩效评估等为目的的工作分析
工作日志法	便于获取有关工作职责、内容、工作关系、劳动强度等信息;费用较低,分析复杂工作具有经济性	关注过程而非结果;整理信息工作量较大,可能存在误差	适用于任务周期较短、工作状态较为稳定的工作

第四节   体育组织中的工作设计

组织开展全面的工作分析之后,明确了工作性质、单元、职责、任务、工作条件、任职资格等信息,生成了工作描述书、工作规范书和工作说明书。接下来,组织就可以利用上述工作分析的结果进行工作设计,从而帮助组织达到最优的绩效和更高的员工满意度。

一、工作设计的内涵

工作设计(Job Design)是一种以任务结构为中心的组织开发技术。对工作的内容、方法、环境条件、人员素质和工作负荷等加以分析和组织,以达到人员、工作、环境最佳配合的过程。

工作设计是在工作分析的信息基础上,研究和分析工作如何做以促进组织目标的实现,以及如何使组织人员在工作中得到满意以调动其工作积极性。它根据组织需要,并兼顾个人的需要,规定每个岗位的任务、责任、权力以及组织中与其他岗位关系的过程,同时把工作的内容、工作的资格条件和报酬结合起来,目的是满足成员和组织的需要。

一般而言,当组织出现以下情况时,需要考虑是否进行工作设计:

1. 工作设置不合理

有的人员工作量大,经常无法按时完成工作;而有的人员工作量小,有很多空余时间。人力资源成本提高,同时又打破了人员之间的公平与和谐,部分人员可能会产生抵触心理,影响工作进度。

2. 工作设计的形式

由于组织的发展或经营环境的变化,组织计划对现有资源进行整合或者改革现有管理模式的时候,组织就必须进行相应的工作重新设置,以适应新形势的需要。

3. 工作效率下降

当组织成员对现有工作的兴趣和新鲜感降低或消失,从而导致组织效率降低,这时候组织就应该考虑对工作进行再设计。

二、工作设计的内容

工作设计包括很多不同的形式,下面介绍几种常见的内容:

1. 工作轮换

工作轮换(Job Rotation)是一种短期的工作调动,是在组织的几种不同职能领域中为人员做出一系列的工作任务安排,或者在某个单一的职能领域或部门中为人员提供在各种不同工作岗位之间流动的机会。

组织在进行工作轮换时,必须注意到以下几个问题:

(1) 必须对工作进行分析,明确哪些职位之间可以互相轮换。一般来说,职位间的工作轮换应先从同一个职位类别中的职位之间开始,然后再考虑不同职位类别之间的工作轮换。

(2) 工作轮换必须有序进行,以免影响正常的工作秩序和工作效率。

(3) 应充分考虑组织中个人的意愿,不能进行强制性的工作轮换。因为,部分人员不一定喜欢过多地尝试新的职位,而是希望专注于一个领域深入发展。

2. 工作扩大化

工作扩大化(Job Enlargement)是工作范围的扩大或工作多样性,从而给人员增加工作种类和工作强度。

工作扩大化的途径主要有两个:"纵向工作装载"和"横向工作装载"。"装载"是将某种任务和要求纳入工作职位的结构中;"纵向工作装载"来扩大一个工作职位,是增加需要更多责任、更多权利、更多裁量权或更多自主权的任务或职责;"横向工作装载"是增加属于同阶层责任的工作内容,以及增加包含在工作职位中的权力。

3. 工作丰富化

工作丰富化(Job Enrichment)是在工作中赋予人员更多的责任、自主权和控制权。工作丰富化与工作扩大化、工作轮调都不同,它不是水平地增加工作的内容,而是垂直地增加工作内容。这样组织成员会承担更多重的任务、更大的责任,有更大的自主权和更高程度的自我管理,还有对工作绩效的反馈。工作丰富化是纵向上工作的深化,通过让组织成员更加完整、更加有责任心地去进行工作,使其得到工作本身的激励和成就感。

三、工作设计的方法

根据心理学、管理学、工程学以及人类工程学等理论研究成果,常见的工作设计方法包括:激励型工作设计法、机械型工作设计法、生物型工作设计法和知觉运动型工作设计法。

(一) 激励型工作设计法

激励型工作设计法(Motivational Approach)的理论基础是组织心理学和管理学。此方法强调的是可能会对工作承担者的心理反应以及激励潜力产生影响的某些工作特征,并且把态度变量(比如满意度、内在激励、组织承诺、工作参与以及出勤率、生产率等)看成工作设计的最重要结果。

激励型工作设计法对工作特征的描述如下:

(1) 自主性

这种工作允许承担者在工作时间、工作顺序、工作方法、工作程序、质量控制以及其他方面的决策拥有自由、独立或者相机行事的权力吗?

(2) 内在工作反馈

工作活动本身能够提供有关工作绩效有效性(用质量和数量来衡量)的直接而清晰的信息吗?

(3) 外在工作反馈

组织中的其他人(管理人员和同事)能够提供有关工作绩效有效性(用质量和数量来衡量)方面的信息吗?

(4) 社会互动

工作本身能够提供积极的社会互动(比如团队工作或者同事协助)吗?

(5) 任务/目标清晰度

工作的责任、要求和目标清晰而具体吗?

(6) 任务多样性

工作的责任、任务和活动具有多样性吗?

（7）任务一致性

工作是否要求承担者完成一件具有整体性和可辨认性的工作？是否能给任职者提供一个从头到尾完成全部整件工作的机会？

（8）能力/技能水平要求

工作要求员工具有较高水平的知识、技能和能力吗？

（9）任务重要性

与同组织中的其他工作相比，这种工作是否具有显著性和重要性？

（10）成长/学习

工作是否提供学习以及在能力和熟练程度方面成长的机会？

激励型工作设计法倾向于强调提高工作的激励潜力。工作扩大化（增加所需完成工作的类型）、工作丰富化（增加工作的决策权）以及自我管理工作团队等管理实践都可以在激励型工作设计法中找到自己的渊源。研究表明，激励型工作设计法在大多数情况下提高了人员的满意度和绩效质量，但并非总能带来绩效数量的增加。同时，由于该模型是基于个体未必存在的心理状态设计的，因此，很难直接被管理者应用。

（二）机械型工作设计法

机械型工作设计法（Mechanistic Approach）是工作设计的方法之一，源于古典工业工程学。此方法旨在找到一种使得效率最大化的最简单的方法来构建工作，包括降低工作的复杂程度从而提高个体的效率，即让工作变得尽可能简单，从而使任何人只要经过快速培训就可以胜任工作。

机械型工作设计法对工作特征的描述：

（1）工作专门化

从工作目的或者工作活动角度来说，工作是否高度专门化；

（2）工具和程序的专门化

就目的方面来看，在这种工作中所使用的工具、程序、原材料等是否高度专门化；

（3）任务简单化

工作所要求的技能相对减少，同时所要求的培训时间也相对较短；

（4）单一性活动

工作要求任职者在同一时间内只从事一项任务，它是否不要求任职者同时或者紧接着完成多项活动；

（5）工作简单化

工作所要求的技能相对较少，同时所要求的培训时间也相对较短；

（6）重复性

工作要求任职者反复不断地执行相同的一种或多种活动；

（7）空闲时间

在工作的各种活动之间只有很少的空闲时间；

（8）自动化

工作中的许多活动都实现了自动化或者能够得到自动化设备。

福特 T 型汽车"流水线"

一种革命性的制造程序几乎使每个人都能拥有一辆小汽车,亨利·福特给世界装上了轮子。亨利·福特于 1903 年创立了福特汽车公司。1908 年生产出世界上第一辆 T 型车。1913 年,该公司又开发出了世界上第一条流水线,缔造了一个至今仍未被打破的世界纪录。

流水线之前,汽车工业完全是手工作坊型的,每装配一辆汽车要 728 个人工小时,当时汽车的年产量大约 12 辆。这一速度远不能满足巨大的消费市场的需求,使得汽车成为富人的象征。福特的梦想是让汽车成为大众化的交通工具。所以,提高生产速度和生产效率是关键。只有降低成本,才能降低价格,使普通百姓也能买得起汽车。1913 年,福特应用创新理念和反向思维逻辑提出在汽车组装中,汽车底盘在传送带上以一定速度从一端向另一端前行。前行中,逐步装上发动机、操控系统、车厢、方向盘、仪表、车灯、车窗玻璃、车轮,一辆完整的车组装成了。

这种"流水线生产"的工作设计,实现了工作任务的简单化与专门化,提高了整个企业的生产效率。第一条流水线使每辆 T 型汽车的组装时间由原来的 12 小时 28 分钟缩短至 10 秒钟,生产效率提高了 4 488 倍!

资料来源:百度官方网站,http://www.baike.baidu.com/item/福特生产流水线/4122269?fr=ge_ala。

(三) 生物型工作设计法

生物性工作设计法(Biological Approach)源于人类工程学,所关注的是个体心理特征与物理工作环境之间的交互界面,其目标是以人体工作的方式为中心对物理工作环境进行结构性安排,从而将个体的身体紧张程度降到最低。因此,它对身体疲劳度、痛苦以及健康抱怨等一类问题十分关注。

生物型工作设计法已经被运用到对体力要求比较高的工作进行再设计,以降低某些工作的体力要求,使得每个人都能完成它。许多生物型工作设计法还强调,对机器和技术也要进行再设计,比如调整计算机键盘的高度来最大限度地减少职业病(如腕部血管综合症),对于办公室工作来说,使座椅和桌子的设计符合人体工作姿势的需要。

生物型工作设计法对工作特征的描述如下:

(1) 力量

工作只要求非常小的肌肉力量吗?

(2) 抬举力

工作只要求相当小的抬举力以及(或)只要求任职者举起相当轻的物体吗?

(3) 耐力

工作只要求相当弱的肌肉忍耐力吗?

（4）座位位置

工作中的座位安排恰如其分吗（有舒适的座椅以及良好的坐姿支持等）？

（5）体格差异

从间隙距离、伸手距离、眼的高度以及腿的放置空间等来看，工作场所能够容纳各种不同体格的人吗？

（6）手腕运动

工作允许人的手腕伸直而没有过多的运动吗？

（7）噪音

工作场所中没有过多的噪音吗？

（8）气候

从温度和湿度的角度看，工作场所的气候舒适吗？没有过多的灰尘和烟雾吗？

（9）工作间隔

根据工作的要求，任职者有充分的工作间隔时间吗？

（10）轮班工作

工作不要求任职者从事轮班工作或者过多的加班工作吗？

（四）知觉运动型工作设计法

知觉运动型工作设计法（Perceptual-Motor Approach，PMA）来源于对人性因素的研究，所注重的是人类的心理承受能力和心理局限。这种工作设计法的目标是，在设计工作的时候，通过采取一定的方法来确保工作的要求不会超过人的心理承受能力和心理界限之外。

此方法通常通过降低工作对信息加工的要求来改善工作的可靠性、安全性以及使用者的反应性。在进行工作设计的时候，工作设计者首先看一看能力最差的工人所能够达到的能力水平，然后再按照使具有这种能力水平的人也能够完成的方式来确定工作的要求。

知觉型工作设计法对工作特征的描述如下：

（1）照明

工作场所的照明充分并且不刺眼吗？

（2）显示

工作中使用的显示器、量具、仪表以及计算机化的设备容易阅读和理解吗？

（3）程序

工作中使用的计算机化设备中的应用程序容易学会和理解吗？

（4）其他设备

工作中使用的其他设备（各种类型的）都容易学会并使用吗？

（5）打印式工作材料

工作中所使用的打印出来的材料容易阅读和解释吗？

（6）工作场所布局

工作场所的布置能够使工作者在完成工作中很好地听到和看到吗？

（7）信息投入要求

完成工作时所需要的注意力非常少吗？

（8）信息产出要求

从思考问题和解决问题的角度来说，在工作中必须加工的信息数量是非常少的吗？

（9）记忆要求

在工作中必须记住的信息数量非常少吗？

（10）压力

工作中需要承受的压力相对较小吗？

（11）厌烦

对工作产生厌烦的可能性非常小吗？

本 章 小 结

本章内容结构如下所示：

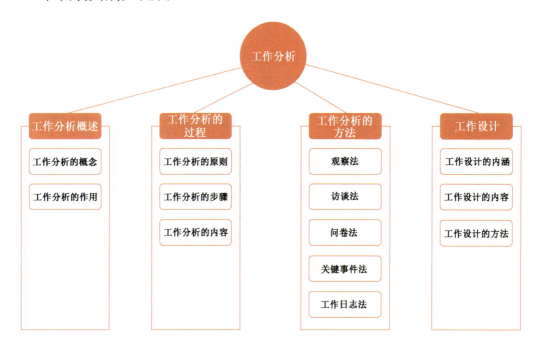

复 习 思 考 题

1. 什么是工作分析？工作分析的基本术语有哪些？它们之间有什么关系？

2. 简述工作分析在组织整个人力资源管理活动中有何作用？

3. 工作分析分为哪几个阶段或步骤？各阶段的任务分别是什么？

4. 工作分析的内容是什么？

5. 工作描述书、工作规范书和工作说明书的基本内容有哪些？试以某体育组织的某一岗位为例，制定上述三份工作分析说明书。

6. 工作分析的方法有哪些？试比较它们之间的优缺点以及适用情境。

7. 什么是工作设计？其具体内容是什么？

8. 工作设计的方法有哪些？在组织中应该如何选择和运用？

案例讨论

青岛小伙为27位世界冠军做过陪练：16年被摔280多万次

2021年东京奥运会的赛场上，中国代表队的奥运健儿们奋勇争先，拿下一块又一块沉甸甸的奖牌。光彩夺目的奥运冠军身后，其实还有一群默默无闻的陪练选手，他们无私付出，用坚韧与汗水成就了辉煌。原中国女子柔道队的男陪练刘磊磊最近走红网络：陪练16年，被摔280多万次，为27位世界冠军做过陪练。在接受扬子晚报紫牛新闻记者采访时，刘磊磊表示："看到奥运冠军们能为国争光，看到五星红旗冉冉升起，我心里无比自豪，觉得所有的艰辛，都是值得的。"

12岁被选入体校学习柔道，他种下登上领奖台的梦想

刘磊磊在山东青岛一个普通家庭里长大，小学六年级时身高就蹿到了一米八左右，体重达到九十多公斤，身体条件天赋异禀的刘磊磊在12岁那年被他的柔道启蒙老师发掘。"我一开始完全不懂柔道是什么，父母也没听过，就拒绝了进体校的邀请。后来老师来了我家五趟才说服了我父母让我去体校。"刘磊磊告诉紫牛新闻记者，自己当初成绩不太好，父母也一直在思考怎么能给他找一条好的出路。于是就抱着试一试的想法让他进入了老家的县级市体校学习。但因为县级市体校师资力量不足，刘磊磊最初只练了三年的体能基础训练。

"练了三年的基础我已经对体校没有什么兴趣了，爸妈也说不行就回家帮忙，家里还有地，我爸还有修车的手艺可以教我。"面临继续读下去还是放弃的抉择，刘磊磊十分犹豫。好在临近体校初中毕业时，他被青岛市的"黑妹"柔道学校选上。"黑妹"是山东省第一位国际健将级柔道运动员李淑芳，2000年悉尼奥运会上她一举拿到了女子柔道63公斤级亚军。

"进入到市级体校后才真正开始接触学习柔道和实战。"刘磊磊激动地向记者回忆，进入黑妹柔道学校后，他了解到了真实的柔道并且逐渐喜爱上这项运动，"我觉得两个人互相摔很有意思，那时候我的大师姐是李淑芳，她拿过悉尼奥运会的亚军，当时是我们所有新队员的偶像，我们排队找她签名。"刘磊磊也是在李淑芳的影响下，萌生了想要穿着带有国旗和五环的道服站上奥运会领奖台的梦想。

幸运进入柔道国家队却成为女队的陪练

2001年，经过努力训练，刘磊磊靠优异的成绩和身体优势，入选中国国家柔道队。"被选入国家队时激动得不行，感觉一下子就大跨步靠近了梦想。"刘磊磊说，自己头一次

出远门就是和教练坐火车去北京,到了国家队后他还向父母许下"不拿冠军不回家"的诺言。不过进入国家队带来的喜悦还没退去,刘磊磊就遭遇到了自己职业生涯中的第一盆冷水。历届奥运参赛成绩显示,中国国家女子柔道队常能在奥运会等国际赛事中摘金夺银,而国家男子柔道队则一直成绩平平。因为女队夺取冠军的希望更大,同时也需要高水平的男运动员做陪练,刘磊磊就顺理成章地成为女队的专业男陪练。

"进队后发现是女队也没多想,但不久就知道了自己只是来做陪练的。"刘磊磊说,刚开始发现自己只能做陪练后心情低落了很久。经过一段时间的自我调整,他决定先做下去:"只有试试看才知道自己是什么水平嘛!当时就想再坚持一年两年,不能来了几个月就回去,那样太丢人了。"

每天被摔五百多次,一个拥抱改变了他

"刚跟女队训练的时候还有点不好意思,都是女孩,怕把她们摔伤。"刘磊磊说,"但现实和我想得还不太一样。我第一个对手是佟文,她是后来的北京奥运会柔道冠军,还获得过 5 次世锦赛冠军。我记得当时教练刚喊开始,她一个动作就让我睡在了地上,我直接疼出眼泪来。"原本在青岛也当过柔道男队队长的刘磊磊,被国家队的女孩狠狠上了一课,"我发现自己的能力确实还有很大不足,于是慢慢接受了陪练的身份。"

他陪练出的第一位冠军是刘霞。2002 年,刘霞拿下了世界大学生运动会的冠军,回国后刚下飞机,她就对前来接她的刘磊磊来了个拥抱并说道:"谢谢磊磊!下个目标是奥运会,我们一起加油!"刘磊磊告诉记者:"我当时去机场接她,起初觉得那个冠军跟我也没有太大关系,但她这一番话彻底改变了我,我才认识到陪练可以有这么大的作用。"

2004 年 8 月 20 日,刘霞征战雅典奥运会,最终在挺进决赛后遗憾地输给了强敌日本名将阿武教子获得银牌。"当时带有遗憾,但我们很快调整过来,互相安慰,下一届奥运会继续加油!"刘磊磊在训练中经常会照顾女队员的情绪,帮助她们走出消极心态,重新积极投入训练。"训练的时候平均每天被摔 300 到 500 次,遇到比较重要的比赛,备战时每天甚至会被摔超过 500 次。"刘磊磊告诉记者,被流传得最多的自己 16 年来被摔 280 多万次的数据,"这是一个大概估算出来的数字。"

资料来源:澎湃新闻网站,http://m.thepaper.cn/baijiahao_13850643,2021-8-2。

讨论:

1. 在刘磊磊的柔道职业生涯中,他是如何获得、接受和热爱"陪练"这项工作的?

2. 在竞技体育比赛的训练过程中,陪练岗位的作用体现在哪些方面?

3. 结合案例内容,试编写柔道陪练工作描述书和工作规范书。

第五章　体育组织人员招聘与甄选

> 我劝天公重抖擞,不拘一格降人才。
>
> ——龚自珍

★ 知识目标

□ 掌握人员招聘的概念和意义;
□ 了解和熟悉人员招聘的原则和流程;
□ 掌握体育组织人员招聘计划的内涵和内容;
□ 熟悉体育组织招聘策略;
□ 熟悉和运用体育组织人员招聘的渠道和方法;
□ 了解和熟悉体育组织人员测评和选拔的不同方法;
□ 熟悉体育组织人员录用的流程;
□ 理解和熟悉体育组织招聘评估的内容和方法。

★ 能力目标

□ 设计体育组织人员招聘方案;
□ 设计体育组织人员招聘广告;
□ 制订体育组织面试提纲和面试评价表;
□ 设计体育组织人员招聘评估方案。

★ 核心概念

□ 招聘　招聘计划　招聘策略
□ 招聘渠道　内部招聘　外部招聘
□ 简历筛选　笔试　面试　心理测验　评价中心
□ 人员录用　招聘评估

5

开篇案例：问题提出

中国冰雪坚持请进来走出去结合，高水平外教助力跨越式发展

"北京冬奥会申办成功时，我国很多冰雪项目尚未开展或竞技水平较低，有的项目全国找不出一个专业教练，聘请高水平外教是必要之举也是必然之举，是加快提升我国冰雪竞技水平的重要一招。"北京冬奥会中国体育代表团秘书长，国家体育总局冬季运动管理中心党委书记、主任倪会忠说。

遵循"开放办奥"理念，中国冰雪大力引进国际优秀教练员团队，推动各支队伍在短时间内奋起直追国际一流水平。据了解，参加北京冬奥会的中国体育代表团名单中，包括了来自19个国家（地区）的51名外教，刷新了中国冬奥军团外籍教练人数的纪录。短道速滑一直是我国冰雪运动的优势项目，短道速滑冬奥会金牌教练韩国人金善台和冬奥6枚金牌得主安贤洙的加入，更让这支王者之师如虎添翼。北京冬奥会上，中国短道速滑队将混合接力金牌及男子1 000米金银牌收入囊中，女子3 000米接力收获了一枚宝贵的铜牌，这也是时隔12年后，中国队再度登上该项目的冬奥会领奖台。

除了传统优势项目外，在冰球、钢架雪车、雪橇等起步较晚的项目上，也能看到不少外教的身影。2022年2月13日，国家冬季两项中心见证了属于中国选手的历史性时刻。在冬季两项男子12.5公里追逐赛中，中国选手程方明以第22名的成绩成功完赛，刷新了中国队在该项目上的冬奥会历史最好成绩。此项目中国代表队的主教练比约达伦是有着"冬季两项之王"称号、曾夺得8块冬奥金牌的挪威名将，他的妻子——白俄罗斯冬季两项名将、索契冬奥会三金得主多姆拉切娃，也是教练团队中的一员。这对冬奥冠军"夫妻档"的执教理念和训练方法促进了中国运动员水平的提高。

记者注意到，这些引进的高水平外教背后往往会有一支配合默契的团队。例如，比约达伦的工作团队除了他和妻子外，还配备了两名射击教练、一名录像分析师、一名器械专家。与中国花滑协会合作的布莱恩·奥瑟教练团队中，除了两夺冬奥会银牌的奥瑟，还有擅长指导滑行技术和节目内容的特雷西·威尔逊，在编舞方面功力深厚的戴维·威尔逊以及擅长执教跳跃技术等高难度动作的李·芭克威尔。近年来，不少冬季项目在引进优秀外籍教练团队、学习国际先进经验的同时，也有意识打下具有中国特色的本土人才培养根基。

倪会忠表示，各支国家队在引进外教的同时，都坚持为每一名外籍教练员配备中方助教，在工作实践中学习外教先进的技战术理念和训练方法，加深本土教练员对赛事规则的理解和认识，带动本土教练员快速成长。"相信北京冬奥会过后，不仅会有一批中国冰雪运动员在赛场上崭露头角，还会有一批中国本土的优秀教练员、裁判员涌现出来，这会是一个相当大的收获。"

"引进来"之后如何更好落地，推动我国冬季运动人才培养由"输血"转为"造血"同样是值得关注的问题。当前，中国绝大部分冬季项目的国内教练员特别是主教练，与国际一流水平还有差距,在科学选聘外教的同时,还需要下大气力培育本土教练,为我国冰雪项目的长远发展奠定坚实的教练员基础。

资料来源:新浪财经网站,http://baijiahao.baidu.com/s? id=1724966107740625088&wfr=spider&for=pc,2022-2-17。

【案例思考题】

请分析:

1. 我国冰雪运动是如何实现"请进来"的?

2. 在"请进来"的过程中,本土队员、教练员等人员是如何与国外团队磨合的?

3. 我国冰雪运动人才培养如何实现从"输血"转为"造血"?

第一节　体育组织人员招聘概述

一、招聘的概念

招聘是组织运用一定的方法,把具有一定技术、能力和其他特性的申请者吸引到空缺岗位上的整个过程。其中,由招募和选拔聘用两个相对独立的过程组成。招募是选拔聘用的前提和基础,选拔聘用是招募的目的。招募是当组织中出现空缺岗位时,通过向内部或外部发布消息,来吸引相关个体来组织应聘的过程。选拔聘用是组织运用科学方法,从应聘的候选人中筛选出最适合该岗位的人选的过程。

从招聘的概念中可见,组织招聘工作是由一系列的活动组成的,包括:确定人员需求、发布招聘信息、收集应聘者资料、甄选应聘者、录用最终候选人等。为了实现有效招聘,组织需要运用科学适宜的方法,并在有限的时间范围内,实现个体、岗位和组织三方面的最佳匹配。

一般来说,当组织出现以下情形时会开展人员招聘工作:

(1) 组织创立初期,或者组织中设立新部门、新岗位;

(2) 随着组织整体业务范围的拓展或者某部门工作量的增加,从而导致人员短缺现象;

(3) 当组织架构进行功能性调整,或者组织职能需要重新定位时,会产生人员队伍的结构性调整,继而需要从外部引进适当人员或者进行内部人员调配;

(4) 组织内部人员由于发生晋升、平调、降职、辞退和主动离职等情形,从而造成部分岗位的空缺,这时就需要进行人员补充;

(5) 依据组织的整体战略规划和相应的人力资源战略内容,需要提前进行人才储备;

(6) 组织为了获得整体核心竞争优势,需要通过引进相关领域的人才来获得人力资源优势。

 **【知识链接】**

战略性人才储备

战略性人才储备是为组织的长远发展战略服务的,它将人才储备作为组织人力资源发展的战略问题看待。实质上就是从组织未来的发展目标出发,深入分析人力资源现状,明确其层次、数量、结构及其与内外部环境的关系,继而通过人才储备使组织在激烈的竞争中获得人才优势,从而带动组织的整体发展,获取核心竞争优势。战略性人才储备是组织进行超前的人才规划,以下几个原因有可能促使组织进行此项活动:

(1) 未来人才的稀缺程度可能加大:随着产业结构的调整,社会对人才的需求有可能发生显著的变化,在这种情况下,组织对特定人才的需求增加可能促使人才的稀缺程度加大。

(2) 未来吸引人才的难度可能加大:人才优势地区往往具有良好的经济环境、优厚的待遇、成熟的成长环境等,这些对人才都具有较大的吸引力;而人才弱势地区往往缺乏这些条件和环境,因此很难吸引人才。这样就使得人才会从弱势地区流向优势地区,发生人才领域的"马太效应",周而复始人才弱势地区越来越难以吸引和留住人才。

(3) 未来吸引人才的成本可能增加:为了吸引和留住核心人才,组织往往提供非常优厚的待遇、良好的职业发展环境等,这就可能使得未来吸引人才的条件逐渐升温。因此,为了避免支付日益增长的人才成本,组织应提前进行人才储备。

资料来源:百度官方网站,http://wenku.baidu.com/view/692e77bfcbd376eeaeaad1f34693daef5ef7130c.html?_wkts_=1706506380722&bdQuery=战略性人才储备&needWelcomeRecommand=1。

二、招聘的目标

在以往传统的招聘过程中,突出强调的是组织对个体的选择,并没有注意到个体对组织的选择,这种单项选择往往造成组织永远是主动的,而个体永远是被动的。因此,有必要从双向选择的视角去理解组织招聘人员的目标。

首先,在招聘过程中,组织对个体的选择是具有重要意义的,需要满足以下招聘目标:

(1) 获取组织所需的人才

组织招聘的首要目标就是要满足其发展所需,筛选出合适的人才填补空缺岗位,从而获得组织所需之才。

(2) 提高招聘质量

组织招聘的根本目标不是任意将一个个体填补到空缺岗位上,而是需要通过科学严谨的人才选拔措施筛选出品德高尚、能力出众、人事相符、能岗匹配的合适人才。因此,组织需要认真筛选出能为其创造核心价值的合适人才,保证招聘工作的质量。

（3）降低招聘成本

一方面,招聘过程中,组织在吸引、选拔、录用等各个环节都会产生较多的花费;另一方面,如果招聘的新成员在入职不久便发生离职行为,这样会使组织产生新的一系列招聘费用和其他由于离职带来的间接损失。因此,组织必然会将降低招聘成本视为招聘工作的一个重要目标。

其次,在组织招聘中,还需要注重个体对于组织的选择过程,组织不应该忽视个体在这一过程中的积极作用和影响。在应聘者与组织招聘工作人员的接触中,招聘者是否具有优秀的个人素质,是否能够克服优势心理、自炫心理和定势心理等心理偏差,这些都会使应聘者对组织产生良好或不良印象,进而影响应聘者的求职意愿。

 【知识链接】

招聘者的定势心理

定势心理是个体一种活动的准备状态或行为倾向,通常是其意识不到的。心理定势表现在不同的方面,例如:运动定势是个体从事某种运动反应的准备状态;注意定势是观察者准备接受特定信息的状态;知觉定势是人们按照期望和背景而不是按照实际物理刺激去感知刺激;问题解决定势则是心理定势对思维活动的影响。心理定势可以影响个体的知觉过程和记忆。在日常生活中,可以使个体按照常规不费力地解决问题,但也可能出现按照成见而不是客观事实解决问题,或者妨碍创造性的发挥。具体应用到招聘活动中,则是指招聘者往往会按照自己的兴趣取向、个人偏好、思维习惯对应聘者进行分析和判断,继而做出带有成见的招聘决策。

资料来源:百度官方网站,http://baike.baidu.com/item/定势效应/10905441? fr＝ge_ala。

三、招聘的意义

组织人力资源管理是从人员的"进"开始的,在一定程度上是以人员招聘管理为基础的。可以说招聘是组织人力资源管理其他环节(如培训与开发、职业生涯规划、绩效管理、薪酬管理、劳动关系管理等)的前置性工作,招聘工作的成功与否直接影响到组织其他工作的开展及其效果。因此,组织招聘活动具有以下意义。

1. 招聘是组织获取人力资源的基本途径

如果组织没有通过招聘获得各类人才,那么组织的人力资源管理工作就成了"无米之炊",同时组织的其他任何工作都无法顺利开展。对于新成立的组织而言,如果不能招募到合适的人员,就不能完成最初的人员配置,在物质、资金、时间上的投入都无法进入正常的运营过程。对于已处于运转中的组织而言,随着组织内外部环境的迅速变化,组织人力资源的使用和配置也会发生相应的变化。

2. 招聘是组织人力资源管理的基础

组织的人力资源管理包括招聘、培训、开发、绩效管理、薪酬管理、职业生涯规划和劳动关系管理等活动。而人员招聘是组织人力资源管理的首个输入环节,招聘工作的成功与否将会直接影响到组织人力资源管理的后续所有环节。如果招聘工作的质量高,那么不仅能够为组织引进优秀人才,而且也可以减少组织由于录用不当人员带来的潜在损失,从而促进组织整体的良性、健康发展。

3. 招聘能增强组织的活力和创新能力

组织根据人力资源规划和工作分析的内容,通过招聘为相应岗位配置新人员,这些新人员会带来新的管理思路、行为方式和工作方法,这样有利于促进组织的管理创新、技术创新和制度创新。尤其是通过外部招聘渠道获得的新人员,能够带来更多、更新的观念、思想和技术,为组织输入新的活力,从而增强组织的创新能力。

4. 招聘有利于提高组织的声誉

组织招聘工作是组织与应聘者之间的双向选择过程,组织努力寻求符合人力资源规划和岗位职责的人员,应聘者也在权衡比较各个组织从而做出决策。可见,招聘是组织向求职者和社会传递形象的一个重要渠道。成功的招聘活动能够使组织在求职者和社会公众心目中留下良好的组织形象和声誉,进而吸引更多的优秀人才为组织服务。

5. 招聘有利于调动人员的工作积极性

组织通过外部招聘引进新的人员,一方面可以获得新思想、新技术、新制度,为组织带来新的活力;另一方面,新成员的加入也可以给组织中的原有人员带来一定的竞争压力,从而激发他们的工作动力和积极性。

小看板

校园招聘中如何提高企业雇主的形象

一年一度校招时,各大企业纷纷以各种姿态涌入大学校园开启"抢人"模式。优秀的应届大学生一直都备受企业青睐,为了赢得他们的"芳心",不少企业纷纷在雇主形象、薪资福利、培养机制方面下苦功夫。相对其他方式而言,提高雇主形象一方面成本相对低廉,另一方面可行性也比较高。

(1) 设计专业化的对外宣传网站

校招宣传网站包括两个方面:一是官网,体现企业实力、形象、文化的一个重要标杆;二是校园招聘宣传和申请网站,体现企业对校招的重视态度以及专业化程度,以上两个网站都必须下功夫进行梳理和设计。

(2) 制作精美的宣讲PPT

企业宣讲是校园招聘一个重要的宣传环节,学生们会通过PPT的内容对企业下一个初步定义。同时也会通过PPT对企业做更加深入的了解,设计精美内容充实的PPT

是体现企业实力和专业程度的一个重要保障。

（3）设计专业的面试及人才选拔机制

众多知名国企的校园招聘为什么如此受学生青睐，除了其背后的深厚品牌力量外，这些企业一般都有十分专业的人才选拔机制，包括科学的面试流程、笔试环节、给学生留下深刻印象的无领导小组讨论以及被视为经典的面试提问及考核，这都是一个企业的名片，注定了会让更多的学生铭记和向往。

（4）对外宣传资料注重细节

学生除了通过网站、宣讲以及面试了解企业外，也会通过招聘简章、宣传册、海报、展架等了解企业。这些外宣资料看似简单和无关紧要，其实正是企业细节的充分展示，优秀的企业一定不会放过有可能提高企业形象的任何细节。首先，宣传信息需和宣讲内容保持一致，不能有出入；其次，不管是宣传海报还是宣传手册都必须力求精美但充实有内容；最后，宣传资料要尽量与时俱进，契合学生兴趣。

（5）塑造校招工作人员职业化形象

校招工作人员职业化形象直接体现了企业的职业形象，所以做好校招工作人员从内到外的职业形象至关重要。具体来说，第一参与校招的工作人员应该做到服装统一，尽量着正装参加显得正式和尊重；第二参与校招的工作人员行为举止必须庄重且专业，最好派有招聘经验或者有过校招经验的人员参加；第三校园宣讲最好是企业高层领导参加，一方面体现企业重视程度、能更好地对企业进行宣传和解读，另一方面也能更好地回答学生们的提问。

四、招聘的原则

组织是社会整体的组成部分，组织的招聘活动既是其自身的经济活动，也是一项社会性活动。因此，为了实现有效招聘，达到招聘目标，组织必须遵循以下招聘原则。

（1）效率优先原则

效率优先原则是指组织以最低的招聘费用录用到最适合岗位的应聘者。如何使组织以尽可能低的招聘成本，高质量、高效率地完成招聘工作，是每个组织需要思考的重要问题。因此，组织需要选择有针对性的招聘信息发布渠道、选择科学的人员选拔方法、制定合理的录用决策，并努力降低上述招聘工作的成本，提高招聘效率。

（2）能岗匹配原则

组织招聘工作的根本目标是要实现应聘者与岗位的合理匹配，主要包含两方面内容：一是应聘者的个体素质要与组织空缺岗位要求相匹配，个体的身体素质、知识结构、技能特长、心理素质等要与组织岗位的特定要求互相匹配。二是组织制定的岗位报酬与应聘者个体的动力驱动相匹配，如果待聘岗位的薪酬与应聘者的期望有所差距的话，个体的工作积极性也就无法发挥。因此，只有招聘工作中努力实现上述两方面的匹配，组织才能完成有效的招聘。

（3）全面原则

全面考核原则是组织需要对应聘者的品德、智力、能力、体力等各方面进行全方位的测试和考核,应努力克服和避免单纯以应聘者的智力和能力为唯一考核标准的片面观点。在选拔人员的过程中,组织除了要注意考察应聘者的智力、能力之外,还应该谨慎观察其德行,力求录用德才兼备者。

（4）公平原则

公平原则是组织招聘过程既要做到公开又要做到平等。公开是组织要通过正式的渠道将招聘的详细信息(如岗位名称、岗位要求、招聘人数、选拔方法、时间安排等)如实地告知组织内部和外部。平等是组织要平等地对待所有应聘者,要做到一视同仁,不能人为地制造各种不合理的限制条件(如性别、年龄限制等)。这样应聘者才能通过公平竞争得到录用,同时也能激励组织形成公平向上的积极文化氛围。

（5）合法原则

合法原则是组织在招聘全过程中,所有程序和工作要符合国家和地区的相关法律、法规和劳动政策,如劳动法、劳动合同法等,同时也要遵守社会道德机制。组织要力求实现公平竞争、平等就业,反对种族歧视、年龄歧视、性别歧视,保护未成年人和妇女的合法权益,关注农民工和残疾人等弱势群体。

小看板

司马光的用人之道

司马光主编《资治通鉴》,以其才识反映于对历史事件叙述所加的按语之中,表现了对事物的推移变化所持一分为二的观点。例如在论才与德中,强调用人要讲究德才兼备。他认为:"才者,德之资也,德者,才之帅也。"明确地点明了两者之间的相互关系。继而又阐述道"云梦之竹,天下之劲也,然而不矫揉,不羽括,则不能以入坚",即云梦的竹是品质优良的,如不能锻炼成材,成为强有力的坚实的箭弩,那就无用了。"棠溪之金,天下之利也,然而不范,不砥砺,则不能以击强",即金属之物,要经过铸冶炼才可能成为利器,否则不能制强敌。司马光通过这些例子,比喻德才兼备的重要性,若是"聪察强毅之谓才,正直中和之谓德",德才两者兼备当然是难得的人才了。

司马光却不是唯德才兼备论者,他考察了历代兴衰史所反映出来的经验与教训,进一步论证德与才的关系,并认为:"才德全尽谓之'圣人',才德兼亡谓之'愚人',德胜才谓之'君子',才胜德谓之'小人'。"既然把德才作了这样的划分,司马光用怎样的态度以取人呢? 在司马光看来,无才的人既愚,就是智力很差,力不能胜,要控制他是容易的。唯有"小人智足以遂其奸,勇足以决其暴",如小人而又有才能,就如虎添翼,其危害是很大的。权衡下来,司马光指出"德者人之所严,而才者人之所爱,爱者易亲,严者易疏。"一般世俗用人的眼光"多蔽于才而遗于德",即世人多偏才重才,而失于重德,乱臣、贼子、败家子是因德不足而形成破坏力量的。可见,司马光是重德而宁愿略才的。

资料来源:百度官方网站,http://baike.baidu.com/item/资治通鉴/521532? fr=ge_ala。

五、招聘的流程

招聘工作是一项复杂而又系统的操作过程,尽管不同组织由于自身的性质、所处发展阶段、文化背景等方面的差异,可能在招聘的某个具体环节上会有所不同,但还需遵循以下基本的招聘流程,包括三个阶段:准备阶段、实施阶段和评估阶段;五个流程:制定计划、招募人员、筛选应聘者、做出录用决策、评估相关环节,具体如图 5-1 所示。

图 5-1　招聘流程图

1. 准备阶段

招聘准备阶段,组织根据人力资源的相关计划明确未来招聘需求,继而开展一系列工作,主要包括两项工作内容:分析组织内外部环境和制定招聘计划。组织开展招聘工作前,不仅要准确了解整个社会的政治、经济、文化、劳动力市场、相关劳动法规等外部环境,还要分析组织自身所处的发展阶段、未来规划、生命周期、文化价值观等内部环境。然后,组织还要根据内外部分析结果和人力资源计划,第一步先明确是否确实需要招聘新人员;若答案是肯定的,则需进一步确认招聘的岗位名称、岗位性质、岗位职责、岗位要求、招聘人数等具体招聘信息,并合理地制定相应招聘方法。同时,组织还应成立周期性的或者临时性的招聘小组,并对相关人员进行培训,划定各自的职责分工,使其掌握相关招聘技巧和注意事项,协同工作。做好上述准备工作后,组织就能有针对性地开展有效招聘了。

2. 实施阶段

(1) 招募人员

在明确了组织的相关招聘计划和招聘需求之后,如何将上述信息有效地传递,从而吸引尽可能多的应聘者,并对应聘者的相关信息进行管理,就成为组织招募人员的主要工作内容。其中招聘信息的发布直接关系到应聘者的数量和质量,因此,需要进行针对性的精心设计,考虑信息的覆盖面、及时性和针对性等环节。比如中级管理人员可通过发布内部信息,从组织内部考虑合适人选;高级管理人员则可委托猎头或参展高层次人才招聘会等形式获取;技术人员适合采用校园招聘或网络招聘的信息发布渠道;而一线操作人员则可通过当地劳动力市场获取。

（2）筛选应聘者

组织通过简历/申请表筛选、背景调查、面试、笔试、能力测试、心理测试和评价中心等环节，从招募人员形成的蓄水池中，科学合理地筛选出与空缺岗位最为匹配的候选人，这个过程就是组织筛选应聘者的工作。在此阶段，组织通过面试、笔试、相关测试等环节，相对科学地获取应聘者的个体知识水平、能力水平、心理素质水平以及求职动因等信息；再将以上信息与招聘岗位的性质、要求等进行参照比较，从而衡量人岗匹配、人事匹配、能岗匹配的程度。同时，应聘者在此阶段也会通过各种渠道获取有关组织的各种信息，对组织进行再评估，并结合自身实际素质和期待激励措施做出筛选。

（3）做出录用决策

通过上述筛选工作后，组织和应聘者双方都要根据现有信息做出决策。就组织而言，组织对合适的岗位候选人需要做出录用决策、安排体检、背景再调查、办理录用手续、签订劳动合同、初始安置、适应性培训、试用和正式录用等程序。同时，相关应聘者也需通过与招聘者的接触等其他渠道获取的组织相关信息，对是否加入该组织做出最终决策。

3. 评估阶段

组织在完成准备阶段和实施阶段的招聘工作后，还有必要对照人力资源规划、招聘目标、招聘计划等，对上述工作的每一步骤进行检查，主要包含两个主要内容：一是通过招聘渠道的效果、录用人员的数量和质量等对招聘的实际录用结果进行总结评价；二是通过招聘成本——收益、招聘时间规划等对招聘的实际经济效率和时间效率进行总结评价。形成相应的招聘评估报告，并与其他阶段的评估报告做比较，从而及时发现问题、分析问题和解决问题，为组织以后的招聘工作提供有用的经验和教训。

第二节　体育组织人员招聘计划与策略

一、招聘计划

（一）招聘计划的内涵

招聘计划是组织人力资源部门根据各用人部门的增员申请，结合组织的人力资源规划和工作分析，明确一定时期内组织需要招聘的职位、人员数量、资质要求等要素，并制定具体的招聘活动执行方案的过程。

（二）招聘计划的内容

一般情况下，组织招聘计划包括以下内容（如图5-2所示）：

（1）招聘目标：组织此次（此阶段）招聘活动的主要目标是什么。例如快速招聘到大量人员、宁缺毋滥选拔适合人才、节约招聘成本、树立良好的组织形象等；

（2）招聘需求清单：包括招聘的职位名称、人数、任职要求等；

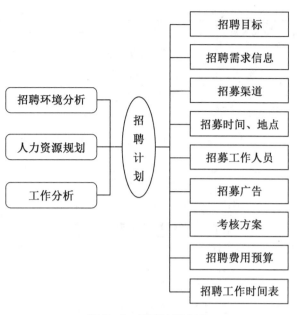

图 5-2 招聘计划内容

（3）招聘信息发布的时间和渠道；

（4）招聘小组人选，包括小组人员姓名、职务、职责；

（5）应聘者的甄选方案：包括考核时间、地点、题目设计者姓名等；

（6）招聘的截止日期；

（7）新员工的上岗时间；

（8）招聘费用预算：包括资料费、广告费、会议费用等；

（9）招聘工作时间表：从组织招聘活动开始到新员工上岗过程的具体安排，尽可能详细，以便和其他职能部门配合；

（10）招聘广告样稿。

下面以某冰雪运动器材企业的招聘计划书为例，具体如下（如表 5-1 所示）。

表 5-1 某企业招聘计划书

一、招聘目标

在应聘者中树立企业良好形象，扩大企业在长三角地区的知名度；
通过招聘吸引大量优秀的应聘者前来应聘，并进行科学有效的甄选。

二、招聘需求信息

职务名称	需求人数	主要任职要求
生产控制员	6	大专及以上学历，35 岁以下，2 年以上相关工作经验
生产检验员	6	大专及以上学历，35 岁以下，2 年以上相关工作经验
生产协调员	6	大专及以上学历，35 岁以下，2 年以上相关工作经验

(续表)

职务名称	需求人数	主要任职要求
软件工程师	4	研究生及以上学历,40岁以下,5年以上相关工作经验
程序设计师	4	研究生及以上学历,40岁以下,5年以上相关工作经验
地区营销员	10	本科及以上学历,35岁以下,3年以上相关工作经验
营销经理	2	本科及以上学历,40岁以下,6年以上相关工作经验
行政人员	4	大专及以上学历,30岁以下,2年以上相关工作经验
行政经理	1	本科及以上学历,40岁以下,5年以上相关工作经验

三、招募渠道

1. 参加招聘洽谈会;2. 广告招聘;3. 网络招聘;4. 内部员工推荐

四、招聘信息发布时间和渠道

1. 现代快报,2月17日至2月21日
2. 江苏有线,2月17日至2月21日
3. 智联招聘网、中华英才网,2月17日至3月1日

五、主要招聘工作人员名单及职责

姓名	职务	招聘工作中的主要职责
王××	人力资源部部长	全面负责此次招聘活动,包括筹划、组织、协调、评估
陆××	人力资源部招聘经理	具体负责招聘信息的发布、组织安排各种甄选工作
江××	人力资源部招聘专员	具体负责应聘者信息资料库的创建
李××	人力资源部招聘专员	具体负责招聘现场活动的实施、接待应聘者
齐××	人力资源部招聘专员	具体负责联络相关媒体发布和更新招聘信息
蒋××	生产部部长	负责进一步筛选本部门应聘者,包括笔试、面试内容的设计和确定
葛××	研发部部长	负责进一步筛选本部门应聘者,包括笔试、面试内容的设计和确定
高××	市场营销部部长	负责进一步筛选本部门应聘者,包括笔试、面试内容的设计和确定
吴××	行政部部长	负责进一步筛选本部门应聘者,包括笔试、面试内容的设计和确定
陈××	行政专员	负责招聘方案的审批

六、甄选方案和时间安排(部分)

拟聘岗位	甄选事项	负责人	时间安排
生产控制员	资料初步筛选	江××	3月20日截止
	资料再次筛选、初步面试	蒋××	3月22日至3月25日
	笔试、综合面试	江××、蒋××	3月27日
软件工程师	资料初步筛选	江××	3月20日截止
	资料再次筛选、初步面试	葛××	3月22日至3月25日
	笔试、综合面试	江××、葛××	3月27日
营销经理	资料初步筛选	江××	3月20日截止
	资料再次筛选、初步面试	高××	3月22日至3月25日
	笔试、综合面试	江××、高××	3月28日

(续表)

七、录用审批及入职时间
生产技术部副部长、市场营销部副部长、研发部副部长、行政部副部长及总经理审批,4 月 3 日截止;新员工拟入职时间为 4 月 8 日。

八、招聘费用预算
参加四次招聘洽谈会:约 32 000 元 广告费用:电视(20 000 元)＋报纸(8 000 元)＝28 000 元 网络费用:15 000 元 甄选费用:初步面试(4 000 元)＋笔试(6 000 元)＋综合面试(30 000 元)＋人员接待(15 000 元)＝55 000 元 新员工录用及安置费用:43×2 000 元＝86 000 元 员工推荐费用:按公司招聘管理制度支付 合计(不计推荐费):216 000 元

九、招聘工作时间表
① 2 月 1 日截止:准备好招聘广告样本稿,并设计完成招聘广告的版面和页面 ② 2 月 2 日至 2 月 8 日:完成电视台、报社、网站的联络工作并签订相关协议 ③ 2 月 10 日:报纸、电视、网站刊登招聘信息 ④ 2 月 11 日—3 月 18 日:收集、整理应聘者资料,进行初步筛选,建立应聘者信息库,并与相关职能部门达成信息共享 ⑤ 2 月 14 日至 2 月 26 日:参加四次招聘洽谈会 ⑥ 3 月 22 日至 3 月 25 日:进一步筛选应聘者资料、进行初步面试、通知相关应聘者参加复试 ⑦ 3 月 27—3 月 28 日:进行笔试、综合面试 ⑧ 4 月 3 日:相关领导对拟录用人员进行审批 ⑨ 4 月 4 日至 4 月 6 日:通知初录人员入职报到 ⑩ 4 月 8 日:新录用员工正式入职

人力资源部
2022 年 1 月 10 日

二、招聘策略

(一) 招募策略的内涵

招募策略(Recruitment Strategy,RS)是组织招聘计划的具体体现,是为实现招聘计划而采取的具体策略。具体来说包括:招聘数量、对人员的要求、吸引人才的手段、招聘渠道、甄选模式和招聘时间等。一个成功的招聘策略将帮助组织快速找到适合的人才,推动其持续发展。

(二) 招募策略的内容

招募策略主要包括:招募人员策略、招募时间策略、招募地点策略、招募渠道策略和招募宣传策略五个方面的内容。具体内容如下:

1. 招募人员策略

通常情况下,与应聘者首次接触的组织人员就是招募人员,他们是组织机构的代表。应聘者往往通过观察招募人员的风貌气质、言谈举止、办事风格等外显性因素来判断该组织的价值观、经营理念、管理方式和发展前景。招募人员的素质高低将会直接影响到组织能否吸引到优秀的人才,因此,招募人员的选择是十分重要的环节,组织需要运用一定的策略和技巧。

(1)各职能部门应积极配合招募工作

各职能部门人员应认识到组织招募工作不仅仅是人力资源部门的任务,而应该尽量加入招募活动中去。各职能部门的参与一方面能切实加强对所需专业适合人才的初步甄选,另一方面更能展现组织对专业人才的渴求和重视。

(2)招募人员需充满热情

应聘者从招募人员的言行举止感受到的热情程度,这也从某种程度上反映出招聘人员乃至组织对其关心的程度。因此,招募工作中招聘人员一定要展示出足够的热情,这一方面可以给应聘者起到示范和带动的作用,另一方面对组织吸引到优秀人才起到良好的宣传作用。

(3)招募人员需展示公正

招募人员在招募应聘者时,应该有正确的出发点,始终坚持客观公正的原则。否则,容易造成任人唯亲等不公正的现象,从而严重影响组织招聘的质量。

(4)招募人员需具有法律意识

招募人员应具备一定的法律意识,熟悉和掌握劳动法、经济法等法律法规,这样在招募工作中就能依法办事,杜绝招募童工、性别歧视、民族歧视等违法现象。

(5)其他要求

招募人员除了具备丰富的人力资源专业知识外,还应掌握一定的心理学知识和人际沟通能力,具有高尚品德、举止礼貌、办事高效等特点,这样可以使招募工作顺利开展。

2. 招募时间策略

招募时间策略是组织选择什么时间和时机开始发布招聘信息,这既关系到招募应聘者的数量,又会影响招聘的成本和效率。组织的招募工作开展得越早,那么就越有可能吸引到更多的优秀人才,组织挑选的余地就越大;但是,这也会造成招募时间过长,组织花费的成本会上升。因此,组织在招募时间的选择上应注意两个方面:一是招募的时机;二是招募持续的时间。

(1)招募时机选择

首先,组织选择招募时机时应考虑到人才市场供给的季节性。一般来说,我国人才市场每年有 3 个旺季,分别是每年的 3～4 月、6～7 月和 11～12 月。通常高校中即将毕业的学生都会在 11～12 月开始找工作,很多组织为了能获得最大范围的优秀生源,也会在这一时期就开始招募工作。每年 3、4 月份时,正值中国传统新年刚结束,各类人员都会广泛收集招聘需求信息,做出新年新打算,因此,往往会出现倾巢而出找工作的现象。每年

6、7月份是高校学生的毕业季,在校学生也往往利用暑期参加社会实践活动,而此时合同期满的员工也会有跳槽的打算。因此,按照成本最小化原则,组织应避开人才供应的淡季,尽量在人才供应的旺季开展招募工作。其次,组织应根据招聘过程所需时间采取倒推法确定招募工作的开始时间。一般可通过对招聘各个阶段所需时间的大致分析和安排,计算出招聘过程所需的时间,然后运用倒推法计算出招聘的开始时间。

（2）招募持续时间的确定

组织招募工作的持续时间长短,主要取决于以下两项因素:

一是待聘岗位的性质。通常,如果待聘岗位是人员需求紧急的岗位,那么招募持续的时间就要短些为好,同时组织可以选择多种媒体投放招聘信息。如果待聘岗位级别较高,对组织来说此岗位非常重要的话,那么招募持续的时间就可以加长些,这样也有利于获取更多优秀的人才。

二是招募信息发布的媒体特点。组织需要同时考虑到媒体的成本和作用时效。采用电视媒体发布招聘信息,则招募时间宜短,因为其覆盖面广、受众多、价格也高;采用网络发布招聘信息,则招募时间宜长,因为其受关注度不高、受众较少、价格也较低。

3. 招募地点策略

组织应综合考虑人才分布规律、应聘者活动范围、劳动力市场状况、组织所在位置以及招募成本等因素,从而做出招募地点的选择。一般情况下,组织倾向于在其所在地市场招募普通人员,在跨地区市场招募专业技术型人员,在全国范围甚至世界范围内招募高级管理人员。

（1）招募范围选择

招募范围一般包括本地区、周边地区、重点城市、全国范围以及全球招募。一般来说,招募范围越大,就可能吸引越多的人才,但是同时招募成本也会增加。如果组织招聘技术要求不高的劳动力,可就近在所在地区或周边地区招募;如果组织招聘高级技术人员、营销人员、管理人员、运动员、科研人员等,则可扩大范围以便招募到合适的优秀人才。

（2）固定招募地点

固定招募地点是指组织选择相对固定的地点进行招募活动更能够节约成本,并能与相关机构保持良好的合作关系。因此,通常情况下,组织会选择在既具备招募条件又有招募经历的地点开展招募工作,这样一方面能确保招募工作的高效开展,另一方面也能降低一部分成本。例如,招募普通工人,组织可以选择劳动力输出大省进行招募;招募中高级管理人员或技术人员,组织可以选择长三角地区的人才市场进行招募。当然,由于组织每次招募都可能涉及不同类型、不同层次的需求,因此基本不可能在一个市场就完成所有的招募工作,而需要在多个市场上进行招募。也有可能组织在某个市场上的招募没有达到预期效果,因此需要转向其他市场再招募以获得所需人才。可见,组织应当根据招募人员的类型、数量和发展战略等选择合适的招募地点。

4. 招募渠道策略

组织招聘岗位的不同、人员需求数量的差异、整体战略部署的不同、招聘费用的限制等因素,都决定了招募信息发布的方式、时间和范围,从而也就使得组织选择不同的招募渠道。招募渠道可分为外部招募和内部招募,或者校园招募和社会招募。外部招募是组织从外部吸引适合待聘岗位需求的应聘者,主要通过中介机构、媒体、校园招募、熟人推荐等方式。内部招募则是在组织内部公开发布招募信息,从现有人员中吸引和甄选适宜人员至待聘岗位,主要有推荐法、布告法和档案法。

5. 招募宣传策略

良好的招聘工作不仅能使组织招募到优秀的合适人才,而且也能通过此项活动在应聘者和社会中树立良好的形象和声誉。因此,组织应该科学地选择适合的宣传手段发布招募信息。例如,选择网络媒体发布招募广告能快速地在较广范围内宣传组织良好社会形象和优质产品供给;选择纸质媒体发布招募广告,则需选择影响较大、覆盖面较广的报纸;而在招聘洽谈会或校园招聘中,则可利用投影、宣传手册、微信视频等来提升组织形象。

第三节 体育组织人员招聘渠道

一、招聘渠道概述

(一) 招募渠道的特征

人员招聘渠道是组织招聘行为的辅助之一。一个好的人员招聘渠道应该具备以下特征:

(1) 招聘渠道具有目的性:招聘渠道的选择是否能够达到组织招聘的要求;

(2) 招聘渠道的经济性:组织在招聘到合适人员情况下,所花费的成本最小;

(3) 招聘渠道的可行性:组织选择的人员招聘渠道应符合现实情况,具有可操作性。

(二) 组织选择招聘渠道时的考虑因素

无论采用何种招聘渠道,最终的目的都是为组织招聘到合适的人才。而在组织招聘过程中,有许多影响招聘渠道选择的因素,因此,组织在选择人员招聘渠道之前要根据自身实际情况的需要考虑以下因素:

(1) 组织的经营战略

当组织处于发展阶段,根据未来的发展战略和业务拓展要求,需要大批量人才,此时,内部招聘不能满足需求,应采取外部招聘方式来获得人才。若组织采用维持战略,出现空缺职位时,从外部招聘可能会增加人工成本,而内部又有较合适的人选,此时可采用内部招聘。

(2) 组织现有人力资源状况

当空缺职位比较重要,现有人员中没有合适人选,可以先培养对象,或者有培养对象但培养对象所需成本较高,可以采用外部招聘。若现有人员中有培养对象,且培养对象成本不高,则可采用内部招聘来填补空缺。

（3）招聘的目的

当招聘目的不仅仅是为了找到合适的人员来填补空缺,更重要的是出于对管理的考虑,通过招聘增加新鲜血液,带来新思想、新观点,激发现有队伍的活力,为老成员带来新的竞争,来达到提高人员的积极性,转变经营观念和经营方式的目的,则可采用外部招聘的方式。

（4）组织的用人风格

组织的用人风格对招聘渠道的选择具有决定作用。有些组织喜欢从外部引进人才,而有些组织则对内部招聘感兴趣。

（5）组织所处的外部环境

包括人才市场建立与完善的情况、行业薪酬水平、就业政策与保障法规、区域人才供给状况、人才信用状况等等。这些因素决定了组织能否从外部招聘到合适的人选。若组织的人才市场发达、政策与法规健全、有充足的人才供给、人才信用良好等,外部招聘可以获得理想人选且方便快捷。若组织所处的外部环境与上述相反,则采用内部选拔培养,这样既可以节约成本,又可避免外部招聘风险。

二、内部招聘

（一）内部招聘的含义

内部招聘是在组织出现职务空缺后,从组织内部选择合适的人选来填补此位置。由于外部招聘的风险增大、招聘成本也逐步增多,现在很多组织已经开始青睐内部招聘,尤其是身处经济欠发达地区、人才资源匮乏、知名度较低、招聘资金预算有限的组织更是如此。甚至有些著名的大型组织也通过人才培养和储备的形式为高层次职位谋求合适人选。一方面,通过内部招聘可以鼓舞人员士气,调动其工作积极性;另一方面也有利于提高组织招聘工作的正确性和有效性,降低组织招聘风险,节约招聘成本,同时也可使组织对人员的培训投资取得合理回报。

（二）内部招聘的来源

内部招聘具体可分为内部晋升、工作调换、工作轮换和人员重聘等几种方法。

1. 内部晋升

内部晋升是组织内部符合条件的人员从现有的岗位晋升到更高层次岗位的过程。这种做法可以给内部人员以升职的机会,会使其感到留在组织内是有希望、有发展机会的,对于激励人员非常有利。另一方面,从组织内部提拔的人员对组织的工作内容较为熟悉,也能够较快适应新的工作。但是,内部晋升也有一定的不利之处,例如:从组织内部提拔的人员不一定是最优秀的;还有可能在少部分人员心理上产生嫉妒、比较的想法。因此,许多组织在出现职务空缺后,往往同时采用两种方式,即从内部和外部同时寻找合适的人选。

2. 工作调换

工作调换也称平调,是在组织内部寻找合适人选的一种基本方法。这种做法的目的就是要填补空缺,但实际上还起到许多其他作用。例如:可以使内部人员了解组织内部其他部门的工作,与组织内更多的人员有深入的接触、了解。这样,一方面有利于人员今后的提拔,另一方面可以使上级对下级的能力有更进一步的了解,也为今后的工作安排做好准备。

工作调换也要遵循以下原则:(1) 组织要尽可能在事前征求被调用者的意见并获得同意;(2) 组织需确定发生调用后该人员会更适合此岗位,并且能创造更好的绩效结果;(3) 组织需明确新上任的人员能发挥其长处。

3. 工作轮换

工作轮换是一种短期的工作调动,是在组织的几种不同职能领域中为人员做出一系列的工作任务安排,或者在某个单一的职能领域或部门中为人员提供在各种不同工作岗位之间流动的机会。一方面,组织人员长期从事同一职位的工作,特别是从事常规性工作的人员,时间长了会觉得工作很枯燥、缺乏变化和挑战。另一方面,组织人员也不希望只掌握一种工作技能,而是希望能够掌握更多不同的工作技能以提高对环境的适应能力。因此,工作轮换常常与培养人员多样化的工作技能结合在一起,也被称为交叉培训法。

小看板

华为轮岗制度

轮岗制现在已经成为组织培养人才的一种有效方式。华为为了在人力资源管理中引入竞争和选择机制,专门建立了轮岗制度。华为高层领导基于这样一种考虑:要想留住人才,单靠物质奖励是难以奏效的,因为员工个人的物质水平随着时间的推进提高,薪金的奖励作用在慢慢降低。而轮岗制度为员工提供了职业发展的空间,留住了优秀人才。在员工看来,在交换工作岗位的过程中,不但享受到了类似"跳槽"的新鲜和乐趣,而且从中学到了不少东西,对日后自身的职业发展大有好处。为此,华为在公司内部建立一个劳动力市场,以促进人才的合理流动,通过岗位轮换实现人力资源的合理配置和激活潜力,同时还明确规定,高中级中层管理者必须强制轮换。

资料来源:腾讯新闻网站,http://view.inews.qq.com/k/20230526A06NSO00?no-redirect=1&web_channel=wap&openApp=false,2023-5-26。

4. 人员重聘

有些组织由于某些原因会有一批不在岗位的人员,例如下岗人员、长期休假人员(如曾因病长期休假,现已康复但由于无位置还在休假)、已在其他地方工作但关系还在本单位的人员(如停薪留职)等。在这些人员中,有的恰好是内部空缺需要的人员,且其中有的人员素质较好,重聘会使其有再为组织尽力的机会。另外,组织重新聘用这些人员可以使他们尽快上岗,同时减少了培训等方面的费用。

（三）内部招聘的原则

1. 公平公正原则

公开就是要公示内部招聘信息、招聘方法，这样既可以将招聘工作置于公开监督之下，防止以权谋私、假公济私的现象，又能吸引组织内部的人员。内部招聘的信息应该能覆盖组织内部的全体人员，并且每个人员都能明确空缺岗位的待遇、要求、截止时间等信息。

2. 因事择人原则

所谓因事择人，就是组织的内部招聘活动应以实际工作的需要和岗位的空缺情况为出发点，根据岗位对任职者的资格要求选用人员。

3. 激励原则

组织无论是通过内部招聘还是外部招聘都应该使组织人员认识到，切实增强专业知识和不断提高工作能力将会使自身获得更好的工作机会，从而全面调动人员的工作积极性。

4. 效率优先原则

如果组织通过内部招聘安排人员在新的职位上工作，经过一段时间后通过绩效考核发现，该人员在新职位上并没有取得比原先职位更高的绩效结果和工作效率。那么，这就意味着是一次不成功的内部招聘，组织必须重新做出调整提高效率。

（四）内部招聘的主要方法

1. 推荐法

推荐法是由组织内部人员根据招聘岗位的要求推荐其熟悉的合适人员供组织进行选择和考核的一种方法，这种方法既可用于内部招聘，也可用于外部招聘。因为推荐人一般较为了解招聘职位和候选人双方，也较为真实客观，所以对候选人的工作匹配度把握一般较高，推荐的人员较符合职位的要求。特别是招聘专业技术人员时，尤为有效。组织内部最常见的推荐法是主管推荐，因为主管一般对候选人的能力、性格、办事风格等情况都比较了解，所以提名具有一定的可靠性。其缺点是容易形成裙带关系、任人唯亲和小团体现象，不利于组织方针政策和管理措施的落实。

2. 布告法

布告法是组织在确定了空缺岗位的性质、职责及其所要求的条件等情况后，将这些信息以布告的形式，公布在组织中一切可利用的墙报、布告栏、内部报刊上，尽可能地使全体人员能够获得信息，所有对此岗位感兴趣并具有此岗位任职能力的人员均可申请此岗位。布告法的主要目的一方面在于让组织内部人员都了解哪些职务空缺，需要补充什么样的人员；另一方面在进行内部招募的过程中，使其感觉到这是一种透明、公平的招聘行为，而且这样做有利于提高他们的士气。

3. 档案法

组织人力资源部门都有人员档案，从中可以了解到人员在教育、培训、经验、绩效等方面的信息,从而帮助用人部门和人力资源部门寻找合适的人员补充岗位空缺。人员档案对人员晋升、培训、发展有着重要的作用,因此,人员档案应力求准确、完备,对人员岗位、技能、教育、绩效等方面信息的变化应及时做好记录,为人员选择与配备做好准备。

(五)内部招聘的优缺点

1. 内部招聘的优点

(1)准确性较高,有利于提高组织招聘质量。内部招聘中,人力资源部门和用人部门对招聘的对象都有较充分的了解。招聘对象在组织工作时所表现出来的动机、态度、能力、知识和个性等特质,都有利于提高招聘成功率。

(2)有利于组织内部产生激励效果和榜样力量。一方面,内部招聘能够提供人员晋升机会,使组织成长与人员成长同步。美好的愿景能够鼓舞人员士气,形成积极进取、追求成功的氛围。另一方面,获得晋升的人员也能为其他人做出榜样,发挥带头作用。

(3)有利于提高人员忠诚度。获得聘用的内部人员,本身在品德、能力和专业方面都比较优秀,不仅把组织当作自己事业的"平台",而且更重要的是把组织当成自身命运的共同体,因而对组织的忠诚度较高。

(4)成本较低、效率较高。内部招聘可以节约高昂的招聘费用,同时还可以省去一些不必要的培训,减少了间接损失。现有人员更容易接受领导和管理,易于沟通和协调,易于消除边际摩擦,易于发挥组织的整体效能。

(5)适应能力较强。与从外部招聘的新人员相比较,现有人员更加了解和熟悉本组织的运作模式、业务流程、人际关系等,因而能够更快和更好地适应新工作。

2. 内部招聘的缺点

(1)容易造成内部矛盾。内部选拔时难免存在竞争,落选人员可能会产生不满、心理失衡或心灰意冷、士气低下,这样容易造成消极情绪。内部选拔还可能导致部门之间"挖人才"现象,不利于部门之间的协作和组织的内部团结。

(2)容易造成"近亲繁殖"。上级或同事在推荐候选人时往往会推荐与自己关系密切的个体,这样容易在组织内出现裙带关系和小团体现象。长期下来,会造成组织内拉帮结派、各自为政的不良影响,不利于日常工作的开展和组织文化的融合,会给组织管理带来很大的困难。

(3)容易出现不公正的现象。内部选拔有可能是按资历、人际关系或者领导喜好而非人员工作中所表现出来的业绩、能力等素质。因此,容易在组织内形成不正之风,给有能力人员的职业生涯发展设置障碍,从而导致优秀人才被埋没或外流,削弱组织竞争力。

(4)容易失去选取外部优秀人才的机会。一般情况下,外部优秀人才是比较多的,如果一味寻求"本部制造",降低了外部"新鲜血液"进入本组织的机会,表面上看是节约了成本,实际上是对机会成本的巨大浪费。

(5)不利于新领导建立声望。当新领导从同级人员中产生时,会感觉到自己是大伙中的一员,这种情感束缚会使其缺乏自信,该工作群体也可能发生比较心理失衡,从而使领导无法很好地完成角色转变,不容易建立声望。

三、外部招聘

（一）外部招聘的含义

外部招聘是组织根据制定的标准和程序，从组织外部选拔符合空缺职位要求的人员。具体来说，组织根据整体战略目标和用人部门需求，向外部发布招聘信息，并对应聘者进行相关测试、考核、评定以及一定时期的试用，接着综合考虑其各方面的条件之后做出录用决策的方式。

（二）外部招聘的来源

当组织处于创立初期或者快速发展期时，必须借助外部市场招聘人才；当组织的产品或技术更新换代，需要素质较高的人才，而组织内部人员又无法满足要求时，组织也需考虑在更大的外部市场招聘人才。外部招聘的来源主要包括：高等和中等院校的应届毕业生、竞争对手与其他组织的人员、人才服务机构、劳动就业中心等。

（三）外部招聘的原则

（1）客观公正原则

组织人力资源部门及经办人员在外部招聘中，必须克服个人好恶、偏见和歧视，以客观的态度及眼光去甄选人员，做到不偏不倚、客观公正。

（2）适用原则

组织招聘工作人员应熟悉招聘岗位的工作性质、职责、能力要求等状况，并能根据上述条件，客观负责地选择适合的候选人。具体来说，工作人员要招聘适合本岗位的应聘者，不一定招最好的，应该招最合适的。

（3）真实介绍原则

招聘工作人员需真实、客观地向其介绍组织的实际情况，给其提供全面的信息。从一开始就较为实际地向应聘者介绍组织情况，包含好的方面和不好的方面，这样一方面有利于应聘者与组织形成正确的心理契约；另一方面也能从源头上杜绝失望心理，使应聘者容易产生满足感。

（4）德才兼备原则

组织在外部招聘中，必须注重应聘人员的品德修养，并在此基础上考察应聘者的才能，做到以德为先、德才兼备。

（四）外部招聘的方法

1. 发布广告

对组织来说，发布广告是比较常见的一种招聘方法，主要是通过媒体进行招聘，可以在一些大众媒体或是期刊上发布岗位的空缺信息，使对这些空缺信息比较感兴趣的人成为潜在候选人，并采用广告方式进行组织宣传或者岗位空缺发布，以吸引人才的一种方法。对任何职务来说，广告招聘都比较适用，是现代社会比较普遍的一种招聘方式。招聘广告应该包含以下内容：组织基本情况；招聘职位、数量和基本条件；招聘范围；薪资与待遇;报名时间、地点、方式以及所需材料等。

2. 中介机构

知识经济时代,信息瞬息万变,人员流动日益频繁,组织招聘工作量也不断增大。为了提高招聘效率,也为了使求职者快速择业,一些中介机构(如人才交流中心、职业介绍所、劳动力就业服务中心等)应运而生。

我国很多城市都设有专门的人才交流服务机构,这些机构常年为企事业用人单位提供服务。一般都建有人才资料库,用人单位可以很方便地在资料库中查询条件基本相符的人才资料。通过人才交流中心选择人员,具有针对性强、费用低廉等优点。同时,人才交流中心或其他人才交流服务机构每年都要举办多场人才招聘会,用人单位的招聘者和应聘者可以直接面对面进行接洽和交流。招聘会的最大特点是应聘者集中,用人单位的选择余地较大,费用也比较合理,而且还可以起到很好的组织宣传作用。

3. 猎头公司

"猎头"(Headhunting)是当下一种十分流行的人才招聘方式,高级人才委托招聘业务,又被称之为猎头服务或人才寻访服务。专门从事中高级人才的中介公司,往往被称之为猎头公司,是依靠猎取社会所需各类高级人才而生存、获利的中介组织。与人才交流中心不同,猎头公司采取隐蔽猎取、快速出击的主动竞争方式,为所需高级人才的客户猎取从人才市场上不容易获得的高级人才。

一般来说,猎头公司主要是举荐总裁、副总裁、总经理、副总经理、人事总监、人事经理、财务经理、市场总监、市场经理、营销经理、产品经理、技术总监、技术经理、厂长、生产部经理、高级项目经理、高级工程师、博士后、博士、工商管理高级人才、其他高级顾问及其他经理级以上人才等;而人才交流中心的服务是蓝领人才、基础事务人才、微观区域人才。

4. 校园招聘

校园招聘是一种特殊的外部招聘途径。狭义上是组织直接从学校招聘各类各层次应届毕业生;广义上是组织通过各种方式招聘各类各层次应届毕业生。主要包括高等学校、中等专业学校举办的招聘活动;专业人才招聘机构、人才交流机构或政府举办的毕业生招聘活动;招聘组织举办应届毕业生招聘活动;组织委托高校或中等专业学校培养,邀请学生实习并选拔留用;组织在学校设立奖学金并在享受者中选拔录用以及校园招聘专业网站。

我国校园招聘的时间一般从9月中旬就开始启动,主要集中在每年的9~11月和次年的3~4月。虽然国家对招聘毕业生的启动时间有一定的要求,但不属于硬性要求。9月初毕业生的最后一个学年开始后,出于招揽优质人才的考虑,越来越多的用人单位都在越来越早地进入校园,通过校园宣讲会的形式提前介入校园招聘活动中。10月份则是目前校园招聘最繁忙的旺季,高潮会一直持续到11月底。

5. 网络招聘

网络招聘也被称为电子招聘,是通过运用技术手段,帮助组织人力资源管理部门完成招聘的过程。具体来说,组织通过自身网站、第三方招聘网站等机构,使用简历数据库或搜索引擎等工具来完成人员的招聘过程。

随着我国网络的大规模普及,网络招聘在我国的发展速度日益迅猛,并且受到大多数组织的青睐。具体来说,网络招聘具有如下几个优点:

(1)覆盖面广:互联网的覆盖是以往任何媒介都无法比拟的,触角可以轻易地延伸到世界的每一个角落。网络招聘依托于互联网的这个特点,达到了传统招聘方式无法获得的效果。

(2)时效性强:与传统招聘方式不同,网络招聘不强求时间和空间上的绝对一致,方便了招聘双方时间的选择。互联网本身不受时间、地域限制,也不受服务周期和发行渠道限制,不仅可以迅速、快捷地传递信息,而且还可以瞬间更新信息。

(3)成本较低:网络招聘在节约费用上有很大的优势,一方面,对于求职者来说,通过轻点鼠标即可完成个人简历的传递,原本一个月才能完成的信息整理、发布工作,现在可能只要半天就能够完成。这既节约了复印、打印费用,还省去了来往奔波的费用。另一方面,对用人单位来讲,网络招聘的成本更低。

(4)针对性较强:网络招聘是一个跨时空的互动过程,无论是用人单位还是个体都能根据自身条件在网上进行选择,因此,对供求双方而言都是主动行为。这种积极的互动,减少了双方在招聘和应聘过程中的盲目行为。目前,一些大型的人才招聘网站都提供了个性化服务,如快捷搜索方式、条件搜索引擎等,进一步加强了网络招聘的针对性。

(五)外部招聘的优缺点

1. 外部招聘的优点

(1)人员来源广泛,选择空间大。相对于内部招聘,外部招聘能获得较多的应聘者,无论从要求、能力、技术等方面,都有较大的选择空间。特别是在组织初创和快速发展时期,更需要从外部大量招聘各类人员。

(2)有利于带来新思想、新观念。因为多数应聘者都会为组织带来新的观念、新的信息、新的思维、新的文化和价值观,甚至新的社会关系,从而为组织带来思想的碰撞和新的活力。

(3)有利于规避组织内部的涟漪效应产生的各种不良反应。内部晋升容易产生涟漪效应,即组织动一岗则动多岗,动一人则动多人的现象使得其被迫接受许多不应有的岗位和人员变动,而外部招聘则可以规避这种涟漪效应。

(4)有助于组织避免过度使用内部不成熟的人才。组织在内部招聘时容易出现以次充优和过度使用内部不成熟人才的弊端,而外部招聘能够使组织根据能岗匹配的原理招聘合格人才,使内部人员能获得必要的培训和充足的成长时间,规避了过度使用不成熟的内部人才。

(5)有利于给内部人员施加压力和动力。通过外部招聘获得的优秀人才无形中给组织现有人员施加压力,使之形成危机意识,激发其斗志,有利于促使所有人员共同进步。另外,通过外部招聘进入组织的新人员有利于平息和缓和内部人员之间的紧张关系。

2. 外部招聘的缺点

(1)筛选时间长、难度大。组织要招聘到优秀的、合适的人员,就必须能够比较准确地测定应聘者的能力、性格、态度、兴趣等素质,从而准确预测在未来的工作岗位上能否达到组织所期望的要求。但是相关研究表明,这些测量结果只有中等程度的预测效果,仅仅依靠这些测量结果来进行科学的录用决策是比较困难的。为此,一些组织还辅助采取诸如推荐信、个人资料、自我评定、工作模拟等方法,这些方法各有各的优势,但也都存在着不同程度的缺陷,这就使得录用决策耗费的时间较长。

(2)进入角色状态慢。外部招聘的人员往往需要花费较长时间才能熟悉组织工作流程和运作方式,了解组织文化并能融入其中。如果外部招聘人员的个人价值观与组织的文化相冲突,那么能不能及时适应组织文化并快速进入角色将面临一定的考验和风险。

(3)引进成本高。一方面,外部招聘时,组织通常需要在媒体发布信息或者通过中介机构招募,一般都需要支付一笔不小的费用。另一方面,由于外部应聘人员相对较多,后续人力资源管理部门的挑选过程也非常烦琐和复杂,不仅需要花费较多人力、财力,而且还会占用大量的时间。

(4)决策风险较大。外部招聘时,组织只能通过几次较短时间的接触,就必须判断出应聘者是否符合本组织空缺岗位的要求,而不像内部招聘那样应聘者是经过长期的接触和考察。因此,外部招聘时组织很可能因为一些外部原因,例如信息的不对称性、逆向选择及道德风险等,做出不准确的判断,进而增加了决策风险。

四、内部招聘和外部招聘的比较选择

内部招聘优先还是外部招聘优先,对于不同层次的人才、不同环境和阶段的组织应采取不同的选择,必须视其自身的实际情况来定。一般而言,组织在选择招聘方式时应遵循的几个原则:

1. 高级人才选拔应遵循内部优先原则

在人力资本成为组织核心竞争力重要组成部分的今天,高级人才对于任何组织的发展都是不可或缺的,组织在高级人才的选拔过程中应当遵循内部优先的原则。高级人才能够很好地为组织服务,一方面是依靠自身的专业技能、素质和经验;更重要的是对组织文化和价值观念的认同,愿意为组织贡献自己全部的能力和知识,而后者是无法在短期内完成和实现的。

组织内部培养造就的人才,更能深刻理解和领会组织的核心价值观,所以也更能坚持组织的核心价值观不变,而核心价值观的延续性对组织是至关重要的。同时组织高层管理团队和技术骨干,都是以团队的方式进行工作,分工协作,密切配合,而核心价值理念相同的人一同工作更容易达成目标,如果观念存在较大差异,将直接影响到合力的发挥。

2. 外部环境剧烈变化时,必须采取内外结合的人才选拔方式

当外部环境发生剧烈变化时,行业的经济技术基础、竞争态势和整体游戏规则发生根本性变化,知识老化周期缩短,原有的特长、经验成为学习新事物新知识的一种包袱,组织受到直接的影响。这种情况下,从组织外部、行业外部吸纳人才和寻求新的资源,成为其

生存的必要条件之一。不仅因为组织内部缺乏所缺的专业人才,同时时间也不允许坐等组织内部人才的培养成熟,因此,必须采取内部选拔与外部招聘相结合、内部培养与外部专业服务相结合的措施。

3. 快速成长期的组织,应当广开外部渠道

对于处于成长期的组织,由于发展速度较快,仅仅依靠内部选拔和培养无法跟上组织发展。同时组织人员规模的限制,选择余地相对较小,无法得到最佳人选。这种情况下,应当采取更为灵活的措施,广开渠道,吸引和接纳需要的各类人才。

4. 组织文化类型的变化决定了选拔方式

如果组织要维持现有强势文化,不妨从内部选拔,因为内部人员在思想核心价值观念、行为方式等方面对于组织有更多的认同;而外部人员要接受这些需要较长的时间,而且可能存在风险。如果组织希望改善或重塑现有文化,可以尝试从外部招聘,新的人员带来的新思想、新观念可以对原有的东西造成冲击,促进组织文化的变化和改进完善。

组织不论选择内部选拔或者外部招聘的方式,填补中高层职位空缺,都需要组织在既定战略规划的前提下,在对现有人力资源状况分析和未来情况预测的基础上制定详细的人力资源规划。明确用人策略,建立内部培养和选拔体系,同时有目的、有计划、分步骤地展开招聘选拔工作,给予组织内外部人才公平合理的竞争机会,以形成合理的人才梯队,保证组织未来的发展。

第四节　体育组织人员测评与选拔

一、初步筛选

(一) 个人简历筛选

个人简历的内容大体上可以分为主观内容和客观内容两个部分。主观内容是应聘者对于自身的描述,多数是一些评价性、描述性的内容。例如,"本人具有团队合作精神""本人具有良好的计划性和优秀的组织能力"。客观内容是应聘者基本信息、教育经历、工作经历和其他重要信息四方面。组织在筛选简历时应该着重关注客观内容。

1. 基本信息

个人基本信息主要包括应聘者的姓名、性别、年龄、婚姻状况、籍贯、学历、健康状况等。这部分内容可以帮助组织确定:应聘者是本地人还是外地人,来自城市还是农村,是否有特殊的文化习惯,家庭情况能否确保其工作的稳定性等。

2. 教育经历

教育经历通常包括应聘者的学业经历和培训经历,在一定程度上能反映智力和学习能力状况。组织相关人员在筛选简历时需要重点关注应聘者的最高学历、毕业院校、毕业时间、专业情况等。

3. 工作经历

工作经历一般包括应聘者的工作单位、工作岗位和职务、工作内容、起止时间等。组织相关人员在筛选简历时需要重点关注应聘者近期的工作经历，变换工作单位的地理区域、行业差别、岗位差别、变换频次和原因。

4. 其他重要信息

其他重要信息包括个人成绩、个人能力、兴趣爱好、求职意向、职务要求、待遇要求和工作地点要求等。其中，个人成绩通常是在学校、工作单位、社会活动中所取得的成绩和奖励。

（二）笔试

1. 笔试的概念和类型

笔试是一种与面试对应的测试，用以考核应聘者特定的知识、专业技术水平和文字运用能力的一种书面考试形式。这种方法可以有效地测量应聘者的基本知识、专业知识、管理知识、综合分析能力和文字表达能力等素质及能力的差异。笔试形式主要有七种：多种选择题、是非题、匹配题、填空题、简答题、回答题、小论文，每一种笔试形式都有其各自的优缺点。

笔试一般包括以下几个方面的内容：一是知识面的考核，主要是一些通用性的基础知识和担任某一职务所要求具备的业务知识。二是智力测试，主要测试应聘者的记忆力、分析观察能力、综合归纳能力、思维反应能力以及对于新知识的学习能力。三是技能测验，主要是针对应聘者处理问题的速度和质量的测试，检验其对知识和智力运用的程度和能力。四是性格测试，主要是通过一些精心设计的心理测验试题或一些开放式的问题来考察应聘者的个性特征。

根据内容来分，笔试主要有以下两类：

（1）技术性笔试

技术性笔试主要针对研发型和技术类职位的应聘者，此类职位的特点是：对于相关专业知识的掌握要求比较高，题目主要是涉及工作需要的技术性问题，专业性比较强。因此，应聘者要成功应对这类的考试，需要坚实的专业基础。

对于此类技术性岗位，不同组织的笔试内容的侧重点存在很大区别。一般小型组织注重实用性，考的比较细，目的就是拿来就用。而大型组织则强调基础和潜力，所以考得比较泛，多数都是智力测验、情感测验和性格倾向测验。

（2）非技术性笔试

非技术性笔试一般来说更常见，对于应试者专业背景的要求也相对宽松。考察内容相当广泛，除了常见的英文阅读和写作能力、逻辑思维能力、数理分析能力外，有些时候还会涉及时事政治、生活常识、情景演绎，甚至智商测试等。

2. 笔试的设计原则

在设计笔试试卷时，组织人力资源管理部门需要注意以下三个原则：

（1）自始至终符合目标。知识考试的目标是什么，在设计笔试试题时要从头到尾贯彻执行，这样才能得到应有的效果。

（2）各种知识考试类型可以结合起来运用。比如，在一张笔试试卷上既可以有百科知识内容，又可以有专业知识内容，也可以有相关知识内容。这样可以节省时间，在较短时间内全面了解一个应聘者各方面的水平。

（3）充分重视知识的实际运用能力。设计笔试试卷时，要尽量多用案例和讨论等方式。

3．笔试的组织实施

笔试的组织实施主要包括以下几个阶段：

（1）成立考务小组

成立考务小组的目的在于保证笔试的公正性和客观性，考务小组应当选取责任心强、公平、正直、细致的人员来负责整个考务工作。

（2）制订实施计划

制订周密细致的实施计划会使笔试工作井然有序地进行。计划主要内容包括：考试科目和考试方式的确定，考试时间、场地和考场的安排，考场纪律、监考人员的安排，阅卷人员、方式、场地安排等。

（3）组织命题

命题是笔试的首要问题，直接关系到笔试效果。一套好的笔试试题能测试出应聘者知识水平的全面性和真实性，能依据工作岗位的特点突出重点，还包括明确的标准答案和评分规则。

（4）做好监考

要做好笔试试卷的收发工作；合理安排考场监考人员，挑选有相当经验的监考人员，能适当处理特殊情况；严格执行考试纪律，杜绝考试舞弊行为。

（5）评卷

评卷的关键在于客观、公正、公平、不徇私，严格按照标准答案和评分规则进行阅卷，尽量避免个人主观因素对判分的影响。

小看板

体教并重！浙江运动员参加省运会，文化须先"过关"

第十七届浙江省运会开赛之前，各项筹备工作有条不紊开展。其中，浙江省体育局完成了青少年运动员赛前线上文化考试工作，将省运会的"进度条"再向前推进了一大格。

从数据和结果上看，浙江共有9 441名青少年运动员参加，其中43名考试不合格者被取消了省运会参赛资格。上届湖州省运会6 261名运动员进行文化测试，110名不合格者失去参赛资格。本次参与人数超过上届，但不合格人数大幅下降，表明近年来浙江一直狠抓的运动员文化课教学工作取得明显成效。湖州省运会首次实行全项目运动员参赛资格与运动员文化测试成绩挂钩。而本次,则是在疫情背景下,首次组织的线上考试模式。

浙江在青少年体育人才培训上,一直积极推进体教融合。2017年,出台了《浙江省县级体校改革发展实施方案》,2021年印发《浙江省关于深化体教融合 促进青少年健康发展的实施意见》,逐步开展新型体校建设。其中,"体教并重"是一以贯之的遵循。长兴县少体校在体教融合的探索中走在前列。"我们对青少年运动员的文化教育一直十分重视,今年有300余名运动员参加此次考试,全部合格。"该校校长习双兵颇为自豪。为做好此次参考工作,该校展开了有针对性的专项训练,模拟考试足有十多次。习双兵认为,省运会注重文化课考试,是"体教融合"必然趋势的重要抓手。对于将来需要通过考试进入高校深造的青少年运动员来说,重视文化课不仅可以缩短其与大学普招生的差距,也是为其将来的发展创造多一份机会及出路。

省运会对文化考试地注重,是体育行政部门、体校、家长、社会各界等对青少年运动员文化教育高度重视的体现。浙江省体育局训练处有关负责人认为,文化水平高不仅有利于运动员理解领会教练员教学意图,更快更好地掌握运动技术,促进训练水平提高,更是对他们未来升学、走上工作岗位有更大帮助和促进,也更有利基层体育人才的选拔和培养。

资料来源:国家体育总局网站,http://www.sport.gov.cn/n14471/n14482/n14519/c24483830/content.html。

二、面试

(一) 面试的概念和类型

面试是在特定时间和地点,由面试官与应聘者按照面试组织方预先设计好的目的和程序,进行面谈、相互观察、互相沟通的过程。通过面试,组织可以了解应聘者的外貌风度、工作经验、业务知识水平、求职动机、沟通能力、情绪状态等,而应聘者也可以更全面地了解组织的相关信息。

按面试的结构划分,面试可分为结构化面试、非结构化面试和混合式面试。结构化面试是指面试的内容、形式、程序、评分标准及结果的合成与分析等构成要素,按照统一制定的标准和要求进行的面试。非结构化面试没有既定的模式、框架和程序,主考官可以"随意"向被测者提出问题,而对被测者来说也无固定答题标准的面试形式。混合式面试又称为半结构化面试,是一种将结构化面试和非结构化面试结合起来的面试形式。

(二) 面试基本过程

1. 面试前的准备阶段

面试前的准备工作对整个面试开展有着很重要的作用,将直接影响组织在应聘者心中的印象,同时更重要的是会影响整个面试的效率和质量。

具体来说,面试人员通常在面试前要准备和关注以下几方面工作:(1) 职位说明书分析;(2) 简历筛选;(3) 确定面试时间;(4) 确定面试地点;(5) 电话通知面试;(6) 设计面试问题;(7) 确定面试人员并对其进行培训;(8) 制定面试记录表和面试评价表(如表 5 - 2 和 5 - 3 所示)。

表 5 - 2 面试记录表

应聘者基本情况					
应聘者姓名		性别		年龄	
毕业院校		专业		学历	
应聘职位		应聘时间			

面试记录

面试者: 所属部门: 面试日期: 年 月 日

面试项目 / 评价等级	优	良	好	一般	差	备 注
1. 仪容仪表						
2. 语言表达与沟通能力						
3. 对专业知识和技能的掌握程度						
4. 对相关专业知识的了解程度						
5. 外语能力						
6. 灵活应变能力						
7. 责任心						
8. 个人品质						
9. 对环境的适应性						
10. 发展潜力						

面试评价

综合评定	
录用意见	□ 予以录用 □ 有待进一步考核 □ 不予考虑

5

表 5－3　面试评价表

应聘者姓名		性别		年龄	
毕业院校		专业		学历	
应聘职位		应聘时间			
考评项目	权重	考核内容	分值	考核得分	
仪容仪表	10%	穿着打扮	5		
		气质	5		
知识技能与工作经验	40%	专业知识	10		
		专业技能	10		
		相关知识	10		
		实际工作经验	10		
个人能力	40%	语言表达能力	10		
		解决问题能力	10		
		应变能力	10		
		创新能力	10		
工作态度	10%	工作主动性	5		
		工作责任感	5		
面试评价	考核得分	□ 90～100　□ 80～89　□ 70～79　□ 60～69　□ 60分以下			
	录用决定	□ 予以录用　□ 有待进一步考核　□ 不予考虑			

2. 面试过程

面试的实施过程一般包括五个阶段:关系建立阶段、导入阶段、核心阶段、确认阶段和结束阶段。每个阶段都有各自不同的任务,在不同阶段中,采用的面试题目类型也有所不同。

(1) 关系建立阶段

面试人员应从应聘者可以预料到的问题开始发问,如工作经历、文化程度等,以消除应聘者的紧张情绪,创造轻松、友好的氛围,为下一步的面试沟通做好准备。在本阶段常用的是一些封闭性问题,如"路上堵车吗?""今天天气真冷,是吧?"等。

(2) 导入阶段

面试人员应向应聘者提问一般有所准备的、比较熟悉的题目,如让应聘者介绍一下自己的经历、过去的工作等,以进一步缓解应聘者的紧张情绪,为下一步的面试做准备。在本阶段常用的是一些开放性问题,使应聘者有较大的自由度,具体如"请你介绍一下工作经历""请你介绍一下在教练助理方面的主要工作经验"等。

(3) 核心阶段

面试人员通常要求应聘者讲述一些关于核心胜任力的事例,面试人员将基于这些事实做出基本的判断,对应聘者的各项核心胜任能力做出评价,为最终的录用决策提供重要依据。在本阶段主要采用的是一些行为性问题,但通常与其他问题配合使用。例如,可以用一个开放性问题引出一个话题,然后用行为性问题将该话题聚焦在一个关键行为事件上,接下去可以不断使用探索性问题进行追问,也可以使用一些假设性问题,提问那些在应聘者的过去经历中找不到合适实例的问题。

(4)确认阶段

面试人员应进一步对核心阶段所获得的信息进行确认。在本阶段常用的是一些开放性问题,尽量避免使用封闭性问题,因为封闭性问题会对应聘者的回答产生导向性,应聘者会倾向于给出面试考官希望听到的答案。本阶段常用的开放性问题,具体如"刚才我们已经讨论了几个具体的实例,那么现在你能不能清楚地概括一下在安排新进运动员培训方面的程序是怎样的?""具体地讲,你自己做了哪些工作?"等。

(5)结束阶段

面试结束之前,面试人员完成了所有预计的提问之后,应该给应聘者一个机会,询问应聘者是否还有问题要问,是否还有什么事项需要加以补充说明。不管录用还是不录用,均应在友好的气氛中结束面试。如果对某一对象是否录用有分歧意见时,不必急于下结论,还可安排第二次面试。同时,整理好面试记录表。本阶段常用的问题有行为性问题和开放性问题,如"能再举一些例子证明你在某专业方面的技能水平吗?"等。

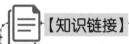 【知识链接】

常见的面试题型

常见的面试题型有七种,每种题型都有其独特的特点和作用。

(1)导入性问题

目的:降低应聘者的紧张情绪,创造融洽的交流环境。

样题:您到这里需要多长时间? 您住在哪里? 我们这里还好找吗?

(2)行为性问题

目的:了解应聘者过去某种特定情境下的行为表现。

样题:您是如何成功的带领团队高效工作的? 您是如何消除与同事间误会的呢?

(3)智能性问题

目的:考察应聘者的逻辑性与综合分析能力。

样题:您如何看待运动团队合作问题的? 您对聘请外籍体能教练有什么看法?

(4)意愿性问题

目的:考察应聘者的动机与岗位的匹配程度。

样题:某公司招聘市场人员,应聘者分为两类,一类选择高底薪,另外一类选择低底薪,您会选择哪一种呢?

您喜欢跟强势的领导工作,还是喜欢跟民主的领导工作,为什么?

（5）情境性问题

目的：可根据应聘者申请的具体岗位进行测试要素的组合（组织、分析、沟通等）。

样题：如果请您来组织本届大会，您会如何组织？

某日，总经理出差，您忽然接到体育局的通知，体育局要来进行设备抽检，此时又联系不到总经理，您将如何处理这件事？

（6）应变性问题

目的：考察应聘者的情绪稳定性与应变能力。

样题：领导开会时发言明显出错，您如何制止他？

您的领导交给您一件根本无法完成的工作，请问您会如何处理这种情况？

（7）投射性问题

投射性面试问题设计是面试领域的新趋势。传统的面试问题存在面试目的显著但题目表面效度过高，应聘者很容易就了解面试考官的意图。投射性问题借鉴了心理学的投射理论，降低题目的表面效度，尽可能地掩饰面试的真正目的，使用表面效度低的问题，让应聘者难以直接判断考官真正要了解的内容，这是与传统面试最大的区别。

样题：如果让你在画家与警察两个工作中进行选择，你会选择哪个？为什么？

你如何评价原来的领导？他让你感觉很舒服的特点是什么？有哪些是你难以接受的？

三、心理测验

心理测评是心理学在人力资源管理领域的具体应用，通过一系列科学的方法和标准化的程序，借助心理量表，对应聘者的个体能力、能力倾向、兴趣、性格等特点和差异进行测试和描述的一种系统化心理测量程序。

按照目的可以将心理测验划分为以下几种：

1. 能力测验

从心理测验的观点看，能力可分为实际能力与潜在能力。实际能力是个体当前"所能为者"，即代表个体已有的知识、经验与技能，是正式与非正式学习或训练的结果。潜在能力是个体将来"可能为者"，是在给予一定的学习机会时，某种行为可能达到的水平。能力测验又可进一步分为普通能力测验与特殊能力测验。前者即通常说的智力测验，后者多用于测量个体在音乐、美术、体育、机械、飞行等方面的特殊才能。

对能力的测评常常是通过智力测验来完成的，包括韦氏成人智力测验和斯坦福—比奈特智力测验。这一系列的测试常用来预测在一定环境下个体是否有能力胜任工作。目前已经开发出多种形式的能力测试，包括：不同能力测试、弗拉纳根能力等级测试、总体能力测试以及雇员能力测试等。这些都是标准化的试题，并不是只对某一特殊工作有效，而且具有较高的信度和普遍性，可以应用到许多工作中，尤其在需要更专业测试的情况下。

小看板

运动机能测试

运动技能测试主要是用于测评个体运动反映的速度、灵活性、协调性和其他身体动作方面的特征。这种测验大多数是典型的仪器操作测验,通常是为某些特殊的工种专门编制,测验要部分或全部的再现工作本身所需要的运动。以下简单的介绍目前常用的运动技能测验。

1. 麦夸里机械能力测验

虽然大多数运动能力测验需要特殊工具,但本测验只需纸和笔。测验包括以下七个项目:

(1) 循轨:在若干条垂直线的、很狭窄的断裂空隙间画一条线。

(2) 敲击:尽快地在纸上打点。

(3) 打点:尽快地在圆圈里打上点。

(4) 临摹:临摹简单的图样。

(5) 定位:在一个刺激图形的缩小形式中定出具体的点。

(6) 定块:在一个图样中确定有多少块。

(7) 追视:在一个迷津中追视各种线条。

2. 奥康纳手指及镊子灵活测验

该测验需要一块有一百个洞的木板,每十个洞是一行排列,另有放置数枚大头针或小木拴的浅凹,被试者需用手指或镊子将大头针或小木拴拿起插入小木洞中,总分是按完成工作的时间计算,这是传统的手指灵巧测验。此测验也可发展成钉板测验,用核仁螺丝钉填塞,则为一般所称的手掌灵巧测验。研究表明,测验对预测缝纫机操作工培训生、牙科学生和其他需要准确操作的工作人员是否会很称职有较好的预测效度。

3. 协调测量

最常见的是利用追视盘,这种测验要求被试者用铅笔点到旋转盘的一个点。

资料来源:百度官方网站,http://wenku.baidu.com/view/cddcbde424d3240c844769eae009581b6ad9bd7a.html?_wkts_=17065070502318.bdQuery。

2. 人格测验

人格是个体比较稳定的心理活动特点的总和,是一个人能否施展才能,有效完成工作的基础。人格是由多方面内容组成的,包括性格、兴趣、爱好、气质、价值观等。因此,不可能通过一次测试或一种测试,就把个体的所有人格都了解清楚,而是分别进行测试了解,以准确、全面地了解个体的整体人格。在招聘中可通过人格测验,了解个体人格的某一方面,再结合其他指标来考虑其适合担任哪些工作。

最常用的方法有问卷和投射技术。常用人格问卷有艾森克人格问卷(EPQ)、明尼苏达多项人格测验(MMPI)和卡特尔16因素人格测验(16PF)。投射技术包括几种具体方法,如罗夏克墨迹测验、逆境对话测验、语句完成测验等。

5

3. 兴趣测验

兴趣测验是将应试者的兴趣同各种职业成功人员的兴趣做比较,来判断应试者适合做什么工作,并作为职业规划的参考。另外还可以同时向应试者提供一个明确的刺激物和一套可供选择的答案,通过分析应试者的回答来判断其性格和兴趣。常用的职业兴趣测试有霍兰德职业兴趣测试和库德兴趣量表。

4. 心理健康测验

心理健康是个体心理的各个方面及活动过程处于一种良好或正常的状态。心理健康的理想状态是保持性格完美、智力正常、认知正确、情感适当、意志合理、态度积极、行为恰当、适应良好的状态。现代组织越来越注重应聘者的心理健康状况,常用的心理健康测验有大学生心理健康测验(UPI)、焦虑自评量表和心理健康临床症状自我测验。

四、评价中心

评价中心是一种包含多种测评方法和技术的相对比较全面的综合测评系统。一般而言,总是针对特定的岗位来设计、实施相应的测评方法与技术。通过对目标岗位的工作分析作业,在了解岗位的工作内容与职务素质要求的基础上,事先创设一系列与工作高度相关的模拟情景,然后将被试纳入该模拟情景中,要求其完成该情景下多种典型的管理工作,如主持会议、处理公文、商务谈判、处理突发事件等。在被试按照情景角色要求处理或解决问题的过程中,主试按照各种方法或技术的要求,观察和分析被试在模拟各种情境压力下的心理、行为表现,测量和评价被试的能力、性格等素质特征。

常见的评价中心有以下几种:

1. 无领导小组讨论

无领导小组讨论是评价中心技术中经常使用的一种测评技术,采用情景模拟的方式对受测者进行集体面试。通过一定数目的被试组成一组(8—10人),进行1小时左右与工作有关问题的讨论,讨论过程中不指定谁是领导,也不指定受测者应坐的位置,让受测者自行安排组织,评价者来观测受测者的组织协调能力、口头表达能力、辩论的说服能力等各方面的能力和素质是否达到拟任岗位的要求,以及自信程度、进取心、情绪稳定性、反应灵活性等个性特点是否符合拟任岗位的团体气氛,由此来综合评价受测者之间的差别。

2. 文件筐测试

文件筐测试又叫公文处理测试,是将被评价者置于特定职位或管理岗位的模拟环境中,由评价者提供一批该岗位经常需要处理的文件,要求被评价者在一定的时间和规定的条件下处理完毕,并且还要以书面或口头的方式解释说明这样处理的原则和理由。

文件筐测试是评价中心中最常用和最核心的技术之一。它具有考察内容范围广、表面效度高的特点,因而非常受欢迎,使用频率居各种情景模拟测试之首。在实际运用中,文件筐测试主要通过从业务角度和技能角度对被评价者进行测试来帮助组织选拔优秀的人才或考核现有人员。

3. 角色扮演

角色扮演是一种情景模拟活动,是根据被试者可能担任的职务,编制一套与该职务实际根据相似的测试项目,将被试者安排在模拟的、逼真的工作环境中,要求被试者处理可能出现的各种问题,用多种方法来测评其心理素质、潜在能力的一系列方法。情景模拟假设解决方法往往有一种以上,其中角色扮演法是情景模拟活动应用的比较广泛的一种方法,其测评主要是针对被评价者明显的行为以及实际的操作,另外还包括两个以上的个体之间相互影响的作用。

4. 管理游戏

管理游戏又称管理竞赛,几组管理人员利用计算机来模拟真实的组织运营,并做出各自决策来互相竞争的一种开发方法。在管理竞赛中,将被评价者分为5—6个小组,每个小组都要在激烈的模拟市场竞争中与其他小组进行各种形式的博弈。每个小组设立一个明确的目标并得知自己可以做出几个决策,但是每个小组不能获得有关其他小组的决策情况。

第五节　体育组织人员录用与招聘评估

一、人员录用

经过笔试、面试或心理测试后,招聘录用工作进入了决定性阶段。这一阶段的主要任务是通过对甄选评价过程中产生的信息进行综合评价与分析,确定每一位应试者的素质和能力特点,根据预先确定的人员录用标准与录用计划进行录用决策。

一般来说,人员的录用程序包括以下主要步骤:

1. 做出初步录用决策

组织运用简历筛选、面试、心理测验、评价中心等手段对应聘者进行测试筛选后,就可以获得关于应聘者胜任力的信息。根据这些信息,来自各个方面的评价者,如用人部门的主管、人力资源部门的专业人员、组织的领导层人员等,会对应聘者进行评价,集体讨论后做出录用决策。

2. 人员背景调查

背景调查是用人单位通过各种合理合法的途径,来核实求职者的个人履历信息的真实性的过程,是保证招聘质量的重要手段之一。人员背景调查的内容一般分为两类:一是通用项目,如毕业学位的真实性、任职资格证书的有效性;二是与工作说明书要求相关的工作经验、技能和业绩。

3. 体检

为了确定应聘者的身体状况是否适应工作要求,特别是能否满足工作对应聘者身体素质的特殊要求,在筛选之后录用之前还要经历体检。这里所说的体检不同于一般的身体检查,它包括健康检查、身体运动能力测试等。

4. 办理录用手续

录用通知的主要内容包括:(1) 对新成员的加入表示欢迎,让被录用者知道他们的到来对于组织的重要意义;(2) 明确人员报到的相关内容;(3) 报到的时间和地点;(4) 如何到达及其他应该说明的信息。

5. 签订劳动合同

劳动合同是劳动者与用人单位之间确立劳动关系,明确双方权利和义务的协议。劳动合同订立是劳动者和用人单位经过相互选择和平等协商,就劳动合同条款达成协议,从而确立劳动关系和明确相互权利义务的法律行为。订立和变更劳动合同,应当遵循平等自愿、协商一致的原则,不得违反法律、行政法规的规定。劳动合同依法订立即具有法律约束力,当事人必须履行劳动合同规定的义务。

二、招聘评估

(一) 招聘评估的内涵和作用

招聘评估是招聘中最重要的组成部分,通过对流程的效益和成本进行核算进而了解在招聘过程中相应的费用支出,并且可以有针对性地确定应支出项目和不应支出项目。通过这种方式的审核,可以相应的控制支出的成本。但前提必须是保证质量和效率,之后尽可能减少不必要的开支,并为以后的招聘提供丰富的参考资料和经验。

招聘评估的作用,具体体现在以下几方面:

1. 有利于组织节省开支

招聘评估包括招聘结果的成效评估(具体又包括招聘成本与效益评估、录用人员数量与质量评估)和招聘方法的成效评估(具体又包括招聘的信度与效度评估),因而通过招聘评估中的成本与效益核算,能够使招聘人员清楚费用支出情况,对于其中非应支项目,在今后招聘中加以去除,因而有利于节约将来招聘支出。

2. 检验招聘工作的有效性

通过招聘评估中录用人员数量评估,可以分析招聘数量是否满足原定的招聘要求,及时总结经验(当能满足时)和找出原因(当不能满足时),从而有利于改进今后的招聘工作和为人力资源规划修订提供依据。

3. 检验招聘工作成果与方法的有效性程度

通过对录用人员质量评估,可以了解人员的工作绩效、行为、实际能力、工作潜力与招聘岗位要求之符合程度,从而为改进招聘方法、实施人员培训和为绩效评估提供必要的、有用的信息。

4. 有利于提高招聘工作质量

通过招聘评估中招聘信度和效度的评估,可以了解招聘过程中所使用方法的正确性与有效性,从而不断积累招聘工作的经验与修正不足,提高招聘工作质量。

(二) 招聘评估的内容

1. 招聘成本效益评估

招聘成本效益评估是对招聘中的费用进行调查、核实、并对照预算进行评价的过程,是鉴定招聘效率的一个重要指标。

$$招聘单价＝总经费(元)/录用人数(人)$$

招聘成本评估之前,应该制定招聘预算。每年的招聘预算应该是全年人力资源开发与管理总预算的一部分。招聘预算中主要包括:招聘广告预算、招聘测试预算、体格检查预算、其他预算,其中招聘广告预算占据相当大的比例,一般来说按 4∶3∶2∶1 比例分配预算较为合理。

2. 录用人员评估

录用人员评估是根据招聘计划对录用人员的质量和数量进行评价的过程。

录用人员的数量:录用人员的数量可用以下几个数据来表示。

(1) 录用比公式:

$$录用比＝(录用人数/应聘人数)\times 100\%$$

如果录用比越小,相对来说,录用者的素质越高;反之,则可能录用者的素质较低。

(2) 招聘完成比公式:

$$招聘完成比＝(录用人数/计划招聘人数)\times 100\%$$

如果招聘完成比等于或大于 100％则说明在数量上全面或超额完成招聘计划。

(3) 应聘比公式:

$$应聘比＝应聘人数/计划招聘人数$$

如果应聘比越大,说明发布招聘信息效果越好,同时说明录用人员可能素质较高。

录用人员的质量:除了运用录用比和应聘比两个数据来反映录用人员的质量外,也可以根据招聘的要求或工作分析中的要求对录用人员进行等级排列来确定其质量。

3. 招聘工作评估

(1) 平均职位空缺时间

平均职位空缺时间计算公式为:

$$平均职位空缺时间＝职位空缺总时间/补充职位数\times 100\%$$

该指标反映平均每个职位空缺时间多长时间能够有新人员补缺到位,能够反映招聘人员的工作效率。该指标越小,说明招聘效率越高。

(2) 招聘合格率

该指标反映招聘工作的质量,这里的合格招聘人数是指顺利通过岗位适应性培训、试用期考核最终转正的人员。

（3）新人员对招聘工作满意度

良好的建议可提高招聘人员的工作水平。

（4）新人员对组织的满意度

该项评估一定程度上反映了新人员对组织的认可程度。

（三）招聘成本效益评估

1. 人员招聘成本

（1）招募成本

招募成本是为吸引和确定组织所需要的人力资源而发生的费用，主要包括招聘人员的直接劳务费用、直接业务费用、其他相关费用等。

（2）选拔成本

选拔成本是对应聘人员进行鉴别选择，以做出决定录用或不录用哪些人员所支付的费用构成。

（3）录用成本

录用成本是经过招聘选拔后，把合适的人员录用到组织所发生的费用。录用成本包括录取手续费、调动补偿费、搬迁费和旅途补助费等由录用而引起的有关费用。

（4）安置成本

安置成本是为安置已经被录取的人员到具体的工作岗位所发生的费用。安置成本由为安排新人员的工作所必须发生的各种行政治理费用、为新人员提供工作所需要的装备条件以及录用部门因安置人员所损失的时间成本而发生的费用构成。

（5）离职成本

离职成本一般是因招聘不慎，人员离职而给组织带来的损失，一般包括直接成本和间接成本两部分。

（6）重置成本

重置成本是因招聘方式或程序错误致使招聘失败而重新招聘所发生的费用。

2. 人员招聘成本效益评估分类

（1）招聘成本

招聘成本分为招聘总成本与招聘单位成本。招聘总成本是人力资源的获取成本，由两部分构成。一部分是直接成本，包括：招募费用、选拔费用、录用人员的家庭安置费用和工作安置费用、其他费用（如招聘人员差旅费、应聘人员招待费等）。另一部分是间接费用，包括：内部提升费用、工作流动费用。招聘单位成本是招聘总成本与实际录用人数之比。如果招聘实际费用少，录用人数多，意味着招聘单位成本低；相反，则意味着招聘单位成本高。

（2）成本效用评估

成本效用评估是对招聘成本所产生的效果进行的分析。主要包括：招聘总成本效用分析、招聘成本效用分析、人员选拔成本效用分析和人员录用成本效用分析等。以下为具体计算方法：

$$总成本效用＝录用人数/招聘总成本$$
$$招聘成本效用＝应聘人数/招聘期间费用$$
$$选拔成本效用＝被选中人数/选拔期间费用$$
$$人员录用效用＝正式录用人数/录用期间费用$$

（3）招聘收益成本比

招聘收益成本比既是一项经济评价指标,同时也是对招聘工作的有效性进行考核的一项指标。招聘收益——成本越高,则说明招聘工作越有效。

$$招聘收益成本比＝所有新员工为组织创造的总价值/招聘总成本$$

3. 人员招聘成本分析

通过单位招聘成本分析,可反映组织在某一招聘周期的招聘成本的高低。

招聘成本可分为直接招聘成本和间接招聘成本。直接招聘成本包括开展招聘活动的直接费用,如报纸广告费、招聘人员差旅费等。间接招聘费用则包括面试官的时间成本及为准备招聘而付出的各项时间劳动成本。

招聘有效度可用一个数值反映。一般组织会采用在某一招聘周期的录用人数作为参考值。但由于录用人数职位有高下,招聘难度不同,较难反映真实的招聘情况。因此,使用组织在某一招聘周期的所录用人数的薪金总额作为参考,可更直接而有效的反映出每一个时间段内的招聘有效度。

例1:M公司2022年2月份参加三场招聘会,刊登两次报纸招聘广告,其招聘费用合共为64 000元。招聘结果如下:录用财务主管1人,月薪8 000元,文员3人,月薪共3 300元;技术工人5人,月薪合共4 700元。则M公司在2022年2月份的招聘有效值为:

（1）64 000元/(1＋3＋5)＝8 000元/人

表示每招聘1人,则须付出招聘成本为8 000元。

（2）64 000元/(8 000＋3 300＋4 700)＝4

表示每招聘人工价值为1的成员,须支付的招聘成本为4。

例2:T公司2022年2月招聘情况如下:

（1）参加一次招聘会,招聘成本(展会费＋差旅费)合计为4 480元。通过此招聘会,招聘到职技术工人为2人,月薪合计为2 800元。

（2）刊登一次报纸广告,招聘成本为3 000元。通过此广告,招聘到职文员1人,月薪合计为1 200元。

（3）通过猎头招聘到一技术研发员,猎头服务费为12 000元,技术研发人员工资为8 000元。

则各个岗位的招聘成本可列计如下:

（1）技术工人:4 480/2 800＝1.6;

（2）文员:3 000/1 200＝2.5;

（3）技术研发人员:12 000/8 000＝1.5

通过此项分析表明,此次招聘文员的成本为最高。

同时,可计算各个招聘渠道的招聘成本如下:

(1) 招聘会:4 480/2 800＝1.6

(2) 报纸广告:3 000/1 200＝2.5

(3) 猎头:12 000/8 000＝1.5

通过此分析表明,在各个招聘渠道中,猎头这个招聘渠道的性价比是最高的。相反,报纸广告在各个招聘渠道中是最不经济、最不划算的。

本 章 小 结

本章内容结构如下所示:

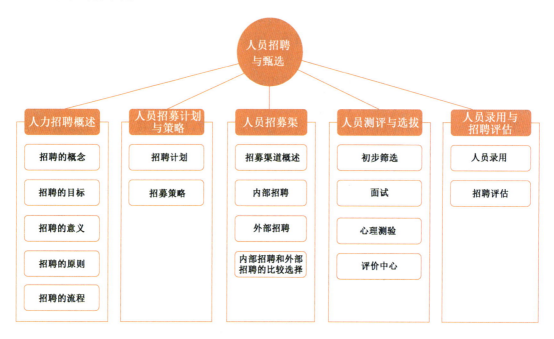

复 习 思 考 题

1. 什么是人员招聘?组织内部招聘和外部招聘各有哪些优缺点?

2. 人员招聘的渠道有哪些?各自的特点是什么?

3. 人员测评和选拔具有哪些不同的方法?

4. 什么是面试?如何有效地运用面试?

5. 心理测试有哪些不同的类型?

6. 什么是评价中心?其主要内容有哪些?

7. 人员录用分为哪几个阶段或步骤?

8. 招聘评估的内容是什么?

9. 招聘评估有哪些不同的方法？其评价标准是什么？

案例讨论

"让一条鱼去跑步"——关于运动员体能测试，你怎么看？

2020 年全国游泳冠军赛暨东京奥运会达标赛刚开始没几天，就出现了一些匪夷所思的事情：26 日，曾因"洪荒之力"走红的游泳女将傅园慧，在女子 100 米仰泳预赛中以 59 秒 48 的成绩排名第一，成为预赛所有选手中唯一突破 1 分钟大关的——但最终却无缘决赛；同日，广东名将余贺新在男子 50 米自由泳预赛中，以 21 秒 79 的成绩打破了由宁泽涛所保持的已尘封七年的全国纪录，成为东京奥运周期里第一个达到男子 50 米自由泳奥运会 A 标的中国选手——但他依旧无缘决赛；27 日，来自辽宁的 18 岁泳坛新星王简嘉禾，在 1 500 米自由泳预赛中以 15 分 45 秒 59 打破亚洲纪录，无缘决赛；28 日，王简嘉禾继续遭遇尴尬：她在 800 米自由泳预赛中以 8 分 20 秒 96 名列第一，还是无缘决赛；

……

原因？很简单：均因为体能测试成绩不理想。

体能测试

据悉，此次全国游泳冠军赛按照国家体育总局强化体能的要求，除常规游泳比赛外，还设置了为期两天的体能测试，包括五个项目：垂直纵跳、引体向上、躯干核心力量、30 米冲刺跑、3 000 米跑。根据规则，游泳预赛成绩前 16 名的选手，取体能测试成绩前 8 名进入决赛。若体能成绩相同，则按照游泳成绩排名进入决赛。而在预赛前 16 名运动员的体测排名中：傅园慧排第 11，余贺新排第 9，王简嘉禾也没能进前 8。因此，就算预赛成绩第一，也只能相继被淘汰。

"术业有专攻"

事实上，从 8 月开始，羽毛球、田径、排球、体操等全国性比赛均安排了体能测试环节。甚至，连象棋选手也要考 1 000 米跑、立定跳远。游泳比赛不看游泳成绩看体测成绩？在各大社交媒体上，网友对此展开了激烈讨论。不少网友表示难以理解这样的规则，认为这好比是"让一条鱼去跑步"。也有网友表示认可体能的重要性，制定规则自然有其道理。更多网友表示，并不是不支持设置体能测试，而是反对一个标准，反对一刀切——即可以让体能影响成绩但不应用体能决定成绩，毕竟"术业有专攻"。

泳协回应：会坚持下去，规则面前人人平等

面对外界争议，中国游泳协会主席周继红在接受《中国体育报》采访时表示，"力挺"体能测试，且会继续朝着这一方向改革。"中国游泳要想全面冲击更高水平，必须基础和专项双管齐下，因此这次全国比赛中增加基础体能测试，目的就是为了弥补中国运动员的短板，以提高中国游泳运动员在世界上的竞争力。"

谈及多位名将因体能排名靠后而无缘决赛的现象，周继红回应称："比赛就要按规则进行，规则面前人人平等。我们对几个运动员的专项成绩要进行客观分析：首先，余贺新的这个成绩相当于去年的世界排名第11,使他具有进入世界大赛半决赛的绝对实力,但并不能保证他稳进决赛。其次,于静瑶和傅园慧的成绩虽然都达到了奥运A标,但和世界水平相比都有较大距离。虽然我国有较多运动员可以在冠军赛暨奥运会达标赛上达到奥运A标,但难的是在比赛中出现在奥运会上获得奖牌或至少进入决赛的成绩。"

对于高水平的专业运动员来说,运动员的体能水平与专项成绩之间的平衡点如何掌握,成为此番舆论对"体能测试"的讨论焦点。如何平衡其中关系,让专项优秀的运动员不致因体能原因被埋没,让体能优秀的运动员专业也同样出色,仍旧值得探讨。

资料来源:网易新闻网站,http://www.163.com/dy/article/FNQGGKCP0537OALP.html,2020-10-1。

讨论:

1. 你是如何看待上述案例中游泳运动员的体能测试的?

2. 为何在确定决赛名单中加入了体能测试的权重?

3. 结合案例内容,试分析在选拔世界级高水平运动员时应如何平衡专项表现和体能成绩。

5

第六章 体育组织人员培训与开发

> 活的人才教育不是灌输知识,而是将开发文化宝库的钥匙,尽我们知道的交给学生。
>
> ——陶行知

★ 知识目标

☐ 掌握体育组织人员培训的内涵和作用;
☐ 了解和熟悉体育组织人员培训的原则和类型;
☐ 掌握体育组织人员培训系统模型的架构;
☐ 熟悉和运用体育组织人员培训的不同方法;
☐ 掌握体育组织人员开发的内涵和意义;
☐ 了解和熟悉体育组织人员开发的过程和类型;
☐ 理解和熟悉体育组织人员开发的方法。

★ 能力目标

☐ 设计体育组织人员年度培训计划;
☐ 设计体育组织人员开发规划。

★ 核心概念

☐ 人员培训 新人员入职培训 轮岗培训 转岗培训 在职培训 脱产培训
☐ 培训需求分析 培训目标确定 培训实施 培训评估和反馈
☐ 培训方法 演示法 传递法 团队建设法
☐ 人员开发 在职开发法 脱岗开发法

 开篇案例:问题提出

从心出发——李宁培训服务体系这样进化

2018 年,李宁(中国)体育用品有限公司零售培训部将延用 20 年的服务标准进行全方位升级,打造具有品牌特色的"中国李宁服务＋计划"。线下培训是经验分享、技能训练、文化传承的重要方式,具有不可替代性。随着多媒体学习平台的运用,李宁零售培训部将线上自主学习与线下面授培训有效结合,从课堂授课到店铺实操、从理论知识到技巧运用、从体育资讯到运动体验,打造多维度、立体化的培训体系,形成趣味性强、参与度高的培训模式。

新零售时代新生代培训创新

在全民健身的热潮下,体育用品行业已进入持续增长的"黄金期"。越来越多的人开始关注健康,并将运动作为提升身体素质、美体塑形的重要方式;各类体育场馆、健身房如雨后春笋般涌现。当运动成为人们生活中不可或缺的一部分时,衍生而来的周边产业都会迎来巨大商机,体育用品行业的未来会越来越好。

基于行业人员流动性大的特点,人才培养重点及形式运用二八原则进行培训循环,即80％基础进阶培训＋20％人才梯队培养模式。伴随90后、00后开始步入职场,新生代逐步成为行业生力军,70后80后晋升为中高层管理者,代际壁垒成为企业人才培养面临的又一挑战。因此,提供趣味度高、参与性强,多维度、人性化的培训管理模式,是突破代际壁垒、减少人才流失的重要方法。

李宁的人才培养依据企业战略规划,制定适应新零售时代的培训体系,有效支持零售终端的技能提升。针对店铺不同岗位层级的员工、领班、店长、店经理,开展差异化的线上＋线下培训＋体验培训。举例来说,员工层级更注重销售技巧和专业知识,领班店长层级更注重管理技能和运营标准。课程设置注重代际共融,鼓励90后00后培养创新思维和自主学习能力,运用技能萃取和知识凝练的方式聚能70后80后。倡导工匠精神、塑造榜样力量,鼓励经验的总结和传授。将人员培训转化为成长赋能,通过线上和线下学习生态环境的打造,将品牌文化和运动基因根植于每位员工的心中,激发自身内驱力,提升工作效能。

现场辅导做"接地气"的培训

作为一家零售体育公司的培训部,始终围绕销售服务提升和体育文化塑造开展各项培训工作。李宁自己的培训师除了课堂培训以外,也会直达终端门店,进行现场销售辅导,针对新员工、老员工、店长分别给予专项的店铺培训及课堂培训、线上培训。举例来说,店长层级实地带教会围绕人员管理展开,现场培训新员工,带动激发员工积极性,营造良好销售氛围。授人以鱼,不如授人以渔,让店长成为合格的店铺教练,才能帮终端留住人才、培养人才,从而支持销售部门做好业务。新员工对销售充满了干劲和热情,缺乏的是技巧和方法,培训师在帮助新员工树立信心的同时,将服务销售的话术和技巧有效结合,进行现场演练和指导,让新员工可以尽快适应销售节奏进入工作状态。老员工具备丰富的销售经验,培训师则需要帮助他们调整心态、深化技能。

值得一提的是,李宁是零售行业使用直播培训较早的公司,目前也取得了较好的使用效果,每场直播结束以后员工都可以第一时间完成回放学习、点播学习,对于没有掌握的知识反复学习、考核。同时,开展"李宁抖音大赛",它是结合90后员工对于培训参与性和趣味性的需求,将品牌价值观融入员工自己的理解,通过社交平台进行全新演绎的一种尝试。总而言之,对于业务最好的支持莫过于"培训接地气"。

资料来源:网易官方网站,http://www.163.com/dy/article/E8D34JV30516QHFP.html,2019-2-19。

【案例思考题】

请分析:

1. 李宁是如何从线上和线下两方面共同构建培训服务体系的?

2. 在新零售时代,面对新生代受训者,李宁是如何做出相应调整的?

3. 对于李宁来说,优质的培训体系给它带来了什么积极影响?

第一节 体育组织人员培训概述

培训与开发是人力资源管理的一个重要职能。主要目的是为体育组织长期战略绩效和近期绩效提升做贡献,确保成员在组织战略需要和工作要求环境下,有机会、有条件进行个人绩效提升和经验阐释。

一、人员培训的含义

人员培训(Training)是体育组织有计划地实施有助于人员学习与工作相关能力的活动。这些能力包括知识、技能和对工作绩效起关键作用的行为。人员开发(Development)是为体育组织人员未来发展而展开的正规教育、在职实践、人际互动以及个性、能力的测评等活动。两者具有不同的含义,前者是使组织人员的工作表现达到组织设定的要求而进行的培养和训练;而后者是组织人员学习一些与当前从事的工作不直接相关的内容。随着组织培训战略地位的凸显,培训与开发的界限已日渐模糊,尤其在学习型组织中,培训与开发处于同等重要的地位。

二、人员培训的作用

1. 适应体育组织外部环境的发展变化

体育组织发展是内外因共同作用的结果,一方面,组织要充分利用外部环境给予的各种机会和条件;另一方面,组织也要通过自身的变革去适应外部环境的变化。组织不是一个封闭的系统,而是不断与外界相适应的升级系统。这种适应并不是静态的机械适应,而是动态的积极适应,这就是所谓的系统权变。组织作为一种权变系统,就必须不断培训人员,才能使他们跟上时代,适应技术和经济发展的需要。

2. 提高体育组织人员对自身价值的认识

通过培训,体育组织人员可以掌握新的知识和技能,提高知识、技能水平,从而更好地

6

完成工作任务。同时,培训也能增强人员对组织的归属感和主人翁责任感,提高组织的吸引力和效益。因此,组织应该注重培训,让人员更好地了解自己,提高自身价值,从而更好地完成工作。

3. 改善工作质量

培训可以帮助体育组织人员掌握正确的工作方法,纠正错误和不良的工作习惯,从而提高工作效率和质量。因此,组织应该重视培训,让人员不断学习和提高自己的能力,以提高工作质量。

4. 增强就业能力

现代社会职业的流动性使体育组织人员认识到充电的重要性,换岗、换工作主要倚赖于自身技能的高低。因此,很多组织要求提供足够的培训机会,以满足人员的发展需要。这也成为一些个体择业中考虑的一个方面。通过培训,组织人员可以不断提高技能和知识,增强自身就业竞争力,从而更好地适应职场环境和发展。

三、人员培训的原则

体育组织对人员培训应遵循系统性原则、制度化原则、主动性原则、多样化原则和效益性原则。

1. 系统性

人员培训是一个全员性的、全方位的、贯穿组织人员职业生涯始终的系统工程。

2. 制度化

建立和完善培训管理制度,把培训工作例行化、制度化,保证培训工作的贯彻落实。

3. 主动性

强调组织人员参与和互动,发挥人员的积极性和主动性。

4. 多样化

开展人员培训工作要充分考虑受训对象的层次、类型,考虑培训内容和形式的多样性。

5. 效益性

组织人员培训是人、财、物投入的过程,是价值增值的过程,培训应该有产出和回报,应该有助于提升组织的整体绩效。

四、人员培训的类型

1. 新人员入职培训

新人员入职培训是体育组织为了促使新人员更快地融入工作而专门设计、组织和实施的培训,包括入职培训、考察期间培训和培训考核等。有效的新人员入职培训主要包含的要素有:使新进人员成为正式成员的信息;新人员了解组织体制的信息;建立新人员归属感的信息;组织的历史和经营哲学;组织的目的和目标;新人员熟悉自身岗位职责的信息。

新人员培训的内容灵活多样,一般来说包括以下几个方面:

(1) 组织概况。组织的发展历史、发展战略和目标、组织的行业背景和特点、经营特点和竞争对手、组织的市场区域划分、产品特点、服务理念、组织文化、规章制度、行为规范和共有价值观等。

(2) 组织制度。包括组织行政、财务及人力资源管理等各项规章制度及规定,例如就职规则、薪酬制度、工作时数、福利、劳资关系、就职合同、保密协议等。与新进人员自身密切相关的制度包括加班制度、轮班制度、工作费用报销规定、节日工资标准、发薪方式、纳税方法及安全保障等。

(3) 业务知识。结合岗位特点,对业务知识、技能和管理实务进行专项培训。

(4) 职业生涯发展规划。使新进人员明确组织为其设置的职业生涯通道,根据自身情况和将要从事的岗位,选择适合于自身的发展方向,与组织共同发展。

新人员培训对于组织和人员自身来说,都具有重要的意义。

(1) 对于组织来说,通过将组织的发展历史、发展战略、经营特点、组织文化和管理制度等介绍给新进人员,对其进入工作岗位有很大的激励作用。新人员通过培训考核后,能够很快胜任岗位,提高工作效率,取得较好的工作业绩,起到事半功倍的效果;明确了组织的各项规章制度后,新人员可以实现自我管理,节约管理成本;管理者对新人员更加熟悉,为今后的管理打下基础。

(2) 对于个体来说,通过对组织的进一步了解和熟悉,一方面可以缓解新进人员对新环境的陌生感和由此产生的心理压力;另一方面可以降低新进人员对组织不切实际的想法,正确看待组织的工作标准工作要求和待遇,顺利通过磨合期。

2. 轮岗培训

轮岗培训是为了让轮岗人员对新的工作环境和业务有所了解,补充新的知识和技能,使其对未来岗位有一个清晰了解的培训。

轮岗培训大概包含以下几个方面:

(1) 新人员轮岗培训。通过轮岗使新进人员对组织各个方面有所了解,并且从中判断自身适合于哪个领域的工作。

(2) 中层轮岗培训。为了提升其综合管理能力,可以先将每个部门的副职培养好,再进行正职轮换,以确保每个部门的正常运营。

(3) 高层轮岗培训。大多是为培养高层管理者做准备,培训内容已经不完全是专业知识,而更多的是培养领导能力和战略能力。

轮岗培训的意义主要体现在以下几个方面:

(1) 培养工作乐趣

工作岗位轮换后,新的岗位就是全新的工作流程和内容,都会带来一定的刺激点和乐趣,能有效地提升人员的工作积极性,避免因为在同一岗位长时间工作产生的厌倦感,从而使工作效率降低。

（2）有助于工作的系统化和整体性

轮岗需要进行经常性的工作交接,这也促使组织人员将手头工作进行系统化和整体性处理,才能实现在一两天时间内的迅速交接。"当前事,当前毕",每位人员就必须及时地把手头的工作整理得很清晰、很有条理性,这样才能快速准确的交接。

（3）有利于各岗位人员之间互相理解配合

组织最大的消耗在于内耗,而内耗更多又是人为因素造成的。除去制度设置的不合理外,各个岗位人员之间的互相不理解从而导致的不配合是主要原因。通过岗位互换,各岗位人员之间就会产生深切的体会,互相理解他人的难处和工作特性所在,有效地增强组织人员之间的互相理解与配合度,总体上减少内耗。

（4）增强人员的多向工作技能

从个体角度而言,进行轮岗工作制度,组织人员可以在短时间内学习更多的工作技能,对自身职业素质和职业竞争力都将有一个很好的提升。

3. 转岗培训

转岗培训是为转换工作岗位,使转岗人员掌握新岗位技术业务知识和工作技能,取得新岗位上岗资格所进行的培训。转岗培训的对象一般具有一定的工作经历和实践经验,但转移的工作岗位与原工作岗位差别较大,需要进行全面的培训,以掌握新知识、新技能。转岗培训的方式一般有:与新人员一起参加入职培训、现场一对一指导、外出参加培训、集中定向培训等。

转岗培训产生的原因主要有三个方面:

（1）由于组织经营规模与方向的变化、生产技术进步、机构调整等因素对现有人员的岗位进行调整;

（2）由于现有人员不能胜任现在的工作岗位;

（3）由于组织人员某方面的才能或者特长受到重视,需要重新安置。

4. 在职培训

在职培训又称"工作现场培训",是人力资本投资的重要形式,是为提高在职人员的技术技能水平,由用人单位直接或委托其他培训机构对各类在职人员实施的培训。

《中华人民共和国劳动法》第八章第六十八条规定,用人单位应当建立职业培训制度,按照国家规定提取和使用职业培训经费,根据本单位实际,有计划地对劳动者进行职业培训。我国《职业教育法》第四章第二十八条规定,用人单位应当承担对本单位的职工和准备录用的人员进行职业教育的费用,具体办法由国务院有关部门会同国务院财政部门或者由省、自治区、直辖市人民政府依法规定。第二十九条规定,用人单位未按本法第二十条的规定实施职业教育的,县级以上地方人民政府应当责令改正;拒不改正的,可以收取用人单位应当承担的职业教育经费,用于本地区的职业教育。

一般来说,在职培训是将培训和工作结合得最好的训练方法,是促使组织人员成才的最有效手段之一。

（1）不耽误工作时间

脱产培训需要组织人员暂时地离开工作岗位，肯定会给工作的连续性造成一定的影响。而在职培训则不同，在职培训将培训和工作紧密结合起来，融培训于工作之中，使培训和工作之间产生互动，从工作中获得培训，从培训中获得更多的工作机会，从而获得更有价值和实际意义的提升。

（2）节约培训费用

尽管培训不被看作成本而是投资，但毕竟还是要产生费用。与脱产培训相比，在职培训可以节约大量的培训费用。同样的培训费用，在职培训可以培训更多的人，让更多的人员从中受益。

（3）建立管理者与下属之间的沟通渠道

通过在职培训增加管理者和下属接触的机会，方便彼此的沟通，互相学习，建立彼此的信任基础和沟通渠道，让培训成为管理者和下属沟通的方式。

（4）更具有针对性

培训既是提高组织人员能力的必需，更是解决问题的必需。在工作当中，管理者和下属更容易发现问题并做出思考；通过在职培训的观念指导，管理者启发下属思考问题，提出改进建议，加深下属的印象，使改进更有针对性和时效性。

5．脱产培训

脱产培训是在工作时间进行全职进修或培训，这种脱离直接工作场所的培训可能会给现时工作的安排带来不利的影响，需要做妥善安排、协调处理。组织人员可以参加半脱产培训，部分时间参加部门的工作、部分时间进行学习培训，包括参加部门内的研讨会、敏感性训练、各种短训班（高校、管理协会及其他特殊短训班）、参与评价中心活动以及外出参观考察等。

一般情况，脱产培训分为三大类：

（1）分阶层脱产培训

分阶层脱产培训是对不同阶层的组织人员进行脱产教育培训，包括对各类管理阶层人员的培训、对新职工的入职培训、对骨干职工的脱产轮训等。

（2）分专业脱产培训

分专业脱产培训是按不同专业对各类组织人员进行脱产教育培训，包括对不同人员进行全面质量教育培训、安全生产教育培训、专业教育培训和技术教育培训等。

（3）分等级脱产培训

分等级脱产培训类似"职工终身教育制"，在进入组织前进行前期教育；进入组织后进行新职工教育；随着职务职位等级上升，进行定期或不定期的教育。从另一个角度说，对每一位处在不同职务或职位等级上的组织人员来说，都必须经历相应的"脱产教育培训"，以便更快地适应所承担的新职务或新职位。

6

五、人员培训的理论基础

1. 学习理论

（1）操作学习理论

该理论认为个体的行为是其结果的函数。个体的行为学习或改变并非由先天或反射（即个体意识控制之外的无意识或自动的反应）决定，而是由操作行为（主动或习惯的行为）决定的。因此，个体低效工作行为的改变是通过主动性的操作行为学习而实现的。个体在实施具体的行为之后就将创设令人满意的结果（即强化物），并会增加此种行为的出现频率。个体高效的工作行为就是操作学习的结果，它将不断强化个体对这种行为的巩固和模仿。例如，某种工作行为得到奖励或表扬时，就会被人们重复或仿效。

（2）社会学习理论

该理论认为个体不仅可以通过操作行为学习直接经验，还可以通过观察或听取发生在他人身上的事情进行社会学习。因此，人们的知识、技能或行为既可以通过自身积累的直接经验学习，又可以通过观察和间接别人的行为及行为成果的间接经验这两种途径学习。

（3）期望理论

该理论认为一种行为倾向的强度取决于个体对此种行为可能带来结果的期望强度，以及此种结果对行为者的吸引力，即个体的行为倾向基于行为预期、实现手段和效价。因此，组织开展的培训活动必须同时具备以下三个因素，才能实现其有效性。第一，受训者相信自己有能力完成培训项目的内容，并能够达到培训要求（行为预期）；第二，受训者相信参加该培训项目与加薪、领导和同事的认同、工作改进等（实现手段）特定成果之间存在一定关联性；第三，受训者认为参加培训项目可能获得的这些成果具有（满足自身需要）的价值。

2. 学习过程

（1）学习曲线

为了提高人员培训效率，国内外学者对人类的学习过程进行了大量的研究，其中学习曲线就是有关学习过程的研究成果。典型的学习过程大致经历了初始期、平坦期和上升期三个过程（如图 6-1 所示）。初始期（从 A 点到 B 点）学习曲线急速上升，表明个体在较短时间内迅速掌握了很多信息和技能；之后，进入平坦期（从 B 点到 C 点），人们的学习速度在一段时间内保持稳定；在经历了知识、技能的积累和沉淀之后，人们的学习过程又会迎来新的上升期，人们的学习成果和学习能力都将得到较大提高。学习曲线的形状与学习者的状态、教和学的方式、学习条件等要素紧密相关。

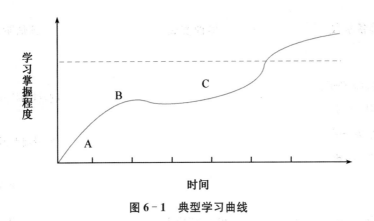

图6-1　典型学习曲线

（2）学习原则

学习原则是研究学习曲线的影响因素，在实际教和学的过程中要适当选用教学方式，以极大限度地提高学习效率的原则。它由参与性、重复性、相关性、可迁移性和反馈五个因素组成。参与性是在学习过程中学习者的参与程度，当学习者积极参与学习过程，便会提高学习效果，缩短学习时间。重复性是在教学过程中对教学内容的重复程度，如果学习内容重复性高，就可以加深学习者的印象，巩固学习内容。相关性是学习内容与学习者当前或未来工作是否密切相关，只有当学习内容对学习者而言是有意义的，他们才会有动力去学习。可迁移性是学习者可以将所学内容应用到实际的程度，如果培训内容可以很快地应用到工作中去，那么培训效果将会十分明显。反馈是在学习过程中对学习者的学习进度、效果、内容等进行及时评价与反馈，适当及时地对学习过程进行反馈，可以帮助学习者判断其学习效果，调整学习行为。

第二节　体育组织人员培训系统模型

有效的人员培训系统是体育组织人员培训的重要保障，一般来说，培训系统模型包括培训需求分析、培训目标确定、培训方案设计、培训实施、培训评估和反馈等几个环节（如图6-2所示）。

6

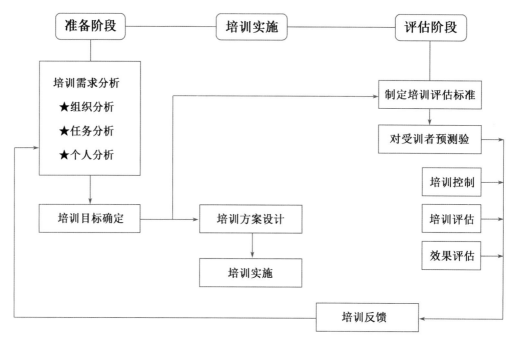

图6‐2 人员培训系统模型

一、培训需求分析

培训需求分析主要是体育组织为了明确是否需要进行培训,包括组织分析、任务分析和人员分析三项内容。

1. 组织分析

组织分析是要在体育组织的战略指导下确定相应的培训,并为其提供可利用的资源、管理和组织对培训活动的支持。组织分析包括三方面内容:(1)从战略发展高度预测组织未来在技术、市场和组织结构上可能发生的变化,对人力资源的数量和质量的需求状况进行分析,确定适应组织发展需要的人员能力。(2)分析组织人员对培训活动的支持态度。(3)分析组织的培训费用、培训时间和培训相关的专业知识等培训资源。

2. 任务分析

任务分析包括任务确定以及对需要再培训中加以强调的知识、技能和行为等进行的分析,用以帮助组织人员准确、按时地完成任务。任务分析的结果是有关工作活动的详细描述,包括人员执行任务和完成任务所需的知识、技能和能力的描述。任务分析不同于工作分析,主要研究怎样具体完成各自所承担的职责和任务,即研究具体任职人员的工作行为与期望行为标准,找出其中的差距,从而确定需要接受的培训。

3. 人员分析

人员分析可以帮助培训者确定谁需要接受培训,即通过分析组织人员目前绩效水平与预期工作绩效水平来判断是否有进行培训的必要。影响个体绩效水平与学习动机的因素包括：(1) 个体特征：个体是否具有完成工作所应具备的知识、技能、能力和态度；(2) 工作输入：个体是否得到一些指导，如应该做些什么、怎么做和何时做等；(3) 工作输出：个体是否了解工作的目标；(4) 工作结果：与绩效相关的奖励是否具有足够的激励作用；(5) 工作反馈：个体是否可以得到执行工作中的有关信息。

二、培训目标确定

培训目标通常包含三方面内容：一是说明组织人员应该做什么；二是阐明可被接受的绩效水平；三是受训者完成指定学习成果的条件。确定培训目标应把握以下原则：一是使每项任务均有一项工作表现目标，让受训者了解受训后所达到的要求，具有可操作性；二是培训目标应针对具体的工作任务，具有明确性；三是培训目标应符合组织的发展目标。

三、培训实施

(一) 培训方案设计

培训方案设计是培训目标的具体操作化，即目标告诉组织人员应该做什么、如何做才能完成任务、达到目标。主要包括以下主要内容：选择设计适当的培训项目；确定培训对象；培训项目的负责人，包括组织的负责人和具体培训的负责人；培训的方式与方法；培训地点的选择；根据既定目标，确定具体培训形式、学制、课程设置方案、课程大纲、教科书和参考教材、培训教师、教学方法、考核方法、辅助器材设施等。

(二) 培训实施

培训实施是组织人员培训系统模型的关键环节，要保证培训的效果和质量，必须把握以下内容：

1. 选择和准备培训场所

首先，培训场地应具备交通便利、舒适、安静、独立而不被干扰，能为受训者提供足够的自由活动空间等特点。其次，注意培训时座位的安排，应根据受训者之间、培训教师与受训者之间预期交流的特点来布置座位。

2. 课程描述

课程描述是有关培训项目的总体信息，包括培训课程名称、目标学员、课程目标、地点、时间、培训方法、预先准备的培训设备、培训教师名单和教材等。

3. 课程计划

详细的课程计划非常重要，包括培训期间的各种活动及其先后次序和管理环节，从而有助于保持培训活动的连贯性而不论培训教师是否发生变化，还可以确保培训教师和受训者了解课程和项目目标。课程计划包括：课程名称、学习目的、报告专题、目标听众、培训时间、培训教师的活动、学员活动和其他必要的活动。

6

4. 选择培训教师

组织人员培训工作的成功与否与培训教师有着很大相关关系。组织应该选择那些有教学愿望,表达能力强,有广博的理论知识、丰富的实践经验、扎实的培训技能,热情且受人尊敬的培训教师。

5. 选择培训教材

培训教材一般由培训教师确定,一般有公开出版的、组织内部的、培训公司的以及教师自编的四种类型。培训教材应该是对教学内容的概括和总结,包括教学目标、练习、图表、数据以及参考书等。

6. 确定培训时间

适应组织人员培训的特点,应该确定合适的培训时间,明确何时开始、何时结束、每个培训周期的培训时间等。

四、培训评估和反馈

培训评估是体育组织人员培训系统模型中的重要环节,一般包括五个方面的内容:确定评估标准、评估方案设计、培训控制、培训评估以及结果评估。

(一)确定评估标准

评估培训项目必须明确根据什么来判断项目是否有效,即确立培训的结果或标准。目标确定后才能确定评估标准,标准是目标的具体化,同时又为目标服务。培训结果可以划分为五种类型:认知结果、技能结果、情感结果、效果以及投资净收益。评估标准通常由评估内容、具体指标等构成。制定标准的具体步骤是:(1)对评价目标进行分解;(2)制定具体标准;(3)组织有关人员讨论、审议,征求意见,加以确定;(4)试行与修订。在确定标准时必须把握一定的原则:(1)各评估标准的每个部分应构成一个完整的整体;(2)各评估标准之间要相互衔接、协调;(3)各评估标准之间应具有一定的统一性和关联性。

(二)评价方案设计

组织可以采用不同的评价方案对培训项目进行评价。(1)培训前和培训后的比较,将一组受训者与非受训者进行比较。对培训结果的信息要在培训之前和之后有针对性进行收集,如果受训者小组的绩效改进大于对比小组,则培训有效。(2)参训者的预先测验。让受训者在接受培训之前先进行一次相关的测试,即实验性测试。一方面可以更好地引导培训的侧重点;另一方面可以对培训效果进行评估。(3)培训后测试。只需收集培训的结果信息,如果评价设计中找到对比小组,操作则更方便。(4)时间序列分析。利用时间序列方法收集培训前和培训后的信息,以此来判断培训结果。经常被用于评价会随着时间发生变化的一些可观察的结果(如事故率、生产率和缺勤率等)。

(三)培训控制

培训控制贯穿于整个培训实施过程中,根据培训目标、人员特点等调整培训系统的培训方法、进程等。要求培训者具有观察力，并经常与培训教师、受训者沟通，以便及时掌握培训过程中所发生的意外情况。

（四）培训评估

组织进行培训评估时应对培训目标、方案设计、场地设施、教材选择、教学管理及受训的整体素质等各方面进行评价。评估内容主要包括评估培训者、评估受训者、评估培训项目本身等三方面。评估的过程一般是：（1）收集数据，例如进行培训前和培训后的测试、问卷调查、访谈、观察、了解受训者观念或态度转变等；（2）分析数据，对收集的数据进行科学的处理、比较和分析，并得出结论；（3）把结论与培训目标加以比较，提出改进意见。

（五）结果评估

结果评估是对培训效果转移的评估，对组织人员接受培训后在工作实践中的具体运用或工作情况的评估。对培训效果的评价需要考虑评价的时效性，有些培训的效果是即时性的，比如对生产操作人员进行新设备操作技能的培训，其培训效果在培训中或在培训结束后就会表现出来，则即时性评价能说明培训的效果；而有些培训的效果要通过一段时间才能表现出来，比如对管理人员进行的综合管理能力培训，在这种情况下对受训者长期的或跟踪性的评价则是必需的。

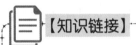 **【知识链接】**

柯氏四级培训评估模式

柯氏四级培训评估模式简称"4R"，主要内容主要有四个评估层次：

□ Level 1 反应评估（Reaction）——评估被培训者的满意程度

反应评估是受训人员对培训项目的印象如何，包括对讲师和培训科目、设施、方法、内容、自己收获的大小等方面的看法。反应层评估主要是在培训项目结束时，通过问卷调查来收集受训人员对于培训项目的效果和有用性的反应。这个层次的评估可以作为改进培训内容、培训方式、教学进度等方面的建议或综合评估的参考，但不能作为评估的结果。

□ Level 2 学习评估（Learning）——测定被培训者的学习获得程度

学习评估是目前最常见、也是最常用到的一种评价方式。它是测量受训人员对原理、技能、态度等培训内容的理解和掌握程度。学习层评估可以采用笔试、实地操作和工作模拟等方法来考查。培训组织者可以通过书面考试、操作测试等方法来了解受训人员在培训前后，知识以及技能的掌握方面有多大程度的提高。

□ Level 3 行为评估（Behavior）——考察被培训者的知识运用程度

行为评估是在培训结束后的一段时间里，由受训人员的上级、同事、下属或者客户观察其行为在培训前后是否发生变化，是否在工作中运用了培训中学到的知识。此层次的评估可以包括受训人员的主观感觉、下属和同事对其培训前后行为变化的对比，

6

以及受训人员本人的自评。通常需要借助于一系列的评估表来考察受训人员培训后在实际工作中行为的变化,以判断所学知识、技能对实际工作的影响。行为层是考查培训效果最重要的指标。

□ Level 4 成果评估(Result)——计算培训产出的经济效益

效果评估即判断培训是否能给组织的经营成果带来具体而直接的贡献,这一层次的评估上升到了组织的高度。效果层评估可以通过一系列指标来衡量,如事故率、生产率、离职率、次品率、人员士气以及客户满意度等。通过对这些指标的分析,管理层能够了解培训所带来的收益。

资料来源:百度官方网站,http://baike.baidu.com/item/柯氏四级培训评估模式/50981304? fr=ge_ala。

第三节　体育组织人员的培训方法

体育组织的人员培训方法是体育组织实施人员培训时所采用的具体方式。对组织人员进行培训有多种方法,选择恰当的方法对培训实施及培训效果具有非常重要的影响。一般来说,培训方法可以分为三类:演示法、传递法和团队建设法。

一、演示法

演示法(Presentation Method,PM)是将受训者作为信息的被动接受者的培训方法,主要包括传统的讲座法、多媒体视听法和远程学习法。

(一)讲座法

讲座法(Lecture)是培训者用语言传达想要受训者学习的内容。这种学习的沟通主要是单向的——从培训者到听众。不论新技术如何发展,讲座法一直是受欢迎的培训方法,它是按照一定组织形式有效传递大量信息的成本最低、最节省时间的一种培训方法。讲座的形式之所以有用,也是因为它可向大批受训者提供培训。除了作为能够传递大量信息的主要沟通方法之外,讲座法还可作为其他培训方法的辅助手段,比如行为示范和技术培训。

讲座法的不足之处在于受训者的参与、反馈与工作实际环境的密切联系方面,这些会阻碍学习和培训成果的转化。同时,讲座法的内容具有强制性,不易引起受训者的注意,信息的沟通与效果受培训教师水平的影响较大。

(二)多媒体视听法

多媒体视听法(Audiovisual Instruction,AI)是利用幻灯、电影、录像、录音等视听教材进行培训,即利用人体的视觉、听觉和嗅觉去体会,比单纯讲授给人的印象更深刻。其中,录像是最常用的培训方法之一,被广泛运用在提高人员的沟通技能、面谈技能、服务技

6

能等方面。多媒体视听法具有许多优点：(1) 视听教材可以反复使用，从而能更好地适应学员的个别差异和不同水平的要求；(2) 教材内容与现实情况比较接近，易于使受训者借助感受去理解，加上生动的形象更易引起兴趣；(3) 视听使受训者得到前后连贯一致的指导，使培训内容不会受到培训者兴趣和目标的影响。同时，多媒体视听教学也存在视听设备和教材的购置须花费较多费用和时间的问题，且合适的视听教材也不易选择，受训者容易受视听教材和视听场所的限制。因此，此方法很少单独使用，一般与讲座法一起使用。

(三) 远程学习法

远程学习法不受地域限制，可以通过卫星实现在两点和多点间高清、实时互动的远距离培训系统。有时也叫"远程视频培训系统"(Global Vision Training System)，是两个或两个以上不同地方的个人或群体，通过卫星及多媒体设备，将声音、影像及文件资料互相传送，达到即时且互动的沟通，以完成培训目的的系统设备。培训双方在此系统中可进行人与人、面对面的语音即时交流及影像的在线审视，短时间内便可完成整个培训过程，达到预定的培训效果。远程培训过程中，可以传输大量包括图像、声音、文字等数据，可以实现"一对单"或"一对多"的面对面多媒体交流。

随着视频会议的普及，人们越来越青睐于远程视频沟通。而远程培训，正因为其诸多优势逐渐受到组织的重视。一方面，传统的异地培训成本高，另一方面传统的异地培训收效甚微。远程培训打破了传统的培训模式，降低了组织运营成本，培训时不受时间、地点等因素的影响，给培训工作带来了一次新的变革。虽然远程培训取代传统培训还为时过早，但随着中国互联网及中国经济的进一步发展，远程培训形式必然会更加普及，并推动整个国内人力资源培训行业的大发展。

二、传递法

传递法(Hands-on Methods)是一种要求受训者积极参与学习的培训方法。这种方法有利于开发受训者的特定技能，理解技能和行为如何能用于工作中，可以使受训者亲身经历一次工作任务完成的全过程。它包括现场培训、仿真模拟、商业游戏、个案研究、角色扮演、行为示范等。

(一) 现场培训

现场培训(On-the-job Training, OJT)是组织新人员或没有经验的人员通过观察并效仿同事及管理人员执行工作时的行为而进行学习。这种方法的优点在于培训成本相对较少。不足之处是管理者与同事完成一项任务的过程并不一定相同，在传授有用技能的同时也许传授了不良习惯。在职培训的形式有学徒制和自我指导培训法。

现场培训适用于新雇佣的人员、在引入新技术时帮助有经验的组织人员进行技术升级、在一个部门或工作单位内对人员进行交叉培训以及帮助岗位发生变化或得到晋升的人员适应新工作。现场培训是一种很受欢迎的方法，因为与其他方法相比，它在材料、培训者的工资或指导方案上投入的时间或资金相对较少，某一领域内专家的管理者和同事都可作为指导者。但是使用这种缺乏组织的现场培训方法也有不足之处,管理者和同事完成一项任务的过程并不一定相同,他们也许既传授了有用的技能,也传授了不良习惯。为保证现场培训的有效性,必须采用结构化形式。

1. 师带徒培训法

师带徒培训(Apprenticeship)强调单个的一对一的现场个别培训,是一种传统的培训方式。受训者紧跟在有经验的培训员后面,一边看,一边问,一边做帮手,来学习工作程序。在组织培训实践中,这种师傅带徒弟的个别培训方法仍在运用。然而,组织培训部门必须对采用师徒式培训方法的岗位进行有效的培训指导,才能确保培训获得良好的效果。

通常组织现场个别培训应遵循四个步骤:(1)准备。制订工作任务表与工作细则,确定培训目标,让受训者作好准备以及挑选培训员;(2)传授。培训员以工作细则为基准,与受训者一起讨论工作中应该做些什么,然后讲解工作应该怎样做,接着就工作步骤与方法进行示范;(3)练习。受训者对工作熟悉后,开始独立操作。练习中培训员在一旁作适当辅导,对准确动作予以肯定与赞扬,为改进动作提出建议;(4)跟踪观察。在受训者独立工作后,培训员仍将继续对受训者进行观察,并提供明确的支持与反馈,使受训者对培训保持一种积极的态度。师带徒培训的一个主要优点是可让受训者在学习的同时获得收入,其缺点是无法保证培训结束后还会有职务空缺,并且师带徒项目只是对受训者进行某一技艺或工作的培训。

2. 自我指导培训法

自我指导培训法(Self-directed Learning)是受训者不需要指导者,而是需按自己的进度学习预定的培训内容,即受训者自己全权负责的学习。培训者不控制或指导学习过程,只负责评价受训者的学习情况及解答其所提出的问题。

有效的自我指导培训计划的制定一般包括以下内容:(1)进行工作分析以确认工作任务;(2)列出与完成任务直接相关的学习目标;(3)制定以完成学习目的为核心的详细计划;(4)列出完成学习计划的具体学习内容;(5)制定评价受训者及自我指导学习内容详细计划。

自我指导学习使受训者可以较为灵活地安排接受培训的时间,鼓励其积极参与学习,是一个十分有效的方法。自我指导培训法的优点表现在:第一,只需少量的培训工作人员,减少了与交通、培训教室安排有关的成本。第二,培训的内容、知识来自专家的知识,受训者能轮流接触到培训材料与培训内容。第三,使受训者能在多个地方接受或进行培训,并且可以自行制定学习进度,接受有关的学习效果反馈。但是,自我指导学习法也存在一些不足:此方法要求受训者有学习的动力,而且也会导致较高的人员开发成本;人员开发时间也比其他的培训方法长。

(二)仿真模拟

仿真模拟法(Simulation)是把受训者置于模拟的现实工作环境中,让他们依据模拟现实中的情境做出及时反应,分析实际工作中可能出现的各种问题的一种培训方法。模拟可以让受训者在一个人造的、没有风险的环境下看清他们所做决策的影响,常被用来传授生产、加工、运动技能以及管理和人际关系技能。模拟器材是仿真模拟法的关键因素，其关键在于它们要具有与工作环境相同的因素，而且随着工作环境信息的变化需要经常更新。仿真模拟法的优点在于能够成功地使受训者通过模拟器简单练习来增强受训者的信心，使其能够顺利地在自动化环境中工作；缺点在于模拟器开发很昂贵，培训成本较高。

（三）商业游戏

商业游戏法（Business Games）是受训者在一些商业竞争规则的情景下收集信息，将其进行分析，做出决策的过程。它主要用于管理技能开发的培训中，参与者在游戏中所作决策的类型涉及各个方面的管理活动，包括劳工关系（如集体谈判合同的达成）、市场营销（如新产品的定价）、财务预算（如购买新技术所需的资金筹集）等。

游戏能够激发参与者的学习动力。通过把从游戏中学到的内容作为备忘录记录下来发现：游戏能够帮助团队队员迅速构建信息框架以及培养参与者的团队合作精神；游戏采用团队方式，有利于营造有凝聚力的团队。与演示法相比，游戏法显得更加真实，是一种更有意义的培训活动。

（四）个案研究

个案研究法（Case Study）是将实际发生过或正在发生的客观存在的真实情景，用一定视听媒介，如文字、录音、录像等描述出来，让受训者分析思考，学会诊断和解决问题及其决策。该方法特别适应于开发高级智力技能，比如分析、综合及评估能力。为使个案研究教学法更有效，学习环境必须能为受训者提供案例准备及讨论案例分析结果的机会；安排受训者面对面的讨论或通过电子通信设施进行沟通，提高受训者个案分析的参与度。

个案研究法的优点在于提供了一个系统的思考模式，在学习中受训者可得到一些管理方面的知识和原则，建立一些先进的思想观念，有利于受训者参与组织的实际问题决策。同时还可以使受训者在情况分析的基础上，提高承担具有不确定结果风险的能力。但是个案研究的有效性是基于受训者愿意而且能够分析案例，并能坚持自己的立场编写好案例的基础之上。

（五）角色扮演

角色扮演法（Role Play）是设定一个最接近现状的培训环境，指定受训者扮演角色，借助角色的演练来理解角色内容，从而提高积极地面对现实和解决问题的能力。组织利用角色扮演培训人员时应该注意以下问题：（1）在角色扮演之前向受训者说明活动目的，使其感到活动更有意义，并更愿意去学习；（2）培训者还需要说明角色扮演的方法、各种角色的情况以及活动的时间安排；（3）在活动时间内，培训者要监管活动的进程、受训者的感情投入以及各小组的关注焦点；（4）在培训结束后，应向受训者提问以帮助其理解活动经历。角色扮演与仿真模拟的区别在于受训者可选择的反应类型及情景信息的详尽程度。角色扮演提供的情景信息十分有限，而仿真模拟所提供的情景信息通常都很详尽；仿真模拟注重于物理反应（如拉动杠杆、拨号码），而角色扮演则注重人际关系反应（寻求更多的信息、解决冲突）。角色扮演的优点在于可以提供给受训者在无损工作的情况下进行实验的机会，是一种低成本、趣味性强、并能开发多种新技能的方法。但是，角色扮演在角色设计、指导信息、处理交流、行为反馈等方面要求很高,并且花费时间较长。

(六) 行为示范

行为示范法(Behavior Modeling)是给受训者提供一个演示关键行为的模型,然后为其提供实践这些关键行为的机会。这种培训方法建立在社会学习理论的基础上,强调学习是通过两方面而进行的:其一,观察示范者演示的行为;其二,看到示范者由于使用这些行为而受到强化。行为示范法不太适合于事实信息的学习,仅适于学习某一种技能或行为。有效的行为示范培训包含四个重要的步骤:(1)明确关键行为,关键行为是完成一项任务所必需的一组行为。通过确认完成某项任务所需的技能和行为方式,以及有效完成该项任务的人员所使用的技能或行为来确定关键行为。(2)设计示范演示,即为受训者提供了一组关键行为。录像是示范演示的一种主要方法,科学技术的应用使得示范演示可通过计算机进行。有效的示范演示应具有以下特点:演示能清楚地展示关键行为;示范者对受训者来说是可信的;提供关键行为的解释和说明;向受训者说明示范者采用的行为与关键行为之间的关系;提供正确使用与错误使用关键行为的模式比较。例如,示范者在教网球运动员如何发球时,必须列出详细的活动顺序才会使培训有效(站在发球线上、将球拍举过头顶、抛球、将球拍举过头顶、使手腕转向下、然后击球)。(3)提供实践机会,即让受训者演练并思考关键行为。将受训者置于必须使用关键行为的情景中,并向其提供反馈意见。如果条件允许,还可以利用录像将实践过程录制下来,向受训者展示其模拟正确的行为及应如何改进。(4)应用规划,即让人员做好准备在工作当中应用关键行为,以促进培训成果的转化。

三、团队建设法

团队建设法(Group Building Methods)是用以提高小组或团队绩效的培训方法,旨在提高受训者技能和团队有效性。团队建设法让受训者共享各种观点和经历,建立群体统一性,了解人际关系的力量,并审视自身及同事的优缺点。

(一) 冒险性学习

冒险性学习(Adventure Learning)又称为野外培训或户外培训,主要是利用有组织的户外活动来开发团队协作和领导技能。它最适用于开发与团队效率有关的技能,比如自我意识、问题解决、冲突管理和风险承担。在冒险学习中可能包括一些非常耗费力气且颇具挑战性的体力活动,比如拉爬犁、爬山等。冒险学习还可以利用一些结构性的个人和群体户外活动来进行,比如攀岩、过绳索、信任跳等。

为了使冒险学习取得成功,必须使练习的内容与希望受训者开发的技能结合起来。因此,冒险学习计划成功的关键因素之一在于,要求全体团队成员共同参与,从而能够在练习中发现有碍群体有效性发生的一些群体动态属性,然后再来对此加以讨论。然后,在练习之后,还要由一位经验丰富的指导者来组织大家讨论在练习中所发生的事情、学到了哪些东西、在练习中所发生的事情与实际的工作场景存在什么样的联系,以及如何确定目标以把在练习中所学到的内容应用到实际工作当中去。

(二) 团队培训

团队培训是通过协调所在团队成员的个体绩效从而实现共同目标。团队培训重在协调为达成共同目标而努力工作的不同个体之间的合作,各个成员之间必须分享信息以及个体行为将会影响到群体的整体绩效。团队培训中通常可以利用课堂讲授或者观看录像的方式来传播关于沟通技巧的知识,然后再利用角色扮演法或情景模拟法来为受训者提供一个练习的机会,从而将在课堂上讲授的沟通技巧通过实地练习来进行体会。

团队培训战略包括交叉培训和协调性培训两种。交叉培训是让团队成员熟悉并实践所有人的工作,以便在有人暂时或永远离开团队后,其他成员可介入并取代他的位置。协调培训是一种强调如何促使团队成员分享信息,分担决策责任,从而使得团队绩效达到最大化的培训方式。团队领导培训是团队管理者或辅导人员所接受的培训,包括如何解决团队内部的冲突、如何帮助团队协调自己行动、如何培养其他团队技能等。

团队培训作为一种大众化的培训方式,仍然是当代组织管理中的基本培训方式。它在协调团队成员关系,促进成员之间的合作,从而更好、更快地达到组织的目标方面发挥了不可替代的作用。随着管理科学的不断发展,它将得到更深层地发展,继续焕发新的活力。

(三) 行动学习

行动学习(Action Learning)是给团队或工作小组一个实际工作中面临的问题,让他们共同解决并制定出行为计划,然后由他们负责实施该计划的培训方式。

行动学习就是"干中学",通过让受训者参与一些实际工作项目或解决一些实际问题,比如领导组织扭亏为盈、参加业务拓展团队、参与项目攻关小组,或者在比自己高几个等级的卓越领导者身边工作等,来发展他们的领导能力,从而协助组织对变化做出更有效的反应。行动学习建立在反思与行动相互联系的基础之上,是一个计划、实施、总结、反思进而制定下一步行动计划的循环学习过程。

第四节　体育组织的人员开发

一、人员开发概述

(一) 人员开发内涵

人员开发是体育组织帮助人员为未来工作和今后发展做准备的各种有益活动。相比而言,人员培训是以当前为导向,注重改善组织人员目前的工作绩效;而人员开发则是以将来为导向,着重提高组织人员未来工作胜任力或长期绩效。因此,人员开发的内容和形式与培训有所不同,目前,体育组织的人员开发活动对象已扩展至全体人员。

(二) 人员开发的意义

为了留住和激励组织人员,尤其是高绩效者以及具有承担管理职位潜力的人员,体育组织需要建立一种能够确认并满足组织人员开发需要的管理系统。因此,人员开发对体育组织具有重要意义。

第一,大多数组织将内部提升视为其优秀人才的重要来源。组织开展的有针对性的人员开发活动,能够帮助管理人员、技术人员、职业运动员、教练员等,并具备承担新工作或未来可能职位的能力的作用。

第二,人员开发着重提高组织人员未来工作胜任力或长期绩效,这将有助于岗位的现任人员能够胜任更高职务,从而加强了组织管理活动的连续性。

第三,人员开发可以在被开发者中树立和巩固组织生存发展所必需的正确价值观、态度和行为,进而强化全体人员的组织性,提高其忠诚度和凝聚力。

第四,人员开发在挖掘组织人员未来潜能、改善其长期绩效的同时,也提高了组织所提供的产品、服务的质量,这就能够帮助组织成功应对经济发展和社会变迁所带来的挑战。

二、人员开发的过程

人员开发的过程是依据体育组织人员开发对象目前的实际工作情况,以及其职业发展规划中的未来工作要求、组织长足发展战略的需要,来确定不同人员的开发计划(如图6-4所示)。

一般来说,人员开发过程包括三项基本任务:(1)评估组织的战略需要,对组织人员进行规划和预测,比如分析组织空缺岗位、现有岗位上冗余的人员等;(2)结合组织的发展需要和人员现状,评价特定人员的实际工作绩效和需要;(3)有针对性地选取合适的方法进行人员开发。

三、人员开发的类型

(一) 一般人员的开发

一般人员开发是在分析组织和一般人员对其开发的需要的基础上,设定一般人员的开发目标,确定组织和一般人员为达到目标所应采取的行为,并选择合适的开发方法来对其进行培养教育的一系列活动。一般人员开发规划的步骤和责任要素如表6-1所示。

表6-1 一般人员开发规划的步骤和责任要素

步骤	一般人员考虑	组织考虑	组织帮助
分析开发需求	我需要怎样改进	现在和未来的工作需要他怎样改进	提供评价信息,帮其认清自身长短处、兴趣和潜力等
设立开发目标	我想要开发什么	需要他开发什么	上级同下级共商开发问题,提供开发计划指导
确立开发方式和标准	我该如何开发自己并了解获得的进展	如何做才能有效开发并把握开发进度	由有关部门和人员提供相应的训练和反馈

（续表）

步骤	一般人员考虑	组织考虑	组织帮助
确定具体的开发行动	我该采取什么行动才能达到开发目标	组织应推行哪些活动才能实现开发目标	课程教育、人员测评、在职体验、人际互助等开发活动
拟定开发进程表	我应当在什么时间做什么（开发的）事	现在和将来的工作要求他在什么时间完成什么事	由上级和指导者帮助其制定切实可行的时间表

（二）管理人员的开发

高素质的管理人才是影响组织赢得并保持竞争优势的关键因素，因此，开发管理人员已经成为组织人员开发计划中的重要组成部分。管理人员开发规划可以是面向整个组织层面的，即为所有或大多数管理人员的甄选和培养服务；也可以是个性化的，即为某一特定职位配备管理人员而服务。

管理人员开发的步骤如下：

（1）制作一张组织设计图（根据业务变化情况设计本部门管理人员的需求）；

（2）确定当前聘用的管理人员状况（由人力资源部门盘点本组织人才库，并辅助调查测评等）；

（3）画出管理人员安置图（概括出每个管理职位潜在的候选人以及每个人的开发需求）；

（4）因人而异地制定和实施开发计划。

（三）竞技体育类人员的开发

1. 专业运动员开发规划

运动员在我国一般分为国际级运动健将、运动健将、一级运动员、二级运动员、三级运动员、少年级运动员六个技术等级。在六个运动技术等级中，国际级运动健将是最高称号，由国家体委授予。一级运动员由省、自治区、直辖市体委、国家体委直属体育院校、各系统的中央体协授予。二级、三级、少年级运动员由地（市）、县体委及体育院校、各系统中央级体育协会分别批准授予。

2. 体育教练员开发规划

我国体育教练员设初级、中级、高级，名称分别为初级教练、中级教练、高级教练（副高级）、国家级教练（正高级）。按照《体育教练员职称评价基本标准条件（征求意见稿）》的规定，优秀运动队教练员的评审分别设置了学历、工作经历和业绩方面的要求，其中业绩要求最为突出。

初级教练要求具有大学专科以上学历；从事训练竞赛教学工作满一年且年度考核为合格及以上等次；初级教练员岗位培训合格或每年参加且完成规定的专业技术人员继续教育课程及学时；按要求完成训练、竞赛任务。

中级教练要求具有大学专科以上学历，担任初级教练工作满四年，近三年年度考核为合格及以上等次或具有硕士以上学位，从事体育训练竞赛教学工作满两年，年度考核为合格及以上等次；中级教练员岗位培训合格或每年参加且完成规定的专业技术人员继续教育课程及学时;训练两年以上的运动员取得全国最高水平以上比赛录取名次。

高级教练则要求具有大学本科以上学历;担任中级教练工作满五年;近三年年度考核为合格及以上等次;高级教练员岗位培训合格或每年参加且完成规定的专业技术人员继续教育课程及学时;任现职以来有一项以上具有创新性的研究成果;训练两年以上的运动员或训练两年以上的运动员输送后四年内达到世界水平或亚洲、全国优秀水平。

国家级教练员的申评标准为具有大学本科以上学历,担任高级教练工作满五年;近三年年度考核为合格及以上等次;国家级教练员岗位培训合格或每年参加且完成规定的专业技术人员继续教育课程及学时;任现职以来有两项以上具有创新性的研究成果。

3. 裁判员开发规划

我国现行的裁判员技术等级分为:国家级、一级、二级、三级。一些优秀的国家级裁判经推荐考核,得到国际单项体育组织的批准后,可以获得某单项运动的国际裁判称号。

国家级裁判需要具备:(1)精通该项竞赛规则和裁判法,并盲目准确、熟练地运用,具有较高的裁判理论水平和丰富的实践经验,具有组织该项竞赛的全面裁判工作能力;(2)在全国性竞赛中能胜任正、副裁判长职务,并具有担任国际比赛裁判工作的水平;(3)具有训练一级以下各级裁判员的业务能力;(4)掌握一门通用外语,熟悉该项外文竞赛规则和裁判术语。

一级裁判需要具备:(1)熟练地掌握和运用该项竞赛规则和裁判法则具有一定的裁判理论水平和实践经验,基本具有该项竞赛的全面裁判工作能力;(2)在省级或相当省级竞赛中能胜任正、副裁判长职务;(3)具有训练二级以下各级裁判员的能力。

二级裁判需要具备:(1)熟悉该项竞赛规则和裁判法,能比较准确地运用,具有一定裁判工作经验;(2)在县级或相当县级竞赛中能担任正、副裁判长职务。

三级裁判需要具备:懂得该项竞赛规则,并基本上能正确运用,或经过当地体委举办的裁判员训练班学习,能担任市、县级竞赛的裁判工作。

4. 社会体育指导员开发规划

社会体育指导员技术等级称号分为:三级社会体育指导员、二级社会体育指导员、一级社会体育指导员、国家级社会体育指导员。

三级社会体育指导员必须具备:(1)了解体育锻炼和比赛的一般知识,初步掌握某项体育活动的技能传授方法,能够承担基本的锻炼指导工作;(2)了解社会体育工作的一般知识,初步掌握社会体育组织管理的方法,能够根据计划组织实施基层组织的社会体育活动。

二级社会体育指导员必须具备:从事三级社会体育指导员工作二年以上;基本掌握体育锻炼和比赛的理论与方法,能够承担某项体育活动的技能传授和锻炼指导工作并取得比较明显的成效;(3)基本掌握社会体育组织管理的理论与方法,熟悉社会体育工作的特点,能够承担基层组织社会体育活动的计划、实施和总结工作并取得比较明显的成绩;(4)具有指导三级社会体育指导员的能力。

一级社会体育指导员必须具备:(1)从事二级社会体育指导员工作三年以上;(2)掌握体育锻炼和比赛的理论与方法,能够承担某项体育活动较高水平的技能传授和锻炼指导工作并取得比较突出的成效;(3)掌握社会体育组织管理的理论与方法,具有一定的实践经验和较强的组织能力,能够指导基层社会体育组织的工作并取得比较突出的成绩;(4)具有指导二级社会体育指导员的能力,能够进行社会体育的科学研究。

国家级社会体育指导员必须具备:(1)从事一级社会体育指导员工作四年以上;(2)较系统地掌握体育锻炼和比赛的理论与方法,在某项体育活动的技能传授和锻炼指导中取得显著成效,或在发展民族、民间传统体育活动中具有特殊技能和突出成就;(3)较系统地掌握社会体育组织管理的理论与方法,具有丰富的实践经验,能够承担国家或省、自治区、直辖市和全国行业、系统的社会体育活动的组织工作,或在全国性社会体育工作评比中获得先进个人称号;(4)具有指导一级社会体育指导员的能力,在社会体育的科学研究中取得一定的成果。

(四) 体育产业服务类人员的开发

1. 健身教练开发规划

初级健身教练国家职业资格(对应人力资源和劳动部职业资格证书等级五级);中级健身教练国家职业资格(对应人力资源和劳动部职业资格证书等级四级);高级健身教练国家职业资格对应人力资源和劳动部职业资格证书等级三级);最高级别为指导师级(对应二级);健身教练国家职业资格是相关人员求职、任职、晋升等重要凭证,证书在全国范围内有效。

2. 体育经纪人开发规划

该职业资格共分三级:助理体育经纪人、体育经纪人、高级体育经纪人。

其中,助理体育经纪人须本科以上或同等学历学生;大专以上或同等学历应届毕业生并有相关实践经验者。体育经纪人须已通过助理体育经纪人资格认证者;研究生以上或同等学历应届毕业生;本科以上或同等学历并从事相关工作一年以上者;大专以上或同等学历并从事相关工作两年以上者。高级体育经纪人须已通过体育经纪人资格认证者;研究生以上或同等学历并从事相关工作一年以上者;本科以上或同等学历并从事相关工作两年以上者;大专以上或同等学历并从事相关工作三年以上者。

四、人员开发的方法

(一) 在职开发法

1. 工作轮换

工作轮换是一种短期的工作调动,在组织的几种不同职能领域中为人员做出一系列的工作任务安排,或者在某个单一的职能领域或部门中为人员提供在各种不同工作岗位之间流动的机会。通过工作轮换,使组织人员轮换做不同的工作,以取得多种技能,同时也挖掘了各职位最合适的人才。

2. 指导/实习

让将要被取代的人员与被开发人员一起工作,并对其进行指导。这种方法的优点是学习的内容的实效性最强;对被开发人员的能力提升有直接的效果。其缺点是将要被取代的人员往往不愿意倾囊相授;即使愿意也不一定是较好的教练或教师。

3. 初级董事会

经过选拔的中级管理人员组成一个初级董事会,使其面对目前组织所存在的问题并要求其对整个组织的政策提出建议的一种开发方法。初级董事会一般由 10～12 位中级管理人员组成,他们通过分析高层次问题从而积累决策经验。这种方法为被开发者提供了全局视角,能够从战略高度审视问题,能够积累决策经验,为以后工作打下坚实的基础。

4. 行动学习

人员开发中的行动学习是让被开发者将全部时间用于分析和解决组织内部实际问题或其他组织机构问题的开发方法,其解决问题的对象扩展到组织外部。被开发者一般4～5 人一组,承担组织内外的某个具体任务或项目,定期开会并就各自的研究成果展开讨论。

(二)脱岗开发法

1. 正规教育

包括专门为组织人员设计的组织外教育计划和组织内教育计划,由大学及咨询公司开设的短期课程;高级经理人员的工商管理硕士培训计划;大学课程教育计划等。

2. 研讨会或大型学者会议

此方法既进行思想、政策和程序等的交流,也对一些没有定论或答案的问题展开讨论,包括对某些未来趋势进行探讨。研讨会通常与大学或咨询公司合办。该方法既能借鉴其他组织或学者的一些最新实践模式或研究成果,也能捕捉到一些有关未来走向的一些敏感信息。

3. 周期性休假

目前,有些组织开始借鉴学术界的通行做法,给组织人员提供六个月甚至更长的带薪休假时间,以参加社会公益项目,开发自身并重获活力。该方法在招募和留住人才方面起到了一定的作用,能增进人员士气,人们因回报而愿意承担更重的工作重担。其缺点是随意性较强、组织有成本负担。

4. 组织内部开发中心

此方法是让有发展前途的人员到组织建立的基地去做实际练习,从而进一步开发其技能的方法。该方法将课堂教学、评价中心、文件筐练习和角色扮演等方法结合在一起来进行专业人员开发。

5. 文件筐技术

在被开发人员的桌面上摆放有需要处理的各种各样的文件,参加者要阅读这些文件,并提出相应的解决办法,如分派任务、书面或电话回复、安排会议时间表等。此方法与人力资源甄选中的公文筐测验类似,只是目的不同,用于人员开发的目的是练习应对日常事务。

本 章 小 结

本章内容结构如下所示：

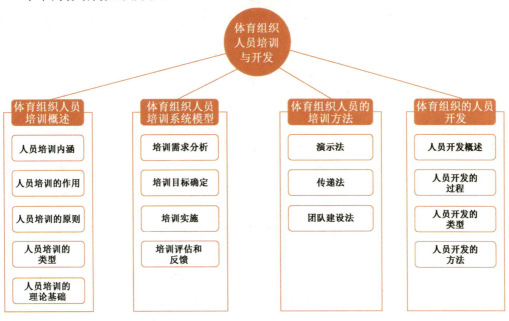

复 习 思 考 题

1. 什么是人员培训？它与人员开发有何不同之处？
2. 体育组织人员培训的作用体现在哪些方面？
3. 体育组织在进行人员培训时应遵循哪些原则？
4. 体育组织的人员培训有哪些不同的类型？
5. 人员培训中的学习原理对培训开发活动会产生哪些影响？
6. 体育组织的培训系统模型包括哪几个主要的环节？
7. 体育组织的人员培训主要哪些方法？请举例说明。
8. 人员开发的内涵是什么？体育组织的人员开发的过程是怎样的？
9. 体育组织的人员开发具有哪些不同的类型？
10. 体育组织人员开发的方法有哪些？应如何运用？

案 例 讨 论

体教融合，孕育出更多优秀运动人才

2023 年 7 月 31 日，成都大运会艺术体操赛事圆满落幕。由成都体育学院艺术体操队肖明欣、严之庭、陈玟珊、陈佳琪、赵红玉、李雪瑞组成的中国队继昨日斩获集体全能冠军后,再夺集体 5 圈冠军和集体 3 带 2 球亚军。令成都体育学院院长潘小非骄傲的是,这批队员不仅竞技水平高,学业上也很优秀,其中年龄最大的李雪瑞正在学校攻读研究生。"这充分展现了学校坚定不移推进体教融合的成绩。"潘小非说。

放眼全国,近年来,随着国内体教融合持续向深入推进,一些项目领域已经结出硕果,高校逐渐成为我国选拔优秀运动员的摇篮。以篮球为例,从中国大学生篮球联赛选入中国男子篮球职业联赛(CBA)的球员越来越多。成都大运会开幕前,CBA 选秀大会在成都举行,广东工业大学学生球员、在中国大学生篮球联赛"大杀四方"的陈国豪被选为"状元"。另一组数据显示,本届大运会来自国内百余所高校的 411 名选手中,有 83.6% 的选手是首次代表国家参加世界综合性运动会,参加过奥运会的运动员仅有 30 余人,占中国队总人数比例不到 10%。在开赛后的几天里,这样一支"学生军"显示出不俗的实力,在诸多项目上都可以与国外同龄大学生运动员一较高下。业内人士指出,中国越来越多的优秀运动人才从校园孕育而生,已成为体教融合的重要成果之一。

为什么从高校走出来的高水平运动员越来越多?潘小非认为,高校持续深入探索体教融合模式,为提高人才培养质量打下坚实基础。成都体育学院篮球队与各大职业篮球俱乐部加强合作,找到专业教学与训练的突破口,坚持筑牢基本功、强化体能训练、突出团队精神、深化技战术水平,与俱乐部合力培养综合素质高、竞技水平高、全面发展的复合型体育人才。如今,学校已有多名队员征战 CBA。潘小非认为,相对于专业运动队来说,高校要充分发挥自己的优势,即可以调动多学科的专业技术人员去支撑高水平竞赛训练,"运动科学涉及学科多、门类广,要注重向科学技术要成绩,高校大有可为"。

尤为令人欣喜的是,高校培养出的高水平运动员,不仅竞技水平越来越高,文化素质也有充足保障。潘小非说:"通过把竞技后备人才纳入国民教育体系,从制度层面上解决了高水平运动员的综合培养问题,这就为大家很关注的运动员退役后的出路问题,打下了一个很好的基础。"潘小非还注意到,体教融合的传导效应正在越来越多的中小学显现。"一方面是中小学越来越重视体育,重视青少年身体素质;一方面是有竞赛潜力的好苗子有了完备的选拔和培养机制。"潘小非说,"文化学习有保障,孩子和家长可以放心地投入竞赛体系中,'两条腿走路',充分展现运动天赋。"在潘小非看来,各级各类学校做好体教融合,一定要牢记学生的第一身份是"学生","学生要全面发展,学校要为他们制定全面的培养方案,不断推动学生文化素养和竞技体育水平协调发展"。

资料来源:中国教育报网站,http://baijiahao.baidu.com/s? id=1772988542379615964&wfr=spider&for=pc,2023-8-1。

讨论:

1. 高校培养的高水平运动员具有哪些显著的特点?高校是如何孕育出高水平运动员的?

2. 我国体教融合的人才培养模式是如何逐步发展起来并日渐成熟的?

第七章 体育人力资源绩效管理

> 太多的企业绩效管理工作只注意了可评价性,而忽视了引导性,使绩效管理工作本末倒置,绩效管理应该与企业的愿景结合起来。
>
> ——彼得·圣吉

★ 知识目标

□ 熟悉经典激励理论主要内容;
□ 理解和掌握体育人力资源绩效管理的内涵和作用;
□ 熟悉和运用体育人力资源绩效管理的基本过程;
□ 理解和运用体育人力资源绩效考核的方法。

★ 能力目标

□ 能够在绩效管理中灵活运用经典激励理论;
□ 能够设计体育组织人力资源的绩效考评方案。

★ 核心概念

□ 激励 需求层次理论 ERG 需要理论 双因素理论 成就动机理论 公平理论 期望理论 强化理论
□ 绩效 绩效管理
□ 比较法 排序法 强制比例法 配对比较法
□ 特性法 图评价尺度法 混合标准尺度法
□ 行为法 关键事件法 行为锚定等级评价法 行为观察评价法
□ 结果法 目标管理法
□ 质量法 360 度反馈法 平衡计分卡法 关键绩效指标法

7

开篇案例:问题提出

一块金牌奖励487万元……各国花式送礼,鼓励奥运运动员为国争光

2021年东京奥运会获得羽毛球女子双打冠军的印尼选手因为获得"五头牛、两家肉店和新房"而受到关注,我国首金获得者杨倩、羽毛球女将陈雨菲、举重冠军李发彬等选手也纷纷收到了爱心企业赠予的新房。给奥运奖牌获得者最常见也是最直接的奖励方式还是发奖金。

由于国际奥委会的第40条规则严格限制了运动员通过奥运会为赞助商打广告,许多运动员此前都很难因奥运经历获利。比如2008年,美国柔道运动员龙达·鲁西(Ronda Rousey)在获得北京奥运柔道铜牌的几个月后,就因为贫穷陷入无家可归的境地。为了避免此类悲剧重演,也为了激励运动员,不少国家都制定了政府支持措施。印尼羽毛球协会称,由于新冠疫情导致羽毛球参与者减少,所以政府特别设定了奖金激励政策。比如此次在羽毛球女子双打夺冠的印尼选手格雷西亚·波莉(Greysia Polii)和阿卜里亚尼·拉哈尤(Apriyani Rahayu)就收到了政府提供的50亿印尼卢比(约合人民币22.5万元)现金奖励。不过,这两位女将还收获了更多。一家肉丸连锁餐厅承诺要送她们一人一家餐厅,拉哈尤的家乡苏拉威西岛地区负责人则承诺送她五头牛和一所房子。

从目前来看,车子和房产是运动员奖励中最常见的。新闻媒体Slate报道称,俄罗斯就曾向里约奥运会上的所有获奖运动员赠送了汽车、公寓和一批赛马。生活必需品也不少,德国运动员曾获赠终身供应的啤酒,白俄罗斯运动员则获得过香肠。韩国的奖品被Slate称赞"最实际",获奖运动员尤其是男性运动员可以免除服兵役。这一豁免对延长运动员的职业生涯至关重要,韩国职业高尔夫球运动员裴相文就曾因为入伍而错过了2年的训练期,世界排名从第26位骤降至958位,他甚至表示自己"忘记了如何打高尔夫"。

对于运动员来说,一枚奖牌不仅能为国家带来荣誉、证明自己的能力,也能为他们以后的职业发展提供额外帮助——训练、康复都需要资金,而奖牌能带来额外奖金。福布斯指出,不少国家都愿意为获得奖牌"付出一切代价",但这也带来了各国支持力度不均、穷国无力发钱的不平等现象。新加坡提供的奖金最为丰厚,根据该国的主要运动会奖励计划(MAP),参加奥运的奖励为:个人类别的金牌获得者奖100万新加坡元(约合人民币487.6万元),银牌获得者奖50万新加坡元(约合人民币239.3万元),铜牌获得者奖25万新加坡元(约合人民币119.6万元),参加团体比赛的运动员奖励更高。不过,运动员需要纳税,奖金的20%需要返还给国家,用于国家体育协会对运动员的培训项目中。

东道主日本给出的奖牌奖励在各国中处于中段水平,金牌奖金约为45 000美元(约合人民币29万元),银牌为18 000美元(约合人民币11.6万元),铜牌为9 000美元(约合人民币5.8万元)。也有国家不会为奖牌获得者提供额外报酬,比如英国、新西兰、挪威、瑞典等。这就需要运动员自己想办法"找钱",比如参加更多国际赛事以赚取奖金,或者寻

7

求赞助商的资助等。NCBC 指出,少数运动员可能在参加奥运会前或在奥运会上取得成绩后,获得数百万美元的代言或赞助合同。例如,网球明星大坂直美在 12 个月内通过代言赚取了 5 500 万美元(约合人民币 3.5 亿元),并被评为有史以来收入最高的女运动员。

资料来源:澎湃新闻网站,http://www.thepaper.cn/baijiahao_13933354,2021 - 8 - 7。

【案例思考题】
请分析:

1. 世界各国是如何"奖励"奥运选手的?
2. 在各国"花式送礼"中,你认为哪种礼物最具有激励作用?
3. 除了物质激励之外,还有其他手段和措施对奥运选手进行激励吗?

第一节　体育人力资源的激励原理

一、激励概述

(一) 激励内涵

激励是体育组织通过设计适当的外部奖酬形式和工作环境,以一定的行为规范和惩罚性措施,借助信息沟通,来激发、引导、保持和规范组织成员的行为,以有效地实现组织及其成员个体目标的系统活动。这一定义包含以下几方面的内容:

(1) 激励的出发点是满足组织人员的各种需要,即通过系统地设计适当的外部奖酬形式和工作环境,来满足其外在性需要和内在性需要。

(2) 科学的激励工作需要奖励和惩罚并举,既要对组织人员表现出来的符合组织期望的行为进行奖励,又要对不符合组织期望的行为进行惩罚。

(3) 激励贯穿于组织人员工作的全过程,包括对个体的了解、个性的把握、行为过程的控制和行为结果的评价等。因此,激励工作需要耐心。

(4) 信息沟通贯穿于激励工作的始末,从对激励制度的宣传、组织人员个人的了解,到对人员行为过程的控制和对人员行为结果的评价等,都依赖于一定的信息沟通。组织中信息沟通是否通畅,是否及时、准确、全面,直接影响着激励制度的运用效果和激励工作的成本。

(5) 激励的最终目的是在实现组织预期目标的同时,也能让组织人员实现其个人目标,即达到组织目标和个人目标在客观上的统一。

(二) 激励类型

不同的激励类型对行为过程会产生程度不同的影响,因此,激励类型的选择是做好激励工作的一项先决条件。

1. 物质激励与精神激励

虽然二者的目标是一致的,但作用对象不同。前者作用于个体生理方面,是对物质需要的满足;后者作用于个体心理方面,是对精神需要的满足。随着人们物质生活水平的不断提高,人们对精神与情感的需求越来越迫切。比如期望得到爱、得到尊重、得到认可、得到赞美、得到理解等。

2. 正激励与负激励

正激励是当个体的行为符合组织需要时,组织通过奖赏的方式来鼓励此种行为,以达到持续和发扬此种行为的目的。负激励是当个体的行为不符合组织需要时,组织通过制裁的方式来抑制此种行为,以达到减少或消除此种行为的目的。

正激励与负激励作为激励的两种不同类型,目的都是要对个体的行为进行强化,不同之处在于二者的取向相反。正激励起正强化的作用,是对行为的肯定;负激励起负强化的作用,是对行为的否定。

 【知识链接】

如何通过正激励和负激励使三个和尚有水喝呢?

以和尚吃水为例,正常的情况下三个和尚是没有水喝的,但是通过正激励和负激励可能会有水吃。

* 正激励:三名和尚决定给挑水的和尚报酬,或选举他当寺院的住持。这时,为了取得这些报酬或者荣誉,就会有和尚愿意当积极分子,这就是正激励。

* 负激励:其中一个和尚主动给大家安排任务(条件合作者),并对不愿挑水的和尚(自私自利者)进行禁水惩罚,为了免受处罚,大家就会轮流挑水,这就是负激励。

3. 内激励与外激励

内激励是由内酬引发的源自工作人员内心的激励。内酬是工作任务本身的刺激,即在工作进行过程中所获得的满足感,它与工作任务是同步的。追求成长、锻炼自己、获得认可、自我实现、乐在其中等内酬所引发的内激励,会产生一种持久性的作用。

外激励是由外酬引发的、与工作任务本身无直接关系的激励。外酬是工作任务完成之后或在工作场所以外所获得的满足感,它与工作任务不是同步的。如果一项又脏又累、谁都不愿干的工作有人干了,那可能是因为完成这项任务将会得到一定的外酬——奖金及其他额外补贴;一旦外酬消失,他的积极性可能就不存在了。因此,由外酬引发的外激励是难以持久的。

(三)激励过程

人类的行为基本上都是动机性的行为,而这种动机又起源于个体的需要和欲望。当需要未被满足时,就会产生紧张,使个体的身体或心理失去平衡而感到不舒服,进而激发其内驱力,这种内驱力将导致寻求某种特定目标的行为。例如个体饥饿时,大脑会支配去寻找食物;口渴时,大脑会支配去寻找水源。这种大脑指挥个体去行动的心理过程就是动机。当目标达到之后,原有的需要和动机也就消失了。

7

激励过程是从人们的某种需要出发,加强、激发、推动个体的希望、欲望、动力等内心奋发状态的过程(如图 7-1 所示)。心理学家认为,一切行为都是受到激励而产生的;人们做任何事情都有其目的性,而这种有目的的行为又总是离不开满足人们需求的欲望,需求是产生行为的原动力。得不到满足的需求是激励的起点,它引起个体内心(生理上或心理上)的激励力,导致个体从事满足需求的某种行为(寻求某种办法),从而缓和激奋心理。目标达到了,需求满足了,激励过程也就完成了。同时,个体的需求是不断变化和提高的。当某种需求或低一级需求满足了,激励就消失了,未满足的另一种或高一级的需求又会产生,从而导致新需求所驱使的行为,并为满足这种新需求而努力,这样就形成了一个连续不断的循环的激励过程。

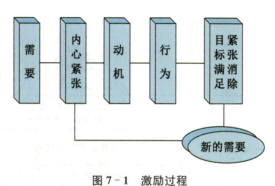

图 7-1　激励过程

二、激励理论基础

激励理论是通过特定的方法与管理体系,将人员对组织及工作的承诺最大化的过程,也是关于如何满足个体的各种需要、调动其积极性的原则和方法的概括总结。自从 20 世纪二三十年代以来,国内外许多管理学家、心理学家和社会学家结合现代管理的实践,提出了许多激励理论。这些理论按照形成时间及其所研究的侧面不同,可分为内容型激励理论和过程型激励理论两大类。内容型激励理论主要研究个体的"需要",回答了以什么为基础或根据什么才能激发调动起工作积极性的问题,包括马斯洛的需求层次理论、奥尔德弗的 ERG 需要理论、赫茨伯格的双因素理论和麦克利兰的成就动机理论等。过程型激励理论学派认为,通过满足个体的需要实现组织目标有一个过程,即需要通过制订一定的目标影响个体的需要,从而激发个体的行动,包括亚当斯的公平理论、弗鲁姆的期望理论和斯金纳的强化理论等。

(一) 内容型激励理论

1. 马斯洛的需求层次理论

亚伯拉罕·哈罗德·马斯洛(Abraham Harold Maslow)于 1943 年初次提出了需求层次理论,把人类纷繁复杂的需要分为生理需要、安全需要、友爱和归属的需要、尊重的需要和自我实现的需要五个层次。1954 年,马斯洛在《激励与个性》一书中又把个体的需要

7

层次发展为七个由低到高的层次:生理需要,安全需要,友爱与归属的需要,尊重的需要,求知的需要,求美的需要和自我实现的需要。

该理论认为,人的需要可以分为五个层次(如图7-2所示):

(1) 生理需要——维持人类生存所必需的身体需要。

(2) 安全需要——保证个体身心免受伤害。

(3) 归属和爱的需要——包括感情、归属、被接纳、友谊等需要。

(4) 尊重的需要——包括内在的尊重,如自尊心、自主权、成就感等需要;外在的尊重,如地位、认同、受重视等需要。

(5) 自我实现的需要——包括个人成长、发挥个人潜能、实现个人理想的需要。

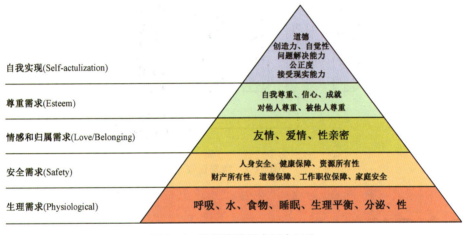

图7-2 马斯洛的需求层次理论

马斯洛认为,个体只有低层次的需要得到部分满足之后,高层次的需要才有可能成为行为的重要决定因素。五种需要是按次序逐级上升的,当下一级需要获得基本满足之后,追求上一级的需要就成了驱动行为的动力。但这种需要层次逐渐上升并不是遵照"全"或"无"的规律,即一种需要100%的满足后,另一种需要才会出现。事实上,社会中的大多数人在正常的情况下,他们的每种基本需要都是部分地得到满足。

马斯洛把五种基本需要分为高、低二级,其中生理需要、安全需要、社交需要属于低级需要,这些需要通过外部条件使个体得到满足。比如借助于工资收入满足生理需要,借助于法律制度满足安全需要等。尊重的需要、自我实现的需要是高级的需要,它们是从内部使个体得到满足,而且一个人对尊重和自我实现的需要,是永远不会感到完全满足的。高层次的需要比低层次需要更有价值,个体的需要结构是动态的、发展变化的。因此,通过满足个体的高级需要来调动其生产积极性,具有更稳定、更持久的力量。

2. 奥尔德弗的 ERG 需要理论

美国耶鲁大学的克雷顿·奥尔德弗(Clayton Alderfer)在马斯洛需求层次理论的基础上,进行了更接近实际经验的研究,提出了一种新的人本主义需要理论。奥尔德弗认为,个体共存在三种核心的需要,即生存(Existence)的需要、相互关系(Relatedness)的需要和成长发展(Growth)的需要,因而这一理论被称为"ERG"需要理论。

第一种生存的需要与人们基本的物质生存需要有关,它包括马斯洛提出的生理和安全需要。第二种需要是相互关系的需要,即指人们对于保持重要的人际关系的要求。这种社会和地位需要的满足是在与其他需要相互作用中达成的,它们与马斯洛的社会需要和自尊需要的外在部分相对应。奥尔德弗把成长发展的需要独立出来,它表示个体谋求发展的内在愿望,包括马斯洛的自尊需要分类中的内在部分和自我实现层次中所包含的特征。与马斯洛的需求层次理论不同的是,奥尔德弗的"ERG"需要理论还表明,个体在同一时间可能有不止一种需要起作用;如果较高层次需要的满足受到抑制的话,那么人们对较低层次需要的渴望会变得更加强烈。

马斯洛的需求层次是一种刚性的阶梯式上升结构,即认为较低层次的需要必须在较高层次的需要满足之前得到充分的满足,二者具有不可逆性。而相反的是,"ERG"需要理论并不认为各类需要层次是刚性结构,比如即使一个人的生存和相互关系需要尚未得到完全满足,他仍然可以为成长发展的需要工作,而且这三种需要可以同时起作用。

此外,"ERG"理论还提出了一种叫作"受挫——回归"的思想(如图7-3所示)。马斯洛认为当个体的某一层次需要尚未得到满足时,他可能会停留在这一需要层次上,直到获得满足为止。相反,"ERG"理论则认为当个体在某一更高等级的需要层次受挫时,那么作为替代,他的某一较低层次的需要可能会有所增加。例如,如果一个人社会交往需要得不到满足,可能会增强他对得到更多金钱或更好的工作条件的愿望。与马斯洛需要层次理论相类似的是,"ERG"需要理论认为较低层次的需要满足之后,会引发出对更高层次需要的愿望。不同于需要层次理论的是,"ERG"需要理论认为多种需要可以同时作为激励因素而起作用,并且当满足较高层次需要的企图受挫时,会导致人们向较低层次需要的回归。因此,管理措施应该随着个体需要结构的变化而做出相应的改变,并根据每个人不同的需要制定出相应的管理策略。

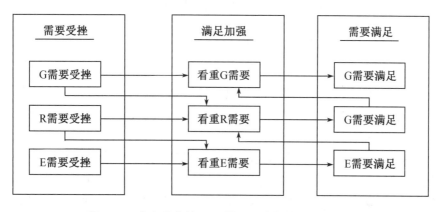

图7-3　奥尔德弗的 ERG 需要理论"受挫——回归"

3. 赫茨伯格的双因素理论

1959年,美国心理学家赫茨伯格提出双因素理论,把企业中有关因素分为两种,即满意因素和不满意因素。满意因素是可以使个体得到满足和激励的因素。不满意因素是使个体容易产生意见和消极行为的因素,即保健因素。他认为这两种因素是影响个体绩效的主要因素。激励因素与工作本身或工作内容有关,包括成就、赞赏、工作本身的意义及挑战性、责任感、晋升、发展等。这些因素如果得到满足,可以使个体产生很大的激励;若得不到满足,也不会像保健因素那样产生不满情绪。保健因素的内容包括组织政策与管理、监督、工资、同事关系和工作条件等。这些因素都是工作以外的因素,如果满足这些因素,能消除不满情绪,维持原有的工作效率,但不能激励个体更积极的行为。

赫茨伯格从1844个案例调查中发现,造成员工不满的原因,主要是由于公司的政策、行政管理、监督、工作条件、薪水、地位、安全以及各种人事关系的处理不善。这些因素的改善,虽不能使员工变得非常满意,真正地激发员工的积极性,却能解除员工的不满,故这种因素称为保健因素。研究表明,如果保健因素不能得到满足,往往会使员工产生不满情绪、消极怠工,甚至引起罢工等对抗行为。

赫茨伯格从另外1753个案例的调查中发现,使员工感到非常满意的因素,主要是工作富有成就感、工作本身带有挑战性、工作成绩能够得到社会的认可以及职务上的责任感、职业上能够得到发展和成长等。这些因素的满足,能够极大地激发员工的热情,对于员工的行为动机具有积极的促进作用,它常常是管理者调动员工积极性,提高劳动生产效率的好办法。研究表明这类因素解决不好,也会引起员工的不满,它虽无关大局,却能严重影响工作的效率。因此,赫茨伯格把这种因素称为激励因素。

赫茨伯格认为:

(1)不是所有的需要得到满足就能激励起个体的积极性,只有那些被称为激励因素的需要得到满足才能调动其积极性;

(2)不具备保健因素时将引起个体强烈的不满,但具备时并不一定会调动个体强烈的积极性;

(3)激励因素是以工作为核心的,主要是在人员进行工作时发生的。

同时,真正能激励个体的有下列几项因素:

(1)工作表现机会和工作带来的愉快;

(2)工作上的成就感;

(3)由于良好的工作成绩而得到的奖励;

(4)对未来发展的期望;

(5)职务上的责任感等。

这种因素是积极的,是影响个体工作动机并长期起主要作用的因素,是工作动机的源泉。据此赫茨伯格认为,为了增加激励因素,提高生产率,需要用"工作丰富化"的管理方法来取代"流水作业线"的生产程序和管理方法,这样可以减少工人的不满情绪,降低旷工率,提高产品质量。

赫茨伯格双因素理论的核心在于:只有激励因素才能够给人们带来满意感,而保健因素只能消除人们的不满,但不会带来满意感,因此,如何认定与分析激励因素和保健因素并"因材施政"这才是关键。比如销售人员的工资薪金设计,按照双因素理论应该划分为基础工资与销售提成两部分,基础工资应属于保健因素,销售提成则属于激励因素。对销售人员而言,通常做法是低工资高提成,这样才能促使销售人员尽可能地多做业务。因此,将赫茨伯格双因素理论运用于管理,首先在于对存在的各因素进行质的分析与划分,明确或创造出保健与激励因素两部分;其次,再进行量的分析与划分,既保障保健因素的基本满足程度,又尽量地加大激励因素的成分,从而由此最大程度激发个体工作的积极主动性。

4. 麦克利兰的成就动机理论

成就动机理论是美国哈佛大学教授戴维·麦克利兰(David C McClelland)通过对个体的需求和动机进行研究,于 20 世纪 50 年代在一系列文章中提出的。麦克利兰把个体的高层次需求归纳为对成就、权力和亲和的需求。具体表现为:

(1) 成就需要(Need for Achievement):争取成功希望做得最好的需求。

麦克利兰认为,具有强烈成就需求的个体渴望将事情做得更为完美,提高工作效率,获得更大的成功。他们追求的是在争取成功的过程中克服困难、解决难题、努力奋斗的乐趣,以及成功之后的个人成就感,而并不看重成功所带来的物质奖励。个体的成就需求与其所处的经济、文化、社会、政府的发展程度有关,社会风气也制约着人们的成就需求。

这类个体一般不常休息,喜欢长时间、全身心的工作,并从完成工作中得到很大的满足,即使真正出现失败也不会过分沮丧。麦克利兰认为,一个公司如果有很多具有成就需求的人,那么公司就会发展很快;一个国家如果有很多这样的公司,整个国家的经济发展速度就会高于世界平均水平。但是,在不同国家、不同文化背景下,成就需求的特征和表现也就不尽相同,对此麦克利兰未做充分表述。

(2) 权力需要(Need for Power):个体影响或控制他人且不受他人控制的需要。

权力需求是影响和控制别人的一种愿望或驱动力,管理成功的基本要素之一,不同个体对权力的渴望程度有所不同。权力需求较高的个体对影响和控制别人表现出很大的兴趣,喜欢对别人“发号施令”,注重争取地位和影响力。他们常常表现出喜欢争辩、健谈、直率和头脑冷静;善于提出问题和要求;喜欢教训别人、并乐于演讲。他们喜欢具有竞争性和能体现较高地位的场合或情境,也会追求出色的成绩。但是,这样做并不像高成就需求的个体那样是为了个人的成就感,而是为了获得地位和权力或与自己已具有的权力和地位相称。

麦克利兰还将组织中管理者的权力分为两种:一是个人权力。追求个人权力的个体表现出来的特征是围绕个人需求行使权力,在工作中需要及时的反馈和倾向于自己亲自操作。麦克利兰提出一个管理者若将其权力形式建立在个人需求的基础上,不利于他人来续位。二是职位性权力。职位性权力要求管理者与组织共同发展,自觉的接受约束,从体验行使权力的过程中得到一种满足。

(3) 亲和需要(Need for Affiliation):个体建立友好亲密的人际关系的需要。

亲和需求是寻求被他人喜爱和接纳的一种愿望,是保持社会交往和人际关系和谐的重要条件。高亲和动机的个体更倾向于与他人进行交往,至少是为他人着想,这种交往会给其带来愉快。高亲和需求者渴望亲和,喜欢合作而不是竞争的工作环境,希望彼此之间的沟通与理解,他们对环境中的人际关系更为敏感。有时,亲和需求也表现为对失去某些亲密关系的恐惧和对人际冲突的回避。

麦克利兰的亲和需求与马斯洛的感情上的需求、奥尔德弗的关系需求基本相同。麦克利兰指出,注重亲和需求的管理者容易因为讲究交情和义气而违背或不重视管理工作原则,从而会导致组织效率下降。

(二)过程型激励理论

1. 亚当斯的公平理论

亚当斯的公平理论又称社会比较理论,由美国心理学家约翰·斯塔希·亚当斯(John Stacey Adams)于 1965 年提出:员工的激励程度来源于对自己与参照对象(Referents)的报酬和投入比例的主观比较感觉。该理论是研究个体动机和知觉关系的一种激励理论,在亚当斯的《工人关于工资不公平的内心冲突同其生产率的关系》《工资不公平对工作质量的影响》《社会交换中的不公平》等著作中有所涉及,侧重于研究工资报酬分配的合理性、公平性及其对职工生产积极性的影响。

公平理论指出,个体的工作积极性不仅与实际报酬多少有关,而且与其对报酬的分配是否感到公平更为密切。人们总会自觉或不自觉地将自己付出的劳动代价及其所得到的报酬与他人进行比较,并对公平与否做出判断。公平感直接影响员工的工作动机和行为。因此,从某种意义来讲,动机的激发过程实际上是人与人进行比较,做出公平与否的判断,并据以指导行为的过程。公平理论研究的主要内容是员工报酬分配的合理性、公平性及其对员工产生积极性的影响。

亚当斯认为,员工的积极性取决于其所感受的分配上的公正程度(即公平感),而员工的公平感则取决于一种社会比较或历史比较。所谓社会比较,是员工对所获得的报酬(包括物质上的金钱、福利和精神上的受重视程度、表彰奖励等)与自己的工作投入(包括自己受教育程度、经验、用于工作的时间、精力和其他消耗等)的比值与他人的报酬和投入的比值进行比较。所谓历史比较是员工对所获得的报酬与自己工作的投入的比值同自己在历史上某一时期内的比值进行比较。

每个人都会自觉或不自觉地进行这种社会比较,同时也会自觉或不自觉地进行历史比较。当个体对自己的报酬进行社会比较或历史比较的结果表明收支比率相等时,便会感觉受到了公平待遇,因而心理平衡、心情舒畅、工作努力。如果认为收支比率不相等时,便会感到自己受到了不公平的待遇,产生怨恨情绪,影响工作积极性。当认为自己的收支比率过低时,会产生报酬不足的不公平感,比率差距越大,这种感觉越强烈。这时个体就会产生挫折感、义愤感、仇恨心理,甚至产生破坏心理。少数时候,也会因认为自己的收支比率过高,产生不安的感觉或感激心理。

当个体感到不公平时,可能千方百计进行自我安慰。比如通过自我解释,主观上造成一种公平的假象,以减少心理失衡或选择另一种比较基准进行比较,以便获得主观上的公平感。还可能采取行动,改变对方或自己的收支比率。比如要求降低别人的报酬、增加别人的劳动投入或要求增加自己的报酬、减少劳动投入等。当然,还有可能采取发牢骚、讲

7

怪话、消极怠工、制造矛盾或离职等行为。

2. 弗洛姆的期望理论

期望理论(Expectancy Theory)又称作"效价—手段—期望理论",1964 年北美著名心理学家和行为科学家维克托·弗鲁姆(Victor H. Vroom)在《工作与激励》提出该理论。期望理论是以三个因素反映需要与目标之间的关系,组织激励员工就必须让其明确:(1)工作能提供给他们真正需要的东西;(2)他们欲求的东西是和绩效联系在一起的;(3)只要努力工作就能提高绩效。

激励(Motivation)取决于行动结果的价值评价(即"效价"Valence)和其对应的期望值(Expectancy)的乘积:$M = V * E$。

M 表示激发力量,是调动一个人的积极性,激发人内部潜力的强度。

V 表示目标价值(效价),是一个心理学概念,指个体达到目标对于满足其需要的价值。同一目标,由于各个人所处的环境不同、需求不同,其需要的目标价值也就不同。同一个目标对每一个人可能有三种效价:正、零、负。效价越高,激励力量就越大。某一客体如金钱、地位、汽车等,如果个体不喜欢、不愿意获取,目标效价就低,对个体行为的拉动力量就小。举个简单的例子,幼儿对糖果的目标效价就要大于对金钱的目标效价。

E 是期望值是个体根据过去经验判断自己达到某种目标的可能性是大还是小,即能够达到目标的概率。目标价值大小直接反映个体需要动机的强弱,期望概率反映个体实现需要和动机的信心强弱。如果个体相信通过努力肯定会取得优秀成绩,期望值就高。

上述公式说明:假如个体把某种目标的价值看得很大,估计能实现的概率也很高,那么此目标激发动机的力量就越强烈。

上述期望公示中,需要同时兼顾几个方面的关系:

(1)努力和绩效的关系

这两者的关系取决于个体对目标的期望值。期望值又取决于目标是否合适个体的认识、态度、信仰等个性倾向以及个体的社会地位、别人对他的期望等社会因素。即由目标本身和个体的主客观条件决定。

(2)绩效与奖励的关系

个体总是期望在达到预期成绩后,能够得到适当的合理奖励,如奖金、晋升、提级、表扬等。如果没有相应有效的物质和精神奖励来强化组织目标,那么时间一长,个体的积极性就会消失。

(3)奖励和个体需要的关系

组织奖励什么要适合各种人的不同需要,要考虑效价。组织应采取多种形式的奖励,满足各种需要,最大限度地挖掘个体潜力,最有效地提高工作效率。

(4)需要的满足与新的行为动力之间的关系

当个体的需要得到满足之后,就会产生新的需要和追求新的期望目标。因此,个体需要得到满足的心理会促使其产生新的行为动力,并对实现新的期望目标产生更高的热情。

3. 斯金纳的强化理论

斯金纳的强化理论是美国的心理学家和行为科学家斯金纳、赫西、布兰查德等人提出的一种理论,是以学习的强化原则为基础来理解和修正个体行为的一种学说。所谓强化,从其最基本的形式来讲,是对一种行为的肯定或否定的后果(报酬或惩罚),至少在一定程度上会决定该行为在今后是否会重复发生。强化包括正强化、负强化和自然消退三种类型:

(1) 正强化

正强化又称积极强化,当个体采取某种行为时,能从他人那里得到某种令其感到愉快的结果,这种结果反过来又成为推进个体趋向或重复此种行为的力量。例如,企业用某种具有吸引力的结果(如奖金、休假、晋级、认可、表扬等),以表示对职工努力进行安全生产行为的肯定,从而增强职工进一步遵守安全规程进行安全生产的行为。

(2) 负强化

负强化又称消极强化,通过某种不符合要求的行为所引起的不愉快后果,对该行为予以否定。若员工能按所要求的方式行动,就可减少或消除令人不愉快的处境,从而也增大了员工符合要求的行为重复出现的可能性。例如,企业安全管理人员告知工人不遵守安全规程,就要受到批评,甚至得不到安全奖励,于是工人为了避免此种不期望的结果,而认真按操作规程进行安全作业。

(3) 自然消退

自然消退又称衰减,是对原先可接受的某种行为强化的撤销。由于在一定时间内不予强化,此行为将自然下降并逐渐消退。例如,企业曾对职工加班加点完成生产定额给予奖酬,后经研究认为这样不利于职工的身体健康和企业的长远利益,因此不再发给奖酬,从而使加班加点的职工逐渐减少。

上述三种类型的强化相互联系、相互补充,构成了强化的体系,并成为一种制约或影响个体行为的特殊环境因素。

强化理论对管理实践有重要的指导作用:

(1) 奖励与惩罚相结合

对个体正确的行为,对有成绩的个体或群体给予适当的奖励;同时,对于个体不良行为,对于一切不利于组织工作的行为则要给予处罚。大量实践证明,奖惩结合的方法优于只奖不罚或只罚不奖的方法。

(2) 以奖为主,以罚为辅

强调奖励与惩罚并用,并不等于奖励与惩罚并重,而是应以奖为主、以罚为辅,因为过多运用惩罚的方法,会带来许多消极的作用,组织在运用时必须慎重。

(3) 及时而正确强化

所谓及时强化是让个体尽快知道其行为结果的好坏或进展情况,并尽量地予以相应的奖励;而正确强化就是要"赏罚分明",即当出现良好行为时就给予适当的奖励,而出现不良行为时就给予适当的惩罚。及时强化能给个体以鼓励,使其增强信心并迅速地激发工作热情,但这种积极性的效果是以正确强化为前提的;相反,乱赏乱罚绝不会产生激励效果。

(4) 奖人所需,形式多样

要使奖励成为真正强化因素,就必须因人制宜地进行奖励。每个个体都有自身特点和个性,其需要也各不相同,因而对具体奖励的反应也会有差异。因此,组织奖励应尽量

7

不要一刀切,应该奖人之所需、形式多样化,只有这样才能起到奖励的效果。

第二节　体育人力资源绩效管理概述

一、绩效管理的含义

(一)绩效内涵

绩效(Performance)是组织人员在一定时期内的工作行为、方式、结果及其产生的客观影响,通常用于评定其工作完成情况、职责履行程度和成长情况等。绩效是业绩和效率的综合,其中业绩体现组织的利润目标,效率反映组织的管理成熟度目标。

绩效作为工作行为和工作结果的综合具有以下几个特点:

(1)多因性

个体绩效的优劣取决于多个因素的影响,包括外部环境、机遇、个人智商、情商、所拥有的知识结构和技能,以及组织的激励因素等。

(2)多维性

个体绩效往往是从多方面体现的。因此,必须从多维度或多方面分析考查个体的工作绩效。

(3)动态性

个体绩效不是固定不变的,而是随着时间推移、职位情况变化以及主客观条件的变化,绩效也会发生变化。因此,要用变化发展的眼光看待绩效问题。

根据绩效的层次,绩效可以划分为个体绩效、团队绩效和组织绩效:

(1)个体绩效

个体绩效是组织人员在某一时期内的工作行为、工作结果、工作态度以及预期收益的总和。

(2)团队绩效

团队对组织既定目标的达成情况、团队成员的满意感以及团队成员继续协作的能力。

(3)组织绩效

组织在某一时期内任务完成的数量、质量、效率、盈利状况以及组织文化和社会地位等方面的总和。

根据绩效的行为角度,绩效可以划分为任务绩效和周边绩效。

(1)任务绩效

任务绩效是与个体工作产出直接相关的,能够直接对其工作结果进行评价的这部分绩效指标。它与具体职务的工作内容密切相关,同时也和个体的能力、完成任务的熟练程度和工作知识密切相关。

(2)周边绩效

周边绩效又称为关系绩效,是指与周边行为有关的绩效。周边绩效对组织的技术核心没有直接贡献,但它构成了组织的社会、心理背景,能够促进组织内的沟通,对人际或部门沟通起润滑作用。周边绩效可以营造良好的组织氛围,对工作任务的完成有促进和催化作用,有利于组织人员任务绩效的完成以及整个团队和组织绩效的提高。

(二) 绩效管理内涵

绩效管理(Performance Management)是组织与人员之间在目标与如何实现目标方面达成共识的基础上,通过激励和帮助个体、团队取得优异绩效从而实现组织目标的管理方法。绩效管理的目的在于通过激发组织人员的工作热情和提高其能力和素质,以达到改善组织绩效的效果。

绩效管理的作用主要体现在以下几方面:

(1) 绩效管理有利于实现组织战略目标

绩效管理的目标是根据组织发展战略制定的,通过将组织战略目标层层分解变为部门和个人目标,在此基础上确定部门和个人绩效目标,通过绩效评价对个体工作结果进行反馈,及时发现工作中存在的问题并进行修正。通过提升个体业绩从而达成组织业绩,实现组织战略目标,使组织进入良性循环。

(2) 满足组织人员需求

组织人员的需求具有不同的层次,当基本需求被满足之后,尊重和自我实现的需求所表现出来是个体行为知道自身绩效水平,以便为了今后发展而明确努力方向。如果没有考核或考核不准确,则个体就会处于盲目状态,失去努力的目标和方向。

(3) 解决管理中存在的问题

组织人员绩效水平的高低与其自身素质、努力程度有关,更与组织管理制度、管理理念、组织文化和管理风格有关。通过绩效评价和反馈,可以发现组织管理中存在的问题并能及时解决,使组织顺利向前发展。

(4) 配合人力资源管理体系的运行

组织发展战略和组织文化是进行绩效管理的依据,绩效管理的目标是为了实现组织发展的战略目标。通过工作分析明确岗位职责是制定绩效考核指标体系的关键环节。招聘工作的质量直接决定着组织人员的工作绩效,而培训是通过组织人员工作绩效的主要手段和方法。绩效考核结果与薪酬体系相衔接,才能真正对组织人员起到激励作用。

二、绩效管理的基本过程

绩效管理是一项复杂而艰巨的过程,必须遵循科学的工作程序。一般来说,绩效管理的基本过程可以分为四个阶段,分别是建立绩效评价标准、实施绩效考核,以及绩效沟通与反馈。

(一) 建立绩效评价标准

1. 绩效评价标准概念

绩效评价标准是考评者通过测量或通过与被考评者约定所得到的衡量各项考评指标

得分的基准。绩效考评标准由三个要素组成:标准强度和频率、标号、标度。标准强度和频率是评价标准的内容,即各种规范行为或对象的程度或相对次数,属于评价的主要组成部分。标号是不同强度的频率的标记符号,通常用字母(如 A、B、C、D 等)、汉字(如甲、乙、丙、丁等)或数字来表示。标号没有独立的意义,只有考评者赋予其某种意义时,才具有意义。标度是测量的单位标准,可以是经典的测量尺度(即类别、顺序、等距和比例尺度),也可以是现代数学的模糊集合、尺度;可以是数量化的单位,也可以是非数量化的标号。总之,可以是定量的,也可以是定性的。标度是评价标准的基础部分,同评价的计量与计量体系有密切的关系。绩效评价中,各种内容、标度和属性的标准之间,存在着密切的内在联系,它们相互依存、相互补充、相互制约,组成一个有机整体,这就是评价标准体系。

2. 确立绩效评价标准的原则

绩效评价标准既要达到评价的各项目的,又要被组织人员普遍接受。因此,在制定绩效评价标准时,组织应遵循以下原则:

(1) 公正性与客观性

绩效评价标准的制定及其执行,必须科学、合理、不掺入个人好恶等感情成分。

(2) 明确性与具体性

绩效评价标准不能含混不清,抽象深奥,而应该非常明确,一目了然,便于使用,尽量可以直接进行测量。同时,还应尽可能予以量化。

(3) 一致性和可靠性

绩效评价标准能适用一切同类型组织人员,应一视同仁,不能区别对待或者经常变动。否则,就会使绩效评估结果缺乏可比性,不能达到必要的信度和效度。

(4) 民主性和透明性

在制定绩效评估标准的过程中,组织要认真听取各方人员的意见,这样不仅有利于制定标准,而且有利于取得个体对组织所定标准的认同。同时,还要将评价结论反馈给被评者,以增加评价的透明度。

3. 确立绩效评价标准体系

绩效评价标准是按照各个职位的业务和工作要求而制定的标准,因此,评价标准必须以工作分析中的职务说明和职务规范为依据。确立绩效评价标准的具体步骤包括:

(1) 工作分析

根据绩效考核目的,对被评者所在岗位的工作内容、性质、工作职责和应具备的能力素质、工作条件等进行研究,初步确定绩效考核指标。在实际操作中,组织并不是将所有的岗位职责、要求都作为考核指标,而是根据组织战略目标选择重要的岗位职责作为绩效考核指标。

(2) 理论验证

根据绩效考核的基本原理和制度,对所设计的绩效考核指标进行论证,使其具有一定的科学性。

7

（3）确定指标体系

组织根据工作分析结果,运用绩效考核指标体系设计方法进行指标分析,最后确定绩效考核指标体系。在进行指标分析和指标体系的确定时,组织通常将问卷调查、个案研究、访谈法等多种方法结合起来,使指标体系更加准确、完善和可靠。

（4）修订

为了使绩效指标更趋合理,还应对其进行修订。修订包括两种:一种是考核前修订,通过专家咨询法,将确定的指标提交相关专家或权威审议、征求意见,进而修改、补充、完善绩效考核体系;另一种是考核后修订,根据考核结果应用之后的效果等情况进行修订,使考核指标内容更加理想完善。

（二）实施绩效考核

实施考核是组织对被评者的工作绩效进行考核、测定和记录。此阶段的主要任务是了解被评者的工作行为和工作结果的实际情况。此过程中,组织一定要实事求是,全面准确地收集反映人员工作绩效的有关资料,主要做好以下工作:

（1）成立评价小组,并对评价人员进行培训,使之能熟悉评价标准和评价方法,从而客观公正地进行评价。

（2）评价人员能够迅速、准确掌握被评者绩效的信息资料和工作表现。

（3）被评者对照考核标准进行自我评价,并将自我评价结果反馈至评价小组。

（4）评价人员根据自身掌握的评价记录和被评者的自评资料,汇总得出被评者的全部绩效评价记录。

然后,组织将绩效评价的记录与既定评价标准进行对照、分析和评判,从而获得评价结论。评价结论一般包括:被评者的成绩（优点）、需要改进的地方（缺点）,以及评价建议等内容。

（三）绩效沟通与反馈

绩效反馈是绩效管理过程中的一个重要环节,主要通过考核者与被考核者之间的沟通,就被考核者在考核周期内的绩效情况进行面谈,在肯定成绩的同时,找出工作中的不足并加以改进。绩效反馈的目的是为了让组织人员了解自己在本绩效周期内的业绩是否达到所定的目标,行为态度是否合格,让组织和人员双方达成对评估结果一致的看法;双方共同探讨绩效未合格的原因所在并制定绩效改进计划,同时,组织要向人员传达组织期望,双方对绩效周期的目标进行探讨,最终形成一个绩效合约。由于绩效反馈在绩效考核结束后实施,而且是考核者和被考核者之间的直接对话,因此,有效的绩效反馈对绩效管理起着至关重要的作用。

一般来说,绩效反馈包含以下内容:

（1）通报当期绩效考核结果

通过对被考核者绩效结果的通报,使其明确其绩效表现在整个组织中的大致位置,激发改进现在绩效水平的意愿。在沟通这项内容时,主管要关注被考核者的长处,耐心倾听被考核者的声音,并在制定下一期绩效指标时进行调整。

（2）分析绩效差距与确定改进措施

改进措施的可操作性与指导性来源于对绩效差距分析的准确性,因此,每一位主管在对被考核者进行过程指导时要记录其关键行为,按类别整理,分成高绩效行为记录与低绩效行为记录。通过表扬与激励,维持与强化被考核者的高绩效行为;通过对低绩效行为的归纳与总结,准确地界定被考核者绩效差距。

（3）沟通协商下一个绩效考评周期的工作任务与目标

绩效反馈既是上一个绩效考评周期的结束,同时也是下一个绩效考评周期的开始。在考核的初期明确绩效指标是绩效管理的基本思想之一,各主管不参与会导致绩效指标的方向性偏差,被考核者不参与会导致绩效目标的不明确,因此,需要各主管与被考核者共同制定。另外,在确定绩效指标的时候一定要紧紧围绕关键指标内容,同时考虑被考核者所处的内外部环境变化,而不是僵化地将季度目标设置为年度目标的四分之一,也不是简单地在上一期目标的基础上累加几个百分比。

（4）确定与任务、目标相匹配的资源配置

绩效反馈不是简单地总结过去的上一个绩效周期员工的表现,更重要的是要着眼于未来的绩效周期。在明确绩效任务的同时确定相应的资源配置,对主管与被考核者来说是一个双赢的过程。对于被考核者,可以得到完成任务所需要的资源。对于主管,可以积累资源消耗的历史数据,综合有限的资源情况,使其发挥最大的效用。

第三节　体育人力资源绩效考核的方法

绩效考核方法通常也称为业绩考评或"考绩",是针对组织中人员所承担的工作,应用各种科学的定性和定量的方法,对其行为的实际效果,及对组织的贡献或价值进行考核和评价。绩效考核的目的是通过考核提高个体的效率,最终实现组织目标。通常来说,绩效考核的主要方法如下:

一、比较法

比较法是按被考核者绩效相对优劣程度,通过比较确定每位被考核者的相对等级或名次的方法。按照比较程度不同,又可以分为排序法、强制分布法和配对比较法,其中最常见的是强制分布法。

（一）排序法

排序法是组织选取一个衡量因素来比较被考核者的工作效绩,可以从优到劣也可从劣到优来排序,每一次排序只能找一项最基本因素。排序法可分为简单排序法和交替排序法两种。

1. 简单排序法

简单排序法也称序列评定法,是管理者把本部门的所有人员从绩效最高者到绩效最低者(或从最好者到最差者)进行排序,即对一批考核对象按照一定标准排出"1、2、3、4……"的顺序。

2. 交替排序法

交替排序法是管理者对被考核者的名单进行审查后,从中找出工作绩效最好的被考核者列为第一名,并将其名字从名单上划去。然后从剩下的名单中找出工作绩效最差的被考核者排为最后一名,也把其名字从名单中划去。随后,在剩下的被考核者中管理者再找出一名工作绩效最好的将其排为第二名,找出一名最差的列为倒数第二名,以此类推,直到将所有的被考核者排序完。

排序法的优点在于简单易行,考核成本较低。其缺点在于当考核标准模糊和不确定时,考核者的公平性常常受到质疑,并且当被考核者人数增多时此方法就变得十分困难。

(二)强制比例法

强制比例法是在绩效考评开始之初,对不同等级的人数有一定的比例限制。根据被考核者的业绩,将被考核者按一定的比例分为几类(最好、较好、中等、较差、最差)进行考核的方法。

根据正态分布原理,优秀人员和不合格人员的比例应该基本相同,而大部分人员应该属于工作表现一般的群体。因此,在考评分布中,可以强制规定优秀人员的人数和不合格人员的人数。比如,某体育院校绩效考核中,把全体教师划分为 4 种类型,优秀教师占 10%,良好教师占 40%,合格教师占 40%,不合格占 10%,然后评价者按预先确定的比例把教师划分到不同类型中。

强制比例法适合相同职务人员较多的情况,规模较大或相同岗位人数较多的组织。其优点在于:克服平均主义,防止评价者过分宽容或过分严厉,出现"一刀切"的结果;避免因为几分之差而导致的无休止的争论。其缺点是预先确定的比例可能不符合组织人员工作表现的实际状况。

小看板

杰克·韦尔奇的"活力曲线"

将员工划分为不同的类别,然后严格地加以区别对待,这正是韦尔奇所推崇的"活力曲线",这一曲线被认为是给 GE 带来无限活力的法宝之一。以业绩为横轴(由左向右递减),以组织内达到这种业绩的员工数量为纵轴(由下向上递增)。利用这张正态分布图,将很容易区分出业绩排在前面 20%的员工(A 类)、中间 70%的员工(B 类)和业绩排在后面的 10%的员工(C 类)(如图 7-4 所示)。

A 类员工:激情满怀、勇于负责、思想开阔、富有远见,不仅自身充满活力,而且有能力带动自己周围的人提高企业的生产效率。是否拥有这种激情,是 A 类员工与 B 类员工的最大区别。B 类员工:主体员工,也是业务经营成败的关键。公司投入大量精力提高 B 类员工的水平,部门经理的主要工作之一就是帮助 B 类员工成为 A 类员工,而

7

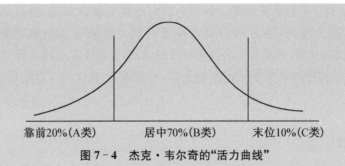

靠前20%(A类)　　　　居中70%(B类)　　　　末位10%(C类)

图7-4 杰克·韦尔奇的"活力曲线"

不仅仅要任劳任怨地实现自己的能量和价值,这就是绩效管理的魅力。C类员工:C类员工是不能胜任自己工作的人,作为管理者不能在C类员工身上浪费时间。

将活力曲线作为员工分类的依据,并依此进行分类管理:(1)A类员工得到的奖励(提高工资、股票期权和职务晋升等)往往是B类员工的两到三倍;B类员工也会得到奖励,通常他们中间的60%～70%会得到工资提升和股票期权;C类员工不会得到任何的奖励。(2)A类员工被视为GE最重要的财富,每一个A类员工的流失都被视为GE的重大损失,都必须事后开会检讨;B类员工是GE的主体,企业为其提供最频繁、最优质的培训;C类员工会被"处理掉"或"清除出去"。

资料来源:百度官方网站,http://wenku.baidu.com/view/a99fc45b7cd5360cba1aa8114431b90d6c858938.html?_wkts_=1706507673077&bdQuery。

(三) 配对比较法

配对比较法要求考核者将每位被考核者与工作群体中的其他人员逐一比较,按照配对比较中被评价为较优的总次数来确定等级名次(如表7-1所示)。这是一项比较系统的工程,当全部的配对比较都完成之后,考核者再统计各个人员获得较好评价的次数,即该人员的绩效评价分数。

表7-1 配对比较法实例

"工作质量"要素考核						"创造性"要素考核					
被考核者						被考核者					
比较对象	A	B	C	D	E	比较对象	A	B	C	D	E
A		+	+	−	−	**A**		−	−	−	−
B	−		−	−	−	**B**	+		−	+	+
C	−	+		+	−	**C**	+	+		−	−
D	+	+	−		+	**D**	+	−	+		−
E	+	+	+	−		**E**	+	−	−	+	
B为最高						A为最高					

注:+表示"好于",−表示"不如";将每个特性指标空格内+号数量累计起来,即是排序结果。

配对比较法对于考核者来说是一种较为费时的绩效评价方法,并且随着组织日益扁平化,控制幅度越来越大,该方法会更为耗费时间。如果有 n 名被考核者,将会产生 $n(n-1)/2$ 次比较,例如,如果有 5 名被考核者的话,那么考核者必须进行 10 次($(5\times4)/2$)比较。因此,用于排序的对象个数也不能太多,一般要少于 10 个,否则很容易出现错误、遗漏。

二、特性法

特性法关注被考核者在多大程度上具有对组织的成功非常有利的特性。通常考核者需要对一系列的特性如主动性、领导力、竞争力等特性加以界定,然后根据这些特性来对被考核者进行绩效评价。

(一) 图尺度评价法

图尺度评价法也称为图解式考评法,是最简单和运用最普遍的工作绩效考核技术之一。它列举出一些组织所期望的绩效构成要素(如质量、数量或个人特征等),还列举出跨越范围很宽的工作绩效等级(如从"不令人满意"到"非常优异")。在进行工作绩效评价时,首先针对每一位被考核者从每一项评价要素中找出最能符合其绩效状况的分数,然后将得到的所有分值进行汇总,即得到其最终的工作绩效评价结果。例如,某健身俱乐部采用图尺度评价法对健身教练进行绩效考核,表 7-2 中列出了绩效考核的不同构成要素,并且每一项特性都要根据 5 分(从优秀到较差)的评价尺度进行等级考核。

表 7-2 图评价尺度法实例

绩效维度	评价尺度				
	优秀	良好	一般	合格	较差
技能	5	4	3	2	1
知识	5	4	3	2	1
沟通能力	5	4	3	2	1
判断力	5	4	3	2	1
管理技能	5	4	3	2	1
团队合作	5	4	3	2	1
人际关系	5	4	3	2	1
主动性	5	4	3	2	1
解决突发问题能力	5	4	3	2	1
创新性	5	4	3	2	1

图评价尺度法的优点在于简便易行,具有较大的普遍适用性。但是,由于评定量表上的分数未给出明确的评分标准,很可能得不到准确的评定,常常凭主观来考评,因此该方

法准确性不高。

(二)混合标准尺度法

混合标准尺度法解决了图尺度评价法中的一些不足,该方法首先是对相关的绩效维度进行界定;然后分别对每一维度的"好""中""差"的绩效内容与标准进行阐明;最后,在实际评价表格的基础上,将这些说明和不同维度中的各种绩效等级说明结合在一起,形成一种混合标准尺度(如表7-3所示)。

表7-3　混合标准尺度法实例

维度界定:

被考核特性	绩效等级	绩效等级说明
智力	好	该运动员非常聪明,掌握技能速度非常快
	中	尽管该运动员不是天才型的,但他确实比其他运动员要聪明些
	差	该运动员理解和接受新技能会慢一点,但还是具有一般的智力水平
主动性	好	该运动员训练一贯积极主动,从来不需要教练督促
	中	虽然该运动员训练是积极主动的,但有时需要教练督促
	差	该运动员有些需要教练督促训练的倾向
人际关系	好	该运动员与其他人员的关系都很好,即使有时会有意见分歧,但也能友好相处
	中	该运动员与大多数人相处较好,只是偶尔在工作上与他人发生较小冲突
	差	该运动员有些与他人发生不必要冲突的倾向

赋予标准:

被考核特性	绩效等级			得分
	好	中	差	
智力/ 主动性/ 人际关系	＋	＋	＋	7
	0	＋	＋	6
	－	＋	＋	5
	－	0	＋	4
	－	－	＋	3
	－	－	0	2
	－	－	－	1

注:＋表示"该运动员绩效表现高于陈述水平",0表示"该运动员绩效表现相当于陈述水平",－表示"该运动员绩效表现低于陈述水平"。

根据上述考核等级确定分数:

运动员 A被考核特性	绩效等级			得分
	好	中	差	
智力	+	+	+	7
主动性	0	+	+	6
人际关系	−	−	+	3

较之图尺度评价法,混合标准尺度法在评价信度和准确性方面得到了很大提高,并且减弱了评价误差和主观因素的影响。但是,该方法常常只有模糊的绩效标准,因而可能会导致不同的评价者对于绩效标准做出不同的解释。正因为如此,不同的评价者有时会得出差异非常大的评价等级和排定的绩效顺序。另外,有限的几个维度描述也难以表达其现实行为,这些不足之处,还需要结合其他评价方法加以弥补。

三、行为法

行为法是组织试图对被考核者为有效完成工作所必须显示出来的行为进行界定的绩效管理方法。首先利用各种技术对这些行为加以界定,然后要求考核者对被考核者在多大程度上显示了这些行为做出评价。在此介绍三种基于行为法的绩效考核方法,分别是:关键事件法、行为锚定等级评价法和行为观察评价法。

(一) 关键事件法

关键事件法(Critical Incident Method)是工作分析时使用的一种方法,同样在绩效考核中也可以使用。考核者将被考核者在工作活动中所表现出来的非常好的行为或者非常不好的行为(关键事件)记录下来,然后在每六个月左右的时间里,考核者和被考核者面对面地以所记录的事件为例,共同讨论被考核者的工作绩效。

关键事件法中的"事件"可以向被考核者提供明确的反馈,让他们清楚地知道自己哪些方面做得好,哪些方面做得不好,并加深被考核者对事件的理解,有利于接受和改进,还可以充实那些抽象的评语。此外,考核者还可以重点强调能够支持组织战略的一些关键事件,使个体目标与组织战略目标紧密联系起来。但该方法的不足之处在于:管理者或者考核者往往拒绝每天或每周记录被考核者的行为;每个事件对每位被考核者来说都是特定的,因此要对不同被考核者进行比较通常是有困难的。

(二) 行为锚定等级评价法

行为锚定等级评价法(Behaviorally Anchored Rating Scale, BARS)是关键事件法的进一步拓展和应用,将同一职务工作可能发生的各种典型行为进行评分度量,建立一个锚定评分表,并以此为依据对被考核者工作中的实际行为进行测评记分的考评办法(如表7-4所示)。

行为锚定等级评价法通常要求按照以下五个步骤来进行:

（1）进行岗位分析，获取关键事件，以便对一些代表优良绩效和劣等绩效的关键事件进行描述；

（2）建立评价等级，一般分为5～9级，将关键事件归并为若干绩效指标，并给出确切定义；

（3）对关键事件重新加以分配。由另一组管理人员对关键事件做出重新分配，把它们归入最合适的绩效要素和指标中去，确定关键事件的最终位置，并形成绩效考评指标体系；

（4）对关键事件进行评定。审核绩效考评指标登记划分的正确性，由第二组人员将绩效指标中包含的重要事件从优到差、从高到低进行排列；

（5）建立最终的工作绩效评价体系。

表 7-4 行为锚定等级评价法实例（某健身俱乐部前台）

优秀	5	积极愉快地接待客人
		带客人去茶点区
		及时通知访客何时有延误
		保持办公区和整个接待区整洁有序
		对来电者充满热情
		能够直接处理一些请求
		有效地安排优先次序并独立完成项目工作
		不太忙的时候主动寻求额外的项目工作
	4	兴致勃勃地迎接客人，指出茶点区
		办公区整洁有序
		对来电者做出回应，如果事情紧急，则采取额外措施
		高效独立地完成大部分项目工作
满意	3	对访客致意，保持前台桌面整洁有序
		正确转接电话
		需要指导才能完成一些项目工作
	2	精通电话系统，但在正确转接电话时有些错误
		办公区通常很整洁
		尝试项目工作，但需要更多的指导
不满意	1	对电话系统功能不够精通，在转接电话时经常出错
		办公区杂乱无章
		对项目工作不太感兴趣
		经常不积极地迎接来访者

该方法的优点在于：

（1）对绩效的考量更加精确。由于参与本方法设计的人员众多，对本岗位熟悉，专业技术性强，因此精确度更高。

（2）绩效考评标准更加明确。评定量表上的等级尺度是与行为表现的具体文字描述一一对应的，或者说通过行为表述锚定评定等级，使考评标准更加明确。

（3）具有良好的反馈功能。评定量表上的行为描述可以为反馈提供更多必要的信息。

（4）具有良好的连贯性和较高的信度。使用本方法是对考评者使用同样的量表，对同一被考核者进行不同时间段的考评，能够明显提高考评的连贯性和可靠性。

（5）考评的维度清晰，各绩效要素的相对独立性强，有利于综合评价判断。

该方法的缺点在于：

（1）设计和实施的费用高，比许多考评方法费时费力。

（2）考核某些复杂的工作时，特别是对于那些工作行为与效果的联系不太清楚的工作，管理者容易着眼于对结果的评定而非依据锚定事件进行考核。

（三）行为观察评价法

美国人力资源专家拉萨姆和瓦克斯雷在行为锚定等级评价法和传统业绩评定表法的基础上对其不断发展和演变，于 1981 年提出了行为观察评价法。该方法不是要先确定被考核者工作表现处于哪一个水平，而是确定某一行为出现的频率，然后通过给某种行为出现的频率赋值，从而计算出得分。

该方法具有以下特点：（1）不剔除不能代表有效绩效和无效绩效的大量非关键行为，而是用"事件"中的许多行为来具体地界定，并构成有效绩效（或无效绩效）的所有必要行为。（2）并不是要评价哪种行为最好地反映了被考核者绩效，而是要求考核者或管理者对被考核者在评价期内表现出来的每一种行为的频率进行评价。（3）最后再将所得评价结果进行平均之后得出总体的绩效评价等级。表 7-5 是评价教练员领导行为的观察评价法示例。

表 7-5　行为观察评价法实例

（1）注重让每个运动员都能发挥自己的潜能 几乎没有　1　2　3　4　5　几乎总是
（2）向所有运动员讲解运动项目的技术或战术 几乎没有　1　2　3　4　5　几乎总是
（3）特别注意改正队员的错误 几乎没有　1　2　3　4　5　几乎总是
（4）相信他在队伍里的作用能被每一位队员所了解 几乎没有　1　2　3　4　5　几乎总是
（5）就运动技巧能对每一位队员做到个别教导 几乎没有　1　2　3　4　5　几乎总是
（6）会征询队员关于训练比赛的策略和意见 几乎没有　1　2　3　4　5　几乎总是

(续表)

(7) 对于重大的训练事宜,会征求运动员们的意见 几乎没有 1 2 3 4 5 几乎总是	
(8) 会让运动员参与决策过程 几乎没有 1 2 3 4 5 几乎总是	
(9) 会鼓励运动员对指导训练的方法提出建议 几乎没有 1 2 3 4 5 几乎总是	
(10) 允许运动员设立自己的个人目标 几乎没有 1 2 3 4 5 几乎总是	
总分数=	
很差(15分以下) 差(16~25分) 满意(26~35分) 好(36~45分) 很好(46~50分)	

行为观察评价法的优点在于:能够将高绩效者和低绩效者区分开来;能够维持客观性;便于提供信息反馈;便于确定被考核者的培训需求。但其不足之处在于过于烦琐,因为该方法所需要的信息可能会超出大多数管理者所能加工或记忆的信息量。一个行为观察评价体系可能会涉及80种或以上的行为,考核者必须回忆每一位被考核者在6个月或12个月的评价期间所表现出来的每一种行为的发生频率。

四、结果法

结果法注重对考核者的一种工作或某一工作群体的可衡量性结果的考核。该方法假设,绩效考核过程中的主观因素是可以消除的,同时工作结果也是对被考核者为组织做出贡献而进行评价的最为接近的指标。结果法中最主要的考评方法是目标管理法。

美国管理大师彼得·德鲁克(Peter F. Drucker)于1954年在其名著《管理实践》中最先提出了"目标管理"的概念,其后又提出"目标管理和自我控制"的主张。德鲁克认为,并不是有了工作才有目标,而是相反,有了目标才能确定每个人的工作。目标管理法(Management by Objective,MBO)是以目标为导向,以人为中心,以成果为标准,而使组织和个人取得最佳业绩的现代管理方法。目标管理亦称"成果管理",俗称责任制,是在组织人员的积极参与下,自上而下地确定工作目标,并在工作中实行"自我控制",自下而上地保证目标实现的一种管理办法。

作为一种程序,目标管理包括以下几个方面的要素:

(1) 目标确定

最高管理层首先要为组织确定下一年度的战略目标,然后目标会被分解到下一级管理层,管理者们需要明确,为实现组织目标自身需要完成哪些任务。上述目标确定的过程会依次延续下去,直到组织中所有的管理者都确定了为实现组织总目标的"个人"目标为止。同时,这些目标就成为对每一位组织人员工作绩效的评价标准。

7

（2）执行计划

目标确定以后，管理者和下属都应执行此计划。大家应讨论如何实现计划目标，确定完成任务的必要步骤，评价和确定每一步骤的责任。

（3）发展过程检查

工作项目发展的正规监控在于判明困难的出现是否属于偶然现象，行动的矫正是否正确必要。目标管理的检查评价不是评价行为，而是评价工作绩效。考核者或管理者与被考核者讨论是否完成了工作、回忆为什么能完成或不能完成，将这些检查评价工作情况记录下来并成为正式的绩效评价。

（4）自我调节

每一位管理者都应该协调自身工作项目并对自己和下属的行为加以必要的矫正。

目标管理法的优点在于：（1）目标管理有利于组织绩效水平的提高，此外，该方法目标确定过程能将人员个体绩效与组织战略目标联系在一起。（2）因为绩效标准是按相对客观的条件来设定的，因此目标管理较为公平。（3）实施费用不高。目标开发不像开发行为锚定式评定量表或行为观察量表般费力，必要的信息都由组织人员填写，由管理者批准或修订。（4）组织人员对达成目标有更多的切身利益，对其工作环境有更多的了解和看法，这也便于管理者和下属之间沟通。

目标管理法的不足之处在于：（1）组织人员只有行动目标，没有应该达成目标的行为指导；（2）容易使组织人员过于注重短期目标或年度目标而牺牲长期目标；（3）忽视了组织中的本位主义及员工的惰性，对人性的假设过于乐观，使目标管理的效果在实施过程中大打折扣；（4）目标商定需要上下沟通、统一思想，需要耗费大量的时间和成本。

五、质量法

质量法是基于绩效改进和提高的评价方法，主要有：360 度反馈法、平衡计分卡法和关键绩效指标法。

（一）360 度反馈法

360 度反馈也称全视角反馈，是被考核者的上级、同级、下级、客户以及自身等对其进行评价，通过评价知晓各方面的意见，清楚自己的长处和短处，来达到提高自己的目的（如图 7-5 所示）。传统的绩效评价，主要由被考核者的上级对其进行评价；而 360 度反馈评价则由与被考核者有密切关系的人员，包括被考核者的上级、同事、下属和客户等，分别匿名对被考核者进行评价；被考核者自己也对自己进行评价。然后，由专业人员根据有关人员

图 7-5　360 度反馈法

对被考核者的评价,对比被考核者的自我评价向被考核者提供反馈,以帮助被考核者提高其能力水平和业绩。

360度反馈法的优点在于:

(1)打破了由上级考核下属的传统考核制度,可以避免传统考核中考核者极容易发生的"光环效应""居中趋势""宽松或严格倾向""个人偏见""优先效应"和"近因效应"等现象;

(2)被考核者试图影响多个考核者是困难的,因此管理层获得的信息更为准确;

(3)可以反映出不同考核者对于同一被考核者不同的看法;

(4)防止被考核者急功近利的行为(例如仅仅致力于与薪酬密切相关的业绩指标);

(5)较为全面的反馈信息有助于被考核者多方面能力的提升。360度反馈法实际上是组织人员参与管理的方式,在一定程度上增加了其自主性和对工作的控制,积极性会更高,对组织会更忠诚,工作满意度也会相应提高。

【知识链接】

传统绩效考核中的误差

* **光环效应**:也称为晕轮效应,在考评中,因某一人格上的特征而掩蔽了其他人格上的特征。比如考评者特别注重"交往能力"这一评价要素,因而对交往能力很强的人,在其他评定要素的判断上也容易给出很高的评价。

* **居中趋势**:考评者对所有被考评者的评价都差不多,评估成绩拉不开距离。

* **宽松或严格倾向**:给予被考评者不应受到的高评价称为宽松,这种行为产生的动机往往是避免引起评价争议,当使用主观性强的业绩标准并要求考评者与被考评者讨论评价结果时,这种行为最为盛行。对被考评者的工作业绩过分批评称为严格,在现实中,有些考评者在评价被考评者时喜欢采用比组织更严苛的标准。

* **个人偏见**:考评者在进行各种评价时,可能在被考评者的个人特征,如种族、民族、性别、年龄、性格、爱好等方面存在偏爱与自己的行为或人格相近的人,从而造成人为的不公平。

* **优先效应**:考评者根据被考评者最初的绩效信息,对其考评期内的全部表现做出总评价,以前期的部分信息替代全期的全部信息,从而出现"以偏概全"的考评偏差。

* **近因效应**:考评者根据被考评者最近的绩效信息,对其考评期内的全部表现做出总评价。这类效应可谓"以时点代时段""只见树木,不见森林"。

资料来源:百度官方网站,http://baike.baidu.com/item/绩效考核误差/50913253?fr=ge_ala。

360度反馈法的不足在于:

(1)考核成本高。当考核者要对多个同伴进行考核时,时间耗费多,由多人来共同考核所导致的成本上升可能会超过考核所带来的价值;

7

（2）成为某些人员发泄私愤的途径。某些人员不正视上级及同事的批评与建议,将工作上的问题上升为个人情绪,利用考核机会"公报私仇";

（3）考核培训工作难度大。组织要对所有人员进行考核制度的培训,因为所有人员既是考核者又是被考核者。

（二）平衡计分卡法

平衡记分卡最初源于 1990 年美国诺顿研究所主持完成的"未来组织绩效衡量方法"研究计划。该计划的目的在于找出超越传统财务会计量度为主的绩效衡量模式,以使组织"策略"能够转变为"行动"。在此基础上,此项计划的带头人美国著名管理会计学家、哈佛大学教授卡普兰（Robert Kaplan）和诺顿研究院的执行长诺顿（David Norton）又进行了全面而深入的研究,分别于 1992 年、1993 年和 1996 年发表了《平衡计分卡:良好的绩效评价体系》《平衡计分卡的应用》和《将平衡计分卡用于战略管理系统》三篇论文,此后又出版了《平衡记分卡:一种革命性的评估和管理系统》和《平衡计分卡——战略目标的转换》等专著,使平衡记分卡的理论和方法得以系统化。

平衡计分卡法（Balanced Score Card,BSC）是常见的绩效考核方式之一,是从财务、客户、内部运营、学习与成长四个角度,将组织的战略落实为可操作的衡量指标和目标值的一种新型绩效管理体系（如图 7-6 所示）。实际上,平衡计分卡法打破了传统的只注重财务指标的业绩管理方法。平衡计分卡认为,传统的财务会计模式只能衡量过去发生的事情（落后的结果因素）,但无法评估组织前瞻性的投资（领先的驱动因素）。在工业时代,注重财务指标的管理方法还是有效的。但在信息社会里,传统的业绩管理方法并不全面,组织必须通过在客户、供应商、员工、组织流程、技术和革新等方面的投资,获得持续发展的动力。正是基于这样的认识,平衡计分卡方法认为组织应从四个角度审视自身业绩:财务、客户、内部业务流程以及学习与成长。

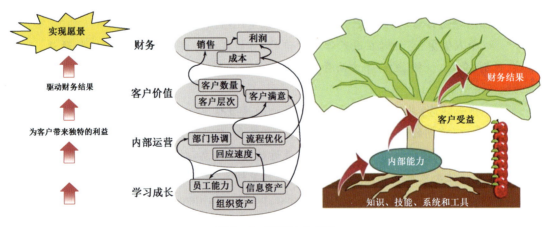

图 7-6　平衡计分卡法

1. 财务指标

财务指标的目标是解决"股东如何看待我们",组织所有的改善都应该最终归于财务目标的达成。主要包括:(1) 收入增长指标;(2) 成本减少或生产率提高指标;(3) 资产利用或投资战略指标。

2. 客户指标

客户指标的目标是解决"客户如何看待我们",组织为了获得长远的财务业绩,就必须创造出让客户满意的产品或服务,组织活动必须以客户价值为出发点。主要包括:(1) 市场份额,即在一定市场中组织销售产品的比例或者客户的比例;(2) 客户保留度,即组织继续保持与老客户交易关系的比例,既可以用绝对数表示,也可以用相对数表示;(3) 客户获取率,即组织吸引或取得新客户的数量或比例,既可以用绝对数表示,也可以用相对数表示;(4) 客户满意度,即反映客户对其从组织获得价值的满意程度;(5) 客户利润贡献率,即组织为客户提供产品或服务之后取得的利润水平。

3. 内部业务流程指标

内部业务流程指标的目标是解决"我们擅长什么",以客户为基础的指标十分重要,但是优异的客户绩效来自组织中所发生的流程、决策和行为,因此管理者需要关注这些能使组织满足客户需要的关键内部经营活动。主要包括:(1) 评价组织创新能力的指标,如新产品开发的时间、新产品销售额在总销售额的比例、比竞争对手率先推出新产品的比例、开发费用与营业利润的比例、第一次设计的产品中可完全满足客户要求的产品比例、在投产前对设计加以修改的次数等;(2) 评价组织生产经营绩效的指标,如产品生产时间和经营周转时间、产品和服务的质量、产品和服务的成本等;(3) 评价组织售后服务绩效的指标,如对产品故障反应时间和处理时间、售后服务的一次成功率、客户付款时间等。

4. 学习与成长绩效指标

学习与成长绩效指标的目标是解决"我们是在进步吗",主要考评组织获得持续发展能力的情况,避免短期行为,强调未来投资的重要性,注重分析满足需求的能力和现有能力的差距,将注意力集中在内部技能和能力上,这些差距将提高人员培训、技术改造、产品服务加以弥补。主要包括:(1) 评价人员能力的指标,如员工满意度、员工保持率、员工工作效率、员工培训次数、员工知识水平等;(2) 评价组织信息能力的指标,如信息覆盖率、信息系统反应的时间、接触信息系统的途径、当前可能取得的信息与期望所需要信息的比例等;(3) 评价激励、授权与协作的指标,如员工所提建议的数量、所采纳建议的数量、个人和部门之间的协作程度等。

虽然上述四部分内容各自有特定的评价对象和指标,但是彼此之间存在着密切的联系。财务指标体系是根本,其他三方面的指标体系最终都要体现在财务指标上;各个评价指标之间又存在着组织战略所体现的因果关系等,所有指标共同构建了一个完整的评价体系。

组织应用平衡记分卡来建立绩效评价体系时,一般经过以下步骤:

(1) 组织远景与战略的建立和实施

组织首先要建立远景与战略,使每一部门可以采用绩效衡量指标去完成组织的远景与战略;另外,也可以考虑建立部门级战略。同时,成立平衡记分卡小组或委员会去解释组织远景和战略,并建立财务、客户、内部业务流程、学习与成长四个方面的具体目标。

7

（2）绩效指标体系的设计与建立

本阶段的主要任务是依据组织战略目标，结合长短期发展需要，为四类具体的指标找出其最有意义的绩效衡量指标。对所设计的指标要自上而下，从内部到外部进行交流，征询各方面的意见，吸收各方面、各层次的建议。这种沟通和协调完成之后，使所设计的指标体系达到平衡，从而能全面反映和代表组织战略目标。

（3）加强组织内部沟通与教育

利用各种不同沟通渠道，如定期或不定期刊物、信件、公告栏、标语、会议等让各层管理人员知晓和理解组织远景、战略、目标与绩效衡量指标。

（4）确定绩效衡量指标的具体数字

确定每年、每季、每月的绩效衡量指标的具体数字，并与组织计划和预算相结合，其间要注意各类指标间的因果关系、驱动关系与连接关系。

（5）完善与提高绩效指标体系

首先，应重点考察指标体系设计得是否科学，是否能真正反映组织实际。其次，要关注在采用平衡记分卡之后，绩效评价中的不全面之处，以便补充新的测评指标，从而使平衡记分卡不断完善。最后，对于已设计指标中的不合理之处，要予以改进或取消。只有经过反复认真地改进，才能使平衡记分卡更好地为组织战略目标服务。

（三）关键绩效指标法

关键绩效指标法（Key Performance Indicator，KPI）是通过对组织内部流程的输入端、输出端的关键参数进行设置、取样、计算、分析，衡量流程绩效的一种目标式量化管理指标，是把组织战略目标分解为可操作的工作目标的工具，是组织绩效管理的基础。该方法符合一个重要的管理原理——"二八原理"。在组织的价值创造过程中，存在着"80/20"的规律，即20%的骨干人员创造组织80%的价值；而且在每一位个体身上"二八原理"同样适用，即80%工作任务是由20%关键行为完成的。因此，必须抓住20%的关键行为，对之进行分析和衡量，这样就能抓住业绩评价的重心。

关键绩效指标法包括组织级、部门级和岗位级指标（如图7-7所示），具体各层级指标的制定过程包括：

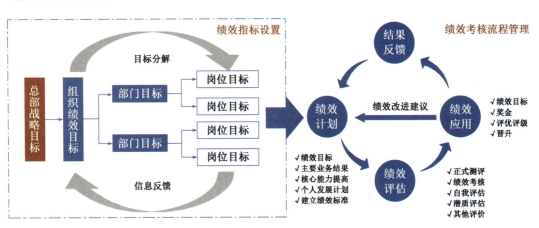

图7-7　关键绩效指标法

（1）明确组织战略目标，找出组织的业务重点，然后找出这些关键业务领域的关键业绩指标，即组织级 KPI；

（2）各部门的主管依据组织级 KPI 建立部门级 KPI，并对相应部门的 KPI 进行分解，确定相关的要素目标，分析绩效驱动因素（组织、人、技术），确定实现目标的工作流程，分解出各部门的 KPI，以便确定评价指标体系；

（3）各部门主管和部门 KPI 人员一起再将 KPI 进一步细分，分解为更细的 KPI 和各岗位的业绩衡量指标，这些业绩衡量指标就是被考核者考核的要素和依据；

（4）设定评价标准。一般来说，指标是从哪些方面衡量或评价工作，解决"评价什么"的问题；而标准是在各个指标上应该分别达到什么样的水平，解决"被评价者怎样做、做多少"的问题；

（5）审核关键绩效指标。审核是为了确保关键绩效指标能够全面、客观地反映被评价对象的绩效，主要内容包括：多个评价者对同一绩效指标进行评价，结果是否能够取得一致；指标总和是否可以解释被评估者 80％以上的工作目标；关键绩效指标是否可以操作等。

本 章 小 结

本章内容结构如下所示：

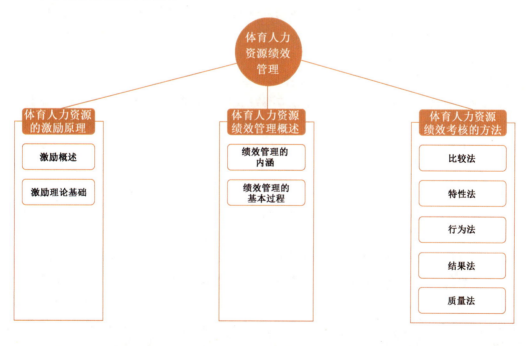

复 习 思 考 题

1. 什么是激励？激励有哪些不同的类型？

2. 有哪些经典的激励理论？其主要内容是什么？

3. 什么是绩效？其特点和主要类型分别是什么？

4. 什么是绩效管理？它的主要作用体现在哪些方面？

5. 简述体育组织人力资源绩效管理的基本过程。

6. 体育组织人力资源绩效考核的基本方法有哪几种？如何使用这些方法？它们各自有哪些优缺点？

7. 简述 360 度反馈法的特点和实施要点。

8. 简述平衡计分卡法的主要内容。

9. 简述关键绩效指标法的主要内容和实施要点。

案例讨论

营收半年猛增两成！李宁联席 CEO 谈渠道："对店铺数量没有执拗 KPI"

2022 年上半年,因新冠疫情反复,零售市场环境充满挑战。尽管如此,国产运动龙头企业李宁有限公司(下称"李宁")依然交出一份稳健的业绩成绩单。李宁 8 月 12 日早上发布的 2022 年中报显示,今年上半年其营收同比升 21.7% 至 124.09 亿元,毛利同比长 8.8% 至 62 亿元,权益持有人应占净溢利同比升 11.6% 至 21.89 亿元。

近年来,李宁频频在全国多个城市布局或升级旗舰店。尤其是在 2002 年上半年,李宁继续布局重点城市,在杭州、厦门、上海、武汉、昆明、石家庄等地开设或升级地标性旗舰门店。而早在几年前,李宁方面就曾表示未来的发展策略聚焦开高效大店关亏损小店,不再简单追求店面的数量。对于今年上半年的门店动作,李宁方面介绍称,上半年继续以优化渠道结构和提升渠道效率为核心,增强市场覆盖门店质量,减少低效门店数量。在持续推动旗舰店、标杆店等高效大店落地同时,加速低效和小型面积店铺处理,优化店铺结构,并持续加大购物中心、奥莱渠道拓展。

"希望通过旗舰店建设加深和消费者沟通,同时也加深消费者与品牌之间的相互认知。"李宁联席 CEO 钱炜表示,除了旗舰店的开拓外,还希望开拓高质量和盈利的店铺。他强调称,李宁要拓展的不单纯是店铺数量增加,其对店铺数量并没有执拗的 KPI 目标,更多以建设高效、可盈利、高质量店铺为拓展方向。钱炜补充指出,在李宁渠道建设过程中,除了不断加强加深高层级市场中核心大店建设之外,也会在三四线城市关闭低效店,同时建立出能够在三四线城市中最有标志性、最具代表性的门店建设,全面推动店铺形象、全品类和品牌认知。官方数据显示,截至 2022 年 6 月 30 日,李宁牌(包含李宁核心品牌及李宁 YOUNG)常规店、旗舰店、中国李宁时尚店、工厂店等的总销售点数量为 7 112 家。

在李宁交出一份增幅不错的成绩单显示出品牌韧性同时,外资运动品牌在中国市场的疲软现状暂时尚未改变。运动巨头阿迪达斯 2022 年 8 月 4 日公布的第二季度财报显示,其在大中华区持续了一季度的颓势,市场持续疲软,二季度营收同比下滑 35%。而在过去多年间,大中华区一直是阿迪达斯重要的增长市场之一。对于大中华区业绩下滑,阿迪达斯首席执行官8月9日在接受媒体专访时也公开指出是"犯了错误",其直言阿迪达斯不够了解消费者,为那些做得更好的中国竞争商家们留下了空间。除了阿迪达斯外,此前耐克发布的截至5月31日的2022财年第四季度和全财年业绩报告显示,在大中华区其全年营收录得75.47亿美元,同比下降9%,其中第四季度营收15.61亿美元,同比下降19%。这也是耐克在大中华区连续三个季度录营收下滑的表现。

资料来源:华夏时报网站,http://baijiahao.baidu.com/s? id=1740955621491512214&wfr=spider&for=pc,2022-8-12。

讨论:

1. 李宁是如何进行渠道优化的?

2. 李宁为何对店铺数量没有执拗的KPI考核?

3. 在和外资运动品牌的竞争中,李宁是如何加速"高质大店"的扩张布局的?

7

第八章 体育人力资源薪酬管理

> 在雇佣人才时,看的不仅仅是一个人的技能和经验,更要看他们是否有成长和学习的动力。
>
> ——彼得·德鲁克

★ 知识目标

- □ 掌握体育组织人力资源薪酬的内涵和构成;
- □ 了解和熟悉体育组织人力资源薪酬管理的原则和影响因素;
- □ 掌握体育组织人力资源的薪酬结构策略和水平策略;
- □ 熟悉和运用体育组织人力资源薪酬体系的不同设计方法;
- □ 掌握体育组织人力资源福利的内涵和特点;
- □ 了解和熟悉体育组织人力资源福利的实施策略;
- □ 理解和掌握体育组织人力资源福利的主要类型;
- □ 了解和熟悉体育组织人力资源弹性福利的内涵和实施要求;
- □ 理解和掌握体育组织人力资源福利管理的主要实施步骤。

★ 能力目标

- □ 设计体育组织人力资源的薪酬策略;
- □ 对体育组织人力资源的薪酬进行科学、有效地管理。

★ 核心概念

- □ 薪酬 外在薪酬 内在薪酬 薪酬管理
- □ 薪酬策略 薪酬结构策略 薪酬水平策略
- □ 职位薪酬体系 职位评价技术 排序法 分类法 要素计点法 要素比较法
- □ 技能薪酬体系 能力薪酬体系 绩效薪酬体系 激励薪酬体系
- □ 福利 福利策略 法定福利 自主福利 弹性福利 福利管理

8

开篇案例：问题提出

Keep招募500教练　行业最高课时费＋双重薪酬方案

2022年3月21日，Keep(卡路里科技)春响沟通会上，Keep优选健身馆计划再升级，计划联合100家健身馆，将团操课打造成传统健身房流量中心，同时宣布招募500名教练，完善人才体系搭建。据悉，Keep优选健身馆计划推出30天，合作门店已达23家，业务布局持续加速。

春响沟通会现场，Keep空间事业部总经理李崇欣表示，到2022年底计划完成100家Keep优选健身馆。通过给传统健身房派驻Keep专业教练，升级团操课教室环境和设备，并以多渠道流量引入宣传推广，将团操课打造成为传统健身房的流量中心，助力健身房降本增效。他表示，Keepland作为Keep从线上到线下的延伸，是Keep探索线下场景的一个有力抓手。经过三年的发展，Keepland通过实战积累了大量线下健身房运营经验，也深刻感知到线下健身行业的问题与机遇。Keep优选健身馆计划是在不断沉淀后推出的创新产品模式，希望通过联合传统健身房，打造出"1＋1＞2"共赢新机遇。

截至Keep优选健身馆计划正式发布30天，每月平均为一家合作场馆提供课程100节，带来到店新用户700人次。同时，Keep还宣布了500名团操课教练招募计划，提供行业最高课时费＋双重薪酬方案，并为教练规划"线上＋线下"双元的十大教练职业发展路径，搭建完善稳健的人才体系。在具体的薪酬体系中，Keep通过提供行业最高薪酬标准，为优秀教练群体给予价值认可，并为教练提供了两种人性化选择，分别是"课时激励"方案：超过50节后课时费，再上浮20%；以及"保底薪酬"方案：每月可获1 000~4 000元保底薪酬。

在教练职业规划体系中，对于刚刚加入的新教练，可以选择发展专业线路的资深教练、培训师，也可以未来转型课程研发、门店管理和市场运营等其岗位，基于Keep生态全平台，直播教练、明星达人、培训师、课程研发、市场运营等岗位都会向所有教练敞开。菲尔格优健身总经理张恒认为，团操课因趣味性、社交性和丰富性，能帮助健身房招新留旧，是传统健身房中不可替代的一部分。与Keep的合作不仅可以降低场馆团操课的运营成本、提升团课的质量和数量，而且与Keep合作后，大大提升了场馆原有会员的满意度，增加了出勤率，日进场量对比去年同期增加了20%。Keepland签约教练高峰表示，Keep优选健身馆计划的推出，对于教练最直观的获益就是，课时量越大，课时费越高，更多门店的更多课程需求，也让他有机会不断拓展能力边界，尝试新的课程种类，不断实现自我提升。

资料来源：消费日报官方网站，http://www.xfrb.com.cn/article/focus/15070082517841.html? btwaf=84506293,2022-3-22。

【案例思考题】

请分析：

1. Keep是如何制定教练的薪酬体系的？

2. Keep薪酬体系对于教练来说，是否具有激励作用？

第一节 体育人力资源薪酬管理概述

一、薪酬的含义

薪酬是组织人员因向所在组织提供劳务而获得的各种形式的酬劳。狭义的薪酬指货币和可以转化为货币的报酬。广义的薪酬除了包括狭义的薪酬以外,还包括获得的各种非货币形式的满足。

二、薪酬的主要构成

从广义上讲,薪酬包括工资、奖金、休假等外部回报,也包括参与决策、承担更大的责任等内部回报。外部回报是组织人员因为雇佣关系从自身以外所得到的各种形式的回报,也称外在薪酬。内部回报是组织人员自身心理上感受到的回报,主要体现为一些社会和心理方面的回报,也称为内在薪酬。

(一) 外在薪酬

外在薪酬是组织针对人员所作的贡献而支付的各种形式的收入,包括基本工资、绩效工资、短期奖励、股票期权等长期奖励、津贴,以及各种非货币形式的福利、服务和人员保护等。

1. 直接薪酬

直接薪酬也称为货币性薪酬,是组织对人员占据组织的工作岗位并为组织做出贡献的现实做出的货币性或实物性的薪酬支付。具体包括:

(1) 基本工资

基本工资也称为基础工资,是以组织人员劳动的熟练程度、复杂程度、劳动强度及工作责任为基准,在充分考虑工龄、职务、技能、学历和基本生活费用的基础上,按照实际完成的劳动定额、工作时间或劳动消耗而付出的劳动报酬。

(2) 绩效工资

绩效工资也称为绩效加薪,是根据组织人员的周期工作绩效评价的结果而确定的对基本工资的增加部分。在功能方面,绩效工资侧重于激励而不是保障和稳定。

(3) 奖励

奖励是组织对人员杰出的表现或卓越的贡献所支付的工资以外的奖励性报酬,也是组织为了鼓励人员提高劳动效率和工作质量而支付的货币奖励。奖励可以分为短期奖励和长期奖励。短期奖励和组织人员个人、部门或团体在某一较短时间内明确的绩效目标挂钩;长期奖励则更关注较长时间内的绩效水平,如针对经营者和专业人员的基于组织投资回报率、市场份额等长期业绩目标的股票期权等长期激励计划等,以保留和激励组织优

8

秀人员。

（4）津贴

津贴是为了补偿组织人员特殊的或额外的劳动消耗（如高空津贴、野外津贴、夜班津贴等）以及其他特殊原因（如技术性津贴、年功性津贴等）支付给人员的附加工资。

（5）股权

股权主要包括员工持股计划和股票期权计划。员工持股计划主要针对组织中的中低层人员，而股票期权计划则主要针对中高层管理人员、核心业务人员和技术人才。员工持股计划和股票期权计划不仅是针对组织人员的一种长期报酬形式，而且是将人员个人利益与组织利益相连接，优化组织治理结构的重要方式，是现代组织薪酬系统的重要组成部分。

2. 间接薪酬

间接薪酬又称福利薪酬，是组织人员作为组织成员所享有的、组织为其将来的退休生活及一些可能发生的不测事件（如疾病、事故）等所提供的经济保障，其费用部分或全部由组织承担。它往往不以货币形式直接支付，而多以实物或服务的形式支付。

间接薪酬中有一部分是具有政府强制性的法定福利，如：失业保险、社会保险等；另外一部分是自愿性的非固定福利，可由组织自行设置福利项目以作为对法定福利的补充，如：各种人员服务以及补充养老保险、医疗保险之类的福利项目。福利薪酬通常与个人的工作绩效不直接挂钩或根本无关，组织福利薪酬计划的直接目标不是提高个人的工作绩效，而是希望以此为手段达到吸引、保留和凝聚组织人员，从而提高组织整体和长期绩效水平的目的。

（二）内在薪酬

内在薪酬是组织人员由工作本身而获得的精神满足感，是精神形态的报酬。包括：参与决策权、自由分配工作时间与消费方式、较多的职权、较有兴趣的工作、活动范围的多元化。

内在薪酬相对于外在薪酬而言，是由于自己努力工作而受到晋升、表扬或受到重视等，从而产生的工作的荣誉感、成就感、责任感。内在薪酬实际上就是组织人员从工作本身所获得的心理收入，即对工作的责任感，成就感，胜任感，富有价值的贡献和影响力等。组织可以通过工作设计、制度、人力资本流动政策等来执行内在薪酬，让组织人员从工作本身中得到最大的满足。

三、薪酬管理

薪酬管理是组织针对所有人员所提供的服务来确定其应当得到的报酬总额、报酬结构和报酬形式的过程。

（一）薪酬管理的原则

有效的薪酬管理系统应当遵循公平性、竞争性、激励性、经济性和合法性原则。

1. 公平性

（1）外部公平性

外部公平性原则是指组织的薪酬应与同行业或同一地区或同等规模的类似组织的薪酬达到基本一致。在考虑组织的薪酬制度时，无论如何都应考虑组织自身环境、战略目标和组织文化的影响，其目的是为了吸引和保持最优秀的人员。

（2）内部公平性

内部公平性是指同一组织内部中不同岗位所获得的薪酬应正比于各自的贡献。它强调组织内部不同工作之间、不同技能水平之间的薪酬水平应相互协调，也意味着组织内的薪酬水平相对高低应以工作内容为基础，或以工作所需要的技能复杂程度为基础，或以工作对组织整体目标实现的相对贡献为基础。

（3）个人公平性

个人公平性是指同一组织中从事相同工作的人员获得的薪酬间的比较。具体来说，就是组织人员薪酬水平因相关因素产生的差异应合理，如个人绩效差异、承担相同工作或相同技能人员的资历差异等。

2. 竞争性

竞争性是指组织的薪酬要能在社会上和人才市场上具有吸引人才的作用，能够招聘到组织所需要的人才。组织可以根据自身的薪酬战略、财力水平、所需人才可获得性高低、所想保留人才的市场价格等具体条件决定给予组织人员何种市场水平的薪酬；一般来说，组织要具有竞争力，其薪酬水平至少不应低于市场平均水平。

3. 激励性

激励性是指薪酬系统对组织人员具有强烈的激励作用。在组织内部各类、各级职务的薪酬水准上，适当拉开差距，真正体现按劳分配原则。根据职位对组织的重要性程度，根据组织人员个人绩效，在薪酬上适当拉开差距。

4. 经济性

组织薪酬系统具有竞争性和激励性，但也应该在财务状况许可的范围内制定薪酬标准，因此，必然受到经济性的制约。同时，组织薪酬系统的各个方面都要平衡，在基本工资、奖金、津贴、福利等薪酬结构制定过程中要注意体现经济性原则。

5. 合法性

合法性是指组织的薪酬制度要符合国家相关法律法规和征管政策，不能有性别、民族、地区等方面的歧视性政策。当相关法律法规发生变化时，组织薪酬管理也必须进行相应调整，保证合法性。

（二）薪酬管理的影响因素

1. 外部影响因素

（1）劳动力市场供需状况

劳动力供求对薪酬水平的影响可以归纳为，如果社会上可供组织使用的劳动力大于组织需求时,则组织的薪酬水平会相应降低;反之,组织的薪酬水平会相应提高。组织在进行薪酬设计和调整时,更应该关注特定地区和劳动力层次的供需状况。

（2）政府政策调节

政府对组织人员薪酬水平的干预包括直接调节和间接调节。直接调节是政府通过立法来规定组织的分配行为,从而直接调节组织薪酬水平,如《中华人民共和国劳动法》《工资支付暂行规定》《最低工资规定》等。间接调节是指政府不是专门调节薪酬变动,而是通过调节其他经济行为和社会行为,从而对组织薪酬水平产生影响,如财政政策、价格政策和产业政策等。

（3）经济发展和生产率

经济发展水平和劳动力生产率对于组织内部的薪酬结构、薪酬形式和组合方式有着重要影响。一般来说,经济发展处于较高水平,其劳动力生产率较高时,组织人员的薪酬会较高。反之,组织人员的薪酬会较低。目前我国经济发达地区和不发达地区的薪酬水平之间存在差距,如沿海地区经济发展水平较高,大城市经济发展水平较高,因此这些地区的组织人员薪酬也较高。

（4）物价变动

由于薪酬系统与组织人员的生活息息相关,物价变动会直接影响生活消费品价格的变动,进而影响其薪酬水平。在货币薪酬水平不变,或变动幅度小于价格上涨的情况下,物价上涨会导致组织人员实际薪酬水平下降;反之,会引起实际薪酬水平的上升。

（5）地区生活水平

组织所在地区的生活水平从两个方面影响其薪酬政策。一方面,地区生活水平提高,组织人员对个人生活期望也会提高,对组织薪酬水平的压力就会加大;另一方面,地区生活水平高也可能意味着物价指数持续上涨,为了保持增长人员生活水平不降低或购买力不下降,组织会给人员增加薪酬。

（6）行业薪酬水平变化

行业薪酬水平的变化主要取决于行业产品的市场需求和行业生产率两大因素。当产品需求上升时,薪酬水平可有所提高;当行业劳动生产率上升时,薪酬水平可在组织效益上升的范围内按比例提高。

2．内部影响因素

（1）组织支付能力

组织薪酬水平受制于利润和其他财务资源。薪酬是劳动力价格和价值的表现形式,和其他劳动要素成本的价格一样,随着组织效益而变动。尤其是非基本薪酬部分与组织效益的联系更为密切。

（2）组织发展阶段

组织发展阶段不同,经营战略不同,其赢利能力也不同,因此,组织的薪酬战略也不同。当组织处于迅速成长阶段时,经营战略是以投资促进组织成长,组织应着重使高额薪酬与高中等程度的刺激和鼓励相结合。当组织处于成熟阶段时,经营战略基本以保持利润和保护市场为目标,组织应将平均薪酬水平与中等程度的刺激、鼓励以及标准福利水平

8

相结合。当组织处于衰退阶段时,最恰当的战略是获得利润并向别处投资,组织应使标准福利与低于中等水平的工资相结合,并使适当的刺激和奖励直接与成本控制相联系。

（3）组织文化

组织文化是组织分配思想、价值观、目标追求、价值取向和制度的土壤。组织文化不同,必然会导致观念和制度不同,从而会影响到薪酬模型和分配机制,进一步间接地影响薪酬水平。

（4）经营层领导态度

薪酬管理策略的选择和设计在很大程度上由组织领导的态度决定。高层领导对于整个形势的判断和理解,对于薪酬问题的重视程度,对于保持和提高组织人员士气、吸引优秀人才、降低离职率等,都会对组织的薪酬水平和薪酬策略产生影响。

3. 个体影响因素

（1）岗位和职位差异

不同的岗位薪酬一定不同;职位差别越大,薪酬差距也就越大。例如,总经理的薪酬和生产线员工的薪酬一定不同;技术总监的薪酬和行政文员的薪酬也不相同。

（2）工作表现

即便同类岗位,如果组织人员投入程度不同、技能有差异,那么对组织的价值也是不同的。任何岗位上的人员,不同时期在工作中的表现也是有差异的。组织人员表现好、贡献大的阶段,薪酬水平就要高一些;在表现不好的时候,薪酬水平就要低一些。

（3）资历水平

一般来说,资历高的人员比资历低的人员薪酬要高。例如,学历越高,自身投资也就越大,需要得到补偿;工龄越大,工资越高,福利也就越好,主要因为工龄长意味着对组织的贡献越多。

（4）个人需求偏好

不同个体的生活环境、教育背景、个性特征等有所不同,其心理需求和偏好也就不尽相同。组织应当尽可能提供差别化和个性化的薪酬方案以满足其需求,一个相对简单的方法就是"薪酬自助餐",薪酬管理人员设计几种备选方案,由组织人员自己选择。

四、薪酬策略

薪酬策略是将组织战略和目标、文化、外部环境有机地结合,从而制定的对薪酬管理的指导原则,强调的是相对于同规模的竞争性组织来讲其薪酬支付的标准和差异。通常情况下,薪酬策略包括薪酬结构策略和薪酬水平策略。

（一）薪酬结构策略

薪酬结构策略是指组织如何确定薪酬体系中固定部分和变动部分的比例,即薪酬结构的稳定性。刚性是指固定工资和浮动工资的比例关系,固定工资高则刚性强,浮动工资高则刚性弱。差异性是指人员工资的多少因人而异、因岗而异的特性。从刚性和差异性两个维度,可以将薪酬结构分为高弹性薪酬模式、高稳定性薪酬模式和折中薪酬模式。

1. 高弹性薪酬模式

高弹性薪酬模式中薪酬固定比例比较低,而浮动部分比例比较高。其中,绩效薪酬是薪酬结构的主要组成部分,比重较大;基本薪酬等处于非常次要的地位,所占比例非常低(甚至为零);福利、保险的比重较小。高弹性薪酬是一种以短期绩效为主的高浮动薪酬计发模式,薪酬主要是根据组织人员近期的绩效决定的。当人员的绩效非常优秀时,薪酬则非常高;当绩效非常差时,薪酬则非常低甚至为零。例如计件薪酬、绩效工资制等具有低刚性、高差异性特征,属于高弹性薪酬模式。

高弹性薪酬模式具有激励性强、弹性高、薪酬与工作绩效紧密联系、易于控制人工成本的优点,但是人员往往缺乏安全感。因此,适合于人员流动性较高、工作变动性大、需要创建品牌以及快速增长型的组织。

2. 高稳定性薪酬模式

高稳定性薪酬模式中薪酬与个人的绩效关联不大,人员收入相对稳定。薪酬中固定部分比例较高,而浮动部分较少。其中,基本薪酬是薪酬结构的主要组成部分,福利、保险比例适中,绩效薪酬等处于非常次要的地位,所占比例非常低(甚至为零)。高稳定性薪酬下,人员的薪酬收入与其工作绩效关系不大,收入非常稳定,主要取决于组织的经营状况和人员的工龄、资历等。例如,岗位工资制、技能/能力工资制、年功序列工资制均具有高刚性、高差异性特征,属于高稳定性模式。

高稳定性薪酬模式具有组织人员流动性小、较为稳定;人员具有较强的安全感的优点,但是激励性往往较差,组织人工成本负担较重。因此,适合于业务经营稳定性强、处于成长期后期至成熟阶段的组织。

3. 折中薪酬模式

折中薪酬模式是既具有激励性又具有稳定性的薪酬模式,绩效薪酬和基本薪酬各占一定比例。基本薪酬、奖金和其他附加工资的比例适中;或较低的基本薪酬,奖金与业绩、成本挂钩。当两者比例不断调和、变化之时,这种薪酬模型可以演变为以激励为主的模型,也可以演变为以稳定为主的薪酬模型。

折中薪酬模式具有考虑到满足组织人员安全性需求,降低离职率和提高激励性的优点,但是其设计和实施需要薪酬管理人员具有较高的理论水平和经验技术,各种形式薪酬组合平衡的"度"往往难以把握。因此,适合于处于成熟期或衰退期的组织。

上述三种薪酬结构模式各自特点鲜明,组织可以针对不同的岗位、不同人员的特点选择不同的薪酬结构策略。一般来说,高弹性薪酬模式适用于高级管理人员和生产人员,折中薪酬模式适用于中层管理骨干,其他人员则适用于高稳定性薪酬模式。

(二) 薪酬水平策略

薪酬水平策略是指组织向人员所支付的薪酬在市场上处于什么位置,即组织是将薪酬水平定在高于市场平均薪酬水平之上,还是将其定在与市场平均薪酬恰好相等或稍低的水平。薪酬水平策略一般分为薪酬领先策略、薪酬跟随策略和薪酬混合策略。

8

1. 薪酬领先策略

采取本组织的薪酬水平高于竞争对手或市场薪酬水平的策略。该薪酬策略以高薪为代价，在吸引和留住人员方面都具有明显优势，并且将人员对薪酬的不满降到一个相当低的程度。采用该策略的组织通常具有这样的特征：投资回报率较高、薪酬成本在经营总成本中所占的比率较低、产品市场上的竞争者较少。

组织采取领先型薪酬策略一般有三种情况：（1）组织具有雄厚的实力，通过高薪吸引和留住优秀人才，保持人员稳定，并且高薪有利于树立组织形象。（2）组织急需某类人才，也许组织并不具备一些大型组织所具备的优势，但又非常需要引进和利用一些高级人才，此时便以高薪为代价与大型组织竞争。（3）工作可能具有某些明显劣势，如工作地点偏远、办公环境恶劣、责任重大、风险高等，此时便支付高薪作为一种补偿。

该策略具有能够吸引并留住组织所需的高素质人才，提高人员离职的机会成本，从而降低离职率，节约监督管理成本，提高组织知名度的优点，但同时也带来了人力成本的增加和巨大的管理压力。

2. 薪酬跟随策略

薪酬跟随策略力图使本组织的薪酬成本接近竞争对手的薪酬成本，使本组织吸纳人员的能力接近竞争对手的吸纳能力。该策略是组织最常用的策略，一方面不会因薪酬水平过低而吸引不到人才、留不住人才，另一方面也不需要支付过高的薪酬水平而增加成本。

该策略可以大大降低组织所面临的风险，但是对杰出人才的吸引力不够，自身薪酬水平的确定比较被动，受竞争对手影响较大。

3. 薪酬滞后策略

薪酬滞后策略是采取本组织的薪酬水平低于竞争对手或市场薪酬水平的策略。该策略可以减少组织的薪酬开支，维持较低的人工成本，提高产品定价的灵活性，增强产品的市场竞争力。但是往往会使组织难以吸引所需人才，人力资源流失率高，人员忠诚度和积极性大大降低。不少组织采用薪酬滞后策略，主要是由于当前的资金不充裕。

该策略可以作为一种过渡策略，帮助组织快速成长或渡过难关。优秀的薪酬管理者可以从其他方面弥补低薪的劣势，比如具有挑战性的工作、较大的权力、和谐共进的氛围、较多的培训等。但是，长期的低薪一定会挫伤人员的积极性。因此，采用该策略的组织，往往会用将来更具诱惑力的薪酬来留住人才，比如发放股票等。

组织采用薪酬滞后策略需要注意：（1）不可将其作为长期策略，否则无法留住人才；（2）用其他的优势来弥补低薪的劣势；（3）以未来更高的收入作为期望目标。

4. 薪酬混合策略

薪酬混合策略是在组织中针对不同部门、不同岗位、不同人员，采用不同的薪酬策略。该策略是一种灵活性和针对性较强的可变薪酬策略，每种策略各有优劣，在某种情形下适合的策略不一定在另一种情形下也适合，这就需要组织灵活掌握。例如，对于组织核心和关键性人才、岗位采用薪酬领先策略，尽可能地吸引和留住该领域的优秀者；对于一般的人才、普通的岗位采用薪酬跟随策略,在保持人力资源稳定的同时控制人力成本;对新入人员或需要考验的人员采用薪酬滞后策略,激发其潜力,为将来的薪酬增长留下较大的空间。

薪酬混合策略最大的优点就是其灵活性和针对性,对于劳动力市场上的稀缺人才以及组织希望长期保留的关键职位上的人才采取薪酬领先策略,对于劳动力市场上的富余劳动力以及鼓励流动的低级职位上的人员采取薪酬滞后策略,既有利于组织在劳动力市场上保持竞争力,同时又有利于合理控制薪酬成本开支。

组织应该依据薪酬水平策略与薪酬目标的关系,在组织特有的发展战略目标和人力资源管理战略的指导下,结合自身的实际情况,比如经济状况、人力资源现状、岗位特征、发展阶段等,选择合适的薪酬水平策略。

第二节 体育人力资源薪酬体系设计

一、职位薪酬体系

职位薪酬体系是指组织人员的薪酬主要根据其所担任职位的重要程度、任职要求的高低、工作环境对人员的身体和心理影响等来决定的薪酬体系,是一种比较成熟、稳定、运用最广泛的基本薪酬制度。这种模式最大的特点是组织人员的薪酬只与所担任的职位相挂钩,而不考虑个人的其他因素,只对事不对人。因此,职位薪酬模式在确定薪酬结构和薪酬水平时通常需要运用职位评价技术。

(一) 职位评价技术

职位评价也称工作评价,是根据各职位对组织目标的贡献,通过专门技术和程序对组织中的各个职位的价值进行综合比较,确定组织中各个职位的相对价值差异。

职位评价方法有非量化评价法和量化评价法两类,其中,非量化评价法是指仅仅从总体上来确定不同职位之间的相对价值顺序的职位评价方法,主要有排序法和分类法两种;量化评价法是试图通过一套等级尺度系统来确定一种职位价值比另一种职位价值高多少或低多少的职位评价方法,主要有要素比较法和要素计点法两种。

1. 排序法

(1) 定义及其分类

排序法是根据总体上界定职位的相对价值或者职位对于组织成功所做出的贡献将职位从高到低进行排列的方法。

排序法主要有三种类型:直接排序法、交替排序法和配对比较排序法。

直接排序法是简单地根据职位价值大小从高到低或从低到高总体上进行排队。

交替排序法是首先从待评职位中找出价值最高的职位,然后再找出价值最低的职位,接着再从剩余的职位中找出价值最高和价值最低的职位,如此循环,直到所有职位都被排列起来为止。

配对比较排序法是首先将每个需要评价的职位都与所有其他职位分别加以比较，然后根据职位在所有比较重的最终得分来划分职位的等级顺序。例如，对某部门 A、B、C、D、E、F 六个职位，评分标准是价值较高者得一分，价值较低者失一分，价值相同者双方得零分。进行比较时，首先将职位进行横向和纵向依次排列，然后以横向为准进行一对一比较，当所选职位比其他职位价值大时，则在对应格内标记"＋"，反之画标记"—"，相同则标记"0"，最后统计出净"＋"的个数，以此作为职位价值大小排序的依据。如表 8－1 所示，职位价值最高的是职位 B，最低的是职位 E。

表 8－1　配对比较排序法举例

	A	B	C	D	E	F	合计
A	／	—	＋	＋	＋	0	2
B	＋	／	＋	＋	＋	—	3
C	—	—	／	＋	—	＋	－1
D	—	—	—	／	0	＋	－2
E	—	—	—	—	／	—	－5
F	0	—	＋	—	＋	／	0

（2）操作步骤

步骤一：获取职位信息。通过职位分析充分了解职位的具体职责和职位承担者所应具备的能力、技术水平、经验等任职资格条件。

步骤二：选择薪酬要素并对职位进行分类。在排序法中，通常是根据职位的总体情况对职位价值进行排序。但排序的依据仍然是一些薪酬要素，既可以是单一要素（如工作的复杂程度），也可以是综合考虑多种要素（如工作的复杂程度、工作压力、工作环境等）。为确保评价工作的一致性，向职位评价人员仔细解释薪酬要素的具体含义是必要的。

步骤三：对职位进行排序。对职位进行排序的最简单方法是给每个职位建立一张索引卡片，每张卡片都要对职位进行简短的说明，然后把卡片按其代表的职位价值进行排序。

步骤四：综合排序结果。为了避免个人的主观偏见和误差，通常会采取评价委员会的形式对职位进行排序。因此，在每个人的排序结果出来之后，还要对每个人的评价结果取平均值，从而完成对职位的最终评价。

2．分类法

（1）定义

分类法是将待评职位比照预先制定的职位级别标准加以综合性评价，并将其编入相应的职位等级之中的职位评价方法。分类法与排序法一样，也是一种整体性的评价方法。不同的是，职位等级是预先决定的，而等级标准是预先建立的。

（2）操作步骤

步骤一：确定合适的职位等级数量。通常先将组织所有的职位大体划分为若干类型，如管理类、业务类、技术类等,再将每类职位分为若干等级,等级数目取决于组织规模,职位间的责任轻重、技能繁简的差异程度,以及组织的薪酬策略等。

步骤二:编写每一职位等级的定义,即对建立起来的各职位等级分别进行描述。等级定义是在选定要素的基础上进行的。首先,需要选定相对重要的几个评价要素,如承担责任、知识和技能要求、所需培训和经验、所接受的指导和监督等;然后在选定要素的指导下进行等级定义,要求清楚地描述出不同等级职位的特征和重要程度,等级定义是分类法中最重要、最困难的工作。表8-2是某体育运动用品公司就销售业务类职位所作的分级标准定义。

步骤三:根据职位等级定义对职位进行等级分类。将职位说明书或职位描述的有关内容,对照上述职位等级定义,确定每个职位应列入哪一等级。

表 8-2　业务类职位分级标准举例

职位等级	等级标准
一级: 实习销售员	不独立开展业务,协助资深经理处理订单、交货、回款等业务;根据高级销售员的安排与客户进行联系;在高级销售员的指导下洽谈业务、签订销售合同。
二级:销售员	在销售员岗位上实习满一年;独立开展销售业务,但业务范围仅限于划定的某市或县范围内;定期向高级销售员汇报业务开展情况。
三级: 高级销售员	在销售员岗位上满三年以上;负责某省范围内的业务工作;指导、监督销售员开展业务;负责策划所在省范围内的营销活动并组织实施。
四级: 片区经理	担任高级销售员三年以上;负责某区范围内的业务工作;负责在本辖区内落实公司营销策略。
五级: 销售中心经理	担任片区经理三年以上;主持公司产品销售和市场开拓工作;在营销副总的指导下制定公司营销策略;确保完成公司的营销计划。

3. 要素计点法

(1) 定义

要素计点法是对职位的各要素打分,用分数评估职位相对价值,并据以定出工资等级的一种技术方法。这种方法预先选定若干因素,采用一定分值表示某一因素,然后按事先规定的衡量标准,对现有岗位的每个因素逐一评比、估价、求得分值,经过加权求和,最后得到各个岗位的总分值。

(2) 操作步骤

步骤一:选取合适的报酬要素,并加以定义。报酬要素是指组织认为在多种不同的职位中都包括的一些对其有价值的特征。这些特征有助于组织战略的实现和组织目标的达成,同时这些特征是可以衡量的,因而组织愿意为之付酬。报酬要素一般包括责任、技能、努力程度、工作条件等,具体确定时应视行业特点和组织职位的业务性质而定。对所选择的报酬要素,用浅显、明确的语言加以定义,使评价人员在运用这些要素时能保持一致认识。

步骤二:确定不同报酬要素在职位评价体系中所占的权重或者相对价值。要素的权

8

重通常以百分数表示,它代表了不同要素在总体职位评价体系中的重要性程度。

步骤三:对每种报酬要素的不同程度或水平加以界定。首先,按照实际需要,将每一报酬要素划分为若干轻重不同的等级,等级的多少取决于所有被评职位在该要素上的差异程度。然后,对分成的每一等级,给予简要描述和界定。表8-3是"专业工作经验"要素的要素定义和等级定义的示例。

表 8-3 "专业工作经验"要素定义和等级定义举例

要素定义:

　　本要素测度的是以特定专业知识从事给定职务的时间长度,该时间是取得和培养出有效从事此职务必需的技能所要求的。无论在本组织或其他组织中从事相关工作的时间,都应视作对胜任本职务所需总体经验的贡献和补充。

等级定义:

　　一级:3个月或以下;二级:3个月至1年;三级:1年至3年;四级:3年至5年;五级:5年以上

步骤四:将报酬要素及其内部各等级配点,具体操作如下:

① 确定关键因素。根据组织要求,找出最关键的若干因素,例如技能、努力、责任、工作条件等。

② 确定关键因素内的子因素。例如,"技能"中的子因素为教育程度、经验和知识;"努力"中的子因素为生理要求和心理要求;"责任"中的子因素为对设备和过程的责任、对材料和产品的责任、对他人安全的责任、对他人工作的责任;"工作条件"中的子因素为工作场所的条件和危险性。

③ 确定每个子因素的等级。例如将每个子因素分为五个等级,分别为一级、二级、三级、四级和五级。

④ 具体规定每一等级的标准。例如,教育程度五级为博士研究生,教育程度四级为硕士研究生,教育程度三级为大学本科生,教育程度二级为大学专科生,教育程度一级为中专生或高中生。

⑤ 规定每一子因素的权重。根据各组织要求,可以定出每一子因素的权数,在计算时可以加权计算。

表8-4是一个典型的点数计算表,表中共有4种关键因素,11种子因素,每一子因素分为五级,权重从5到22不等,最低点数为100点,最高点数为500点。

表 8-4 典型点数计算表举例

关键因素	子因素	权重	一级	二级	三级	四级	五级
技能	教育程度	14	14	28	42	56	70
	经验	22	22	44	66	88	110
	知识	14	14	28	42	56	10
努力	生理要求	10	10	20	30	40	50
	心理要求	5	5	10	15	20	25

8

（续表）

关键因素	子因素	权重	一级	二级	三级	四级	五级
责任	对设备和过程的责任	5	5	10	15	20	25
	对材料和产品的责任	5	5	10	15	20	25
	对他人安全的责任	5	5	10	15	20	25
	对他人工作的责任	5	5	10	15	20	25
工作条件	工作场所的条件	10	10	20	30	40	50
	危险性	5	5	10	15	20	25
总点数		100	100	200	300	400	500

⑥ 计算出每一岗位的点数。如表8-5所示，根据以上步骤，可以计算出每一岗位的点数。

表8-5　两种岗位的点数举例

子因素	场馆保洁员		教练	
	等级	点数	等级	点数
教育程度	1	14	5	70
经验	1	22	4	88
知识	1	14	5	70
生理要求	5	50	2	20
心理要求	1	5	4	20
对设备和过程的责任	2	10	5	25
对材料和产品的责任	2	10	1	5
对他人安全的责任	1	5	1	5
对他人工作的责任	1	5	1	5
工作场所的条件	4	40	1	10
危险性	4	20	2	10

⑦ 确定点距、级距、级范围和最低工资。例如，点距为50，级距为80，范围为100，最低工资为500元。

⑧ 列出职位分数与工资级别转换表（如表8-6所示）。

表8-6　职位分数与工资级别转换表举例

分数范围	工资级别	月薪（元）
101～150	1	500～600
151～200	2	580～680

分数范围	工资级别	月薪(元)
201～250	3	660～760
251～300	4	740～840
301～350	5	820～920
351～400	6	900～1 000
401～450	7	980～1 080
451～500	8	1 060～1 160

4. 要素比较法

（1）定义

要素比较法是一种量化的岗位评价方法，实际上是对岗位排序法的一种改进。这种方法与岗位排序法的主要区别是：岗位排序法是从整体的角度对岗位进行比较和排序，而要素比较法则是选择多种报酬因素，如工作责任、工作强度、任职要求、工作环境等方面，并按照各种因素分别进行排序。

（2）操作步骤

要素比较法是在选定典型职位和报酬要素的基础上，将典型职位按照报酬要素制成等级基准表，以此表为尺度确定其他职位的等级。其操作步骤包括：

步骤一：获取职位信息，确定报酬要素。报酬要素是用来对职位进行比较的依据或尺度，但这些因素应该是要素计点法中选中的具有较大权重的要素，例如心理要求、生理要求、技术要求、责任、工作条件等作为评价要素。

步骤二：选择典型或关键职位。通常从组织所有职位中挑选出有代表性的关键职位（一般为15～30个），然后对其进行职位评价，其他所有职位的价值可以与其对比之后加以确定。因此，这些挑选出来的职位应该是工作内容相对稳定并在组织中为人所熟知的。典型职位选定之后，还要根据外部市场状况和组织实际情况确定其应付报酬。

步骤三：针对每一评价要素将关键职位排序。评价同一要素对各关键职位的重要程度，并依此将关键职位排序。

步骤四：针对每一关键职位将评价要素排序。评价每一关键职位中各要素的重要程度，并依此将内部要素排序。

步骤五：将各关键职位的工资额按照评价要素分配。职位工资额在各要素之间的分配应同时满足步骤三、步骤四的顺序要求。如果最终无法符合逻辑地满足上述要求，则在两种排序种出现明显矛盾的职位便不能留作供参照用的关键职位，予以放弃或更换后，工资额的分配满足上述两种要求即可。

步骤六：建立要素工作比较表，对其他职位进行价值评估。一旦确定了切实可用的关键职位，就可根据上一步骤得出的职位工资分配表，建立要素工作比较表。然后对非关键的待评职位，分别按照每一评价要素对照要素工资比较表，确定其大致的工资水平。当待

8

评职位在所有要素上的工资价值都确定之后,将其加总,即成为待评职位应得的职位工资。

表8-7　要素比较法举例

月工资(元)	技能	努力	责任	工作条件
100			关键职位 1	
150	关键职位 1			关键职位 2
200		关键职位 2		
250		关键职位 1	非关键职位 X	
300	关键职位 2			关键职位 3
350	非关键职位 X			
400		非关键职位 X	关键职位 3	非关键职位 X
450	关键职位 3			
500			关键职位 2	
550		关键职位 3		关键职位 1

如表8-7中,根据职位1的月工资为100+150+250+550=1 050元;关键职位2的月工资为150+200+300+500=1 150元;关键职位3的月工资为300+400+450+550=1 700元;非关键职位X的月工资为250+350+400+400=1 400元。

(二)职位薪酬体系的设计流程

职位薪酬体系主要根据组织人员所承担职位的相对价值来确定基本薪酬,因此,建立职位薪酬体系必须以科学、客观的职位分析和职位评价为基础,具体设计流程如下:

1. 通过职位分析,搜集组织内各职位的相关信息

主要通过职位分析形成完整、清晰的职位说明书,职位说明书提供了相关的职位描述和任职资格的信息和说明,此步骤是职位评价的基础。

2. 在职位分析基础上进行职位价值评价

职位价值评价是通过一套标准化的评价指标体系,对各职位的价值进行评价,得到各职位的评价点值。评价点值就成为决定该职位基础工资的主要依据。职位价值评价的方法主要包括排序法、分类法、要素比较法、要素计点法等,其中要素计点法和分类法是组织中运用最多的职位评价方法。

3. 薪酬调查

在职位价值评价之后,还需要对各职位进行外部市场薪酬调查,并将外部薪酬调查的结果和职位评价的结果相结合,形成各职位平均市场价值的市场薪酬线。

4. 确定组织薪酬策略

薪酬政策主要反映组织的薪酬水平和外部市场的薪酬水平相比较的结果。薪酬政策

8

可以分为领先型、跟随型、滞后型和混合型。组织根据自己的薪酬政策对市场薪酬线进行修正,得到组织薪酬线,从而将职位评价点值转化为具体的工资数目。

5. 建立薪酬结构

组织在参照各职位平均工资的基础上,根据从事相同工作人员间的绩效差异决定不同的薪酬。也就是建立起每个职位的中点工资、最高工资和最低工资,从而形成薪酬结构。

6. 建立薪酬反馈和调整机制

组织薪酬的确定并不是静态的,而是需要收集执行过程中存在的问题,再结合变化的内外部环境对薪酬进行持续动态调整,最后达到薪酬的相对稳定。

(三)职位薪酬体系的优缺点

1. 职位薪酬体系的优点

(1)保证了薪酬的相对公平性。以职位为基础的薪酬建立在价值判断的基础之上,薪酬的差异反映的是不同职位之间的价值差异,体现了薪酬在组织内部的公平性,客观上能够对所有人员起到激励作用。

(2)实现了薪酬和组织目标的紧密结合。一般来说,对职位价值的判断是以组织的战略目标为导向的,而不同职位的价值评估结果体现了其在实现组织目标中的地位和作用,从而可以实现薪酬与组织目标之间的一致性。

(3)有利于提高组织人力资源管理的统一性。薪酬管理仅仅是组织人力资源管理的一部分,薪酬与职位体系的结合有利于实现组织内部人力资源管理的统一性。

(4)实现了薪酬的稳定性和灵活性的结合。以职位为依据的薪酬标准往往表现为一定的薪酬区间,一方面保证了薪酬的稳定性,另一方面也能够根据组织个人的实际情况对薪酬进行有限调整,适当体现收入差距。这种稳定性和灵活性的结合不仅有利于组织人员队伍的稳定,而且能够对个体产生一定的激励作用。

(5)有利于降低组织薪酬管理的成本。与职位相联系的薪酬设计较为简单、直观,在组织内部推行也比较方便、容易,这在客观上能够降低组织薪酬管理的成本。

2. 职位薪酬体系的缺点

(1)由于薪酬与职位直接挂钩,因此当组织人员晋升无望时,工作积极性会受挫,甚至出现消极怠工或者离职的现象。

(2)由于职位相对稳定,同时与职位联系在一起的人员薪酬就相对稳定,不利于组织对于多边的外部环境做出迅速反应,也不利于及时激励有关人员。

(3)强化职位等级间的差别,可能会导致官僚主义滋生,组织人员更为看中得到某个级别的职位,而不是提高个人的工作能力和绩效水平,不利于提高其工作适应性。

(4)可能会引导组织人员更多地采取有利于得到职位晋升的行为,而不鼓励其横向流动以及保持灵活性。

二、技能薪酬体系与能力薪酬体系

技能/能力薪酬体系的核心特点就是以"人"为中心进行设计的报酬制度。以人为本的薪酬和以职位为基础的薪酬最大区别在于：前者以任职者个人的特质和能力为基础，关注的是组织人员在获取组织需要的知识、技能与能力方面的差异；后者以岗位和职位为基础，关注组织人员从事工作的差异。

（一）技能薪酬体系

1. 内涵

技能薪酬体系是指组织根据人员所掌握的与工作有关的技能、能力以及知识的深度和广度来支付基本薪酬的一种报酬制度。这种薪资制度通常适用于所从事的工作比较具体而且能够被界定出来的操作人员、技术人员以及办公室人员。

从组织内部人员的工作性质角度来看，技能薪酬体系适用于以下三种技能维度上得分较高的职位类型：

（1）深度技能

从事此类职位的工作时，任职者要想达到良好的工作绩效，就必须既能胜任简单的体力活动，又要从事需要运用较为复杂技能的活动，例如需要运用经过严格训练的体力操作以及需要运用推理、数学和语言等方面脑力活动的工作内容。

（2）广度技能

与深度技能不同，任职者从事此类工作时，需要运用其上游职位、下游职位或者同级职位所要求的多种一般性技能。这些工作往往要求任职者不仅学会能在自身职位族范围内完成各种任务，而且能够掌握职位族之外的其他职位所需要完成的一般性工作任务。

（3）垂直技能

垂直技能要求组织人员能够进行自我管理，在承担所任职位的工作时需要具备的垂直技能可能包括：时间规划、领导力、群体性问题的解决、协调以及培训等。

2. 技能薪酬体系的设计流程

（1）成立技能薪酬体系设计小组

技能薪酬计划的制定通常需要建立两个层次的委员会，一个是指导委员会，一个是设计小组。此外，还有必要挑选出一部分员工作为主题专家，在设计小组遇到各种技术问题时提供协助。

（2）技能提炼

技能提炼是组织以发展战略为转移，分析不同技能对实现组织的战略目标的价值性和重要性。虽然技能是以组织人员为基本分析对象，但是技能的指向是组织绩效，因此，只有能够服务于组织绩效，有助于组织战略目标实现的技能才适宜作为薪酬确定的真正依据。

（3）技能分析分级

在确定了基本技能指标之后，需要对技能的内部构成进行详细分析分级，即作为薪酬

8

确定依据的技能在哪些细分维度上应该达到什么样的水平或状态。例如可以通过对组织内部技能存在差异的群体进行调查,从差异人群中提炼出技能构成要素的优秀、良好、合格、不合格等等级。

（4）技能评价

以技能分析分级的结果作为标准,对组织人员进行诸如专业知识评价、专业经验评价、专业技能评价和工作行为评价等,对组织人员的技能形成评价结果,以此作为人员技能定价的基本素材。

（5）技能定价

在掌握了人员技能水平的基础之上,可以采用市场定价法或者绩效关联定价法对不同技能水平确定相应的薪酬水平。前者主要通过市场薪酬调查手段,在获得相关市场信息的基础上,确定组织内部人员的基本薪酬,即以相同技能的市场定价为基准确定人员薪酬;后者主要通过人员技能状况与历史绩效状况的关联程度确定薪酬,即某种技能与绩效关联度高就会获得较高的薪酬定价,反之则会得到较低的薪酬定价。

（二）能力薪酬体系

1. 内涵

能力薪酬体系是一种依据组织人员的胜任能力水平而给付薪酬的制度。由于能力特征往往更适合复杂的工作,如管理人员、专业技术人员等,因此,能力薪酬体系比较适合技术型、创新型等技术密集型组织,尤其适合各类组织中的高层管理和技术方面的人员。对于此类职位的人员来说,他们所从事的工作很可能是开拓性、创造性、非常规性的,往往很难用职位描述或者职位说明书中的若干条工作职责和工作任务来清楚表达。与职位职责的引导和限定相比较,此类人员工作的成功更多地依赖于其个人综合素质、能力水平的高低,其成功对组织绩效目标、发展目标的实现也有很大的影响。因此,以能力为基础的"投入型"薪酬模式就成为某些组织首选的薪酬模式。

2. 能力薪酬体系的设计流程

与较为成熟的技能薪酬相比,能力薪酬体系更加侧重于对能力的界定、测试、评价以及如何将能力与薪酬联系起来等环节和要点,具体步骤如下:

（1）能力界定

确定组织准备支付薪酬的能力是什么,不同行业、不同战略导向、不同文化价值观的组织,其能力组合可能会存在差异。

能力组合有两种类型:一种是组织统一、通用的能力模型,它是根据组织战略和成功的关键要求提出的对全体人员都十分重要的一系列能力组合;另一种是分层、分类的能力模型,它是在通用模型的基础上,再根据每个职位或者职位族的工作内容和工作特点,进一步明确在具体工作情景下胜任工作要求的任职者具备哪些能力。通用模型的优点在于所建立的薪酬体系能够在不同类别的人员之间进行比较,更具内部一致性;其缺点在于不能反映具体的工作情景,对人员的能力要求缺乏个性化。分层、分类模型正好相反,具有个性化而缺乏通用性。组织可以在两种模型之间加以选择来构建能力模型。在此基础

8

上，还要将核心能力转换为可观察的行为，形成能力指标。

（2）能力定义

对每项能力进行分级，并对该项能力及其各个等级进行明确的界定，形成针对各职位族和各等级的能力资格标准，使组织可以用明确的衡量手段来评价人员是否具备某种能力。

（3）建立基于能力的薪酬结构，进行能力定价

首先对组织中纳入能力薪酬体系的所有职位进行归类，如分为管理类、研发类、营销类、生产技术类等；然后对每一类职位根据其自身能力的差异规律划分出相应的等级。通常基于能力的薪酬结构大多采用较少的薪酬等级，而每个等级内的薪酬变动幅度较大。

能力定价是根据每项能力的特点确定组织人员具备该项能力时能够获得多少薪酬。在对每项能力进行定价的基础上，还要将各项能力的价格分解到每个等级上，从而决定人员达到该能力的某一等级要求时，获得多少对应的薪酬。

最基本的能力定价方法有两种：一种是市场定价方法，即对每项能力在相关劳动力市场上所获得的薪酬进行调查，据以确定每项能力在组织中应该获得的薪酬。另一种是绩效相关的方法，即根据每项能力与工作绩效的相关性来确定其价格。

（4）评价人员能力，将能力与薪酬结合起来

根据界定好的能力类型和等级定义标准，对组织人员在某领域中具备的绩效行为能力进行评价，然后将评价结果与其应当获得的基本薪酬联系起来。对组织人员进行能力评价时，首先应根据任职岗位，划归到相应的职位族，如产品开发人员划归到研发族；然后，按照所归职位族的能力评价标准，对该人员的能力水平进行评价，评价结果为哪一等级，就获得相应等级的薪酬水平。

三、绩效薪酬体系

绩效薪酬是对组织人员超额工作部分或工作绩效突出部分所支付的奖励性报酬，旨在鼓励人员提高工作效率和工作质量。它是对组织人员过去工作行为和已取得成就的认可，通常随人员业绩的变化而调整。有关将工作绩效与财务回报直接挂钩，即以绩效定薪酬这一点，可以从期望理论中获得解释。期望理论可以表达为如下公式：工作动力＝效价×期望值，它认为一种行为倾向的强度取决于个体对某种行为带来的结果的期望强度以及该结果对行为者的吸引。当组织人员认为努力工作能获得好的绩效评价结果，而好的绩效评价结果又能带来满足需要的回报时，就会倾向于多付出努力。

绩效薪酬包括绩效调薪、一次性奖金和个人特别绩效奖三种比较常用的形式。

（一）绩效调薪

绩效调薪也称为成就工资，是根据组织人员在某种绩效评价体系中所获得的评价等级，对其基本薪酬基数（月基本工资）的一种累积性调整。绩效调薪的两大关键要素是调薪的幅度和周期。其中，绩效调薪的幅度主要取决于组织的支付能力，绩效调薪幅度要保持在基本薪酬等级的浮动区间内。绩效调薪的周期通常是每年一次，也有组织采取半年

8

一次或者是每两年一次的做法。绩效调薪一般是作为对于优秀人员的奖励措施,但也有对绩效考核很差的人员采取降低基本薪酬的惩罚性情况。

绩效调薪的方式主要有以下两种:

1. 仅以绩效水平为基础的绩效调薪

此方式是绩效调薪中最简单且运用非常普遍的一种方式。调薪的唯一依据就是绩效评价等级的高低(如表8-8所示)。此绩效调薪方式的优点在于组织容易掌握和控制加薪的成本预算,比较容易管理,且与人员沟通也较为方便。

表8-8 简单绩效调薪表举例

	大大超出期望	超出期望	达到期望	低于期望	大大低于期望
绩效评价等级	S	A	B	C	D
绩效加薪幅度%	8	5	3	0	−2

2. 仅以绩效水平为基础的绩效调薪

对于传统型组织和薪酬结构比较复杂的组织来说,通常会采用以绩效水平和内部相对薪酬水平为基础的绩效调薪方案(如表8-9所示)。此时,调薪的幅度是根据组织人员的考核结果和其在薪酬范围中的相对位置决定的。相对薪酬水平较低的人员,绩效平平也能获得提薪,而不会降薪,并且能够获得比相同绩效水平的高薪人员更大幅度的加薪。处于薪酬水平最上端的人员,必须达到S级的绩效水平才能获得加薪,并且所获得的加薪幅度比相同绩效水平的低薪酬人员少。

表8-9 不同绩效水平结合相对薪酬水平的绩效调薪表举例

绩效评价等级 相对薪酬水平	大大超出 期望 S	超出期望 A	达到期望 B	低于期望 C	大大低于 期望 D
处于前1/5	4%	0	0	−3%	−6%
处于前1/5~2/5	5%	2%	0	−2%	−5%
处于前2/5~3/5	6%	3%	0	0	−4%
处于前3/5~4/5	9%	6%	3%	0	−2%
处于前4/5之后	12%	9%	6%	3%	0

以上调薪幅度是以百分比表示的,其调薪绝对量为:组织人员调薪前的基础薪酬×调薪百分比。

(二)一次性奖金

一次性奖金也称为绩效奖金,是根据组织人员的绩效考核结果给予的一次性奖励,这是一种最为普遍的绩效奖励方式。它与绩效调薪一样也是根据人员的绩效情况进行奖励,但一般不以人员的基本薪酬作为计奖基数,也不会将此部分奖金累加到基本薪酬中去。

8

一次性奖金和绩效调薪一样,都是基于组织对人员过去工作绩效的评价,所不同的是:(1)绩效调薪有奖有惩,而一次性奖金一般只奖不惩;(2)绩效调薪的增资部分是随基本薪酬一起在下一个考核周期内逐月发放,而一次性奖金则一般是在当年年底一次性发放。因此,两种方式在激励的程度和持续性方面有所不同;(3)绩效调薪对基本薪酬有后续影响,而一次性奖金则对基本薪酬没有影响;(4)绩效调薪的幅度受到基本薪酬等级的浮动区间的限制,而一次性奖金则没有此限制。

对组织而言,一次性奖金与绩效调薪相比具有明显的优势:一方面,它在保持绩效和薪酬挂钩的情况下减少了因基本薪酬的累加效应而引起的固定薪酬成本的增加;另一方面,它可以保障组织各等级薪酬范围的严肃性,不至于出现大量超过薪酬范围之外的人员,同时还保护了高薪酬人员的工作积极性。

(三)个人绩效特别奖

个人绩效特别奖是一种针对个人特别突出的工作业绩进行奖励的方式,类似于通常的"个人突出贡献奖"。与基于对组织人员工作行为和结果的全面评价的绩效调薪不同,这种特殊的绩效奖励可以对单项高水平绩效表现,比如开发新产品、开拓薪市场、销售额达到相当高的水平等予以奖励。

个人绩效特别奖有货币型奖励和非货币型奖励两种类型,其最突出的特点在于:奖励具有极强的针对性和灵活性,组织可以运用此方式来突破一些基本奖励制度在支付额度、支付周期和支付对象上的局限。

四、激励薪酬体系

激励薪酬也叫可变薪酬、诱惑薪酬,是指组织人员在达到了某个具体目标或绩效水准或创造某种盈利后所增加的薪酬收入部分,它是以个人、团队或者组织的短期或长期绩效为依据而支付给个人或团体的薪酬。绩效薪酬是从组织人员过去的突出业绩出发,组织没有预先告知其具体的利益分配方案,而是在理想工作绩效出现之后的"奖励"。而激励薪酬旨在影响组织人员未来的工作行为,明确自身的努力目标,是在其理想工作绩效出现之前的"诱导"。

激励薪酬一般可以分为个人激励薪酬、团体激励薪酬和组织激励薪酬三种类型。

(一)个人激励薪酬

个人激励薪酬是主要以组织中个人的绩效表现为基础而支付的薪酬,此支付方式有助于组织人员不断提高自身的绩效水平,主要有以下几种形式:

1. 计件工资制

计件工资制是根据组织生产条件、劳动强度、生产组织和劳动组织方式、生产标准,确定劳动者完成的合格产品数量或工作量,进而发放工资。实现计件工资制需要具备三个主要条件:工作物等级、劳动定额和计件单价。

其中,工作物等级是根据各种工作的技术复杂程度和设备状况等,按照技术等级要

8

求,确定从事该项工作的人员应该达到的技术等级。劳动定额是在一定条件下人员应该完成的合格产品的数量或完成某一产品必要劳动时间的消耗标准,它是合理组织劳动和确定计件单价的基础。计件单价是以工作物等级和劳动定额为基础计算出来的单位产品的工资。

按照计件对象,计件工资制可分为个人计件工资和集体计件工资。个人计件工资是指以劳动者个人所完成的工作量来计算工资;集体计件工资适用于工艺过程要求集体完成,不能直接计算个人完成合格产品数量的工种。按照不同的计件标准,计件工资制一般可分为全额计件工资、超额计件工资和差额单价计件工资。其中,全额计件工资是根据劳动者单位时间内所完成的合格品数量和统一的计件单价计算劳动报酬。超额计件工资是将劳动者工作量划分为定额内和定额外两部分,定额内的工作量按计时工资,定额外的超额工作量按计件工资发放。差额单价计件工资是将劳动者完成产量或工作量划分为不同等级,按照一定的差额比例规定累进或累退的计件单价,分别计算计件工资额。

计件工资的显著特点是将劳动报酬与劳动结果最直接、最紧密地联系在一起,能够直接、准确地反映出劳动者实际付出的劳动量,使不同劳动者之间以及同一劳动者在不同时间上的劳动差别在劳动报酬上得到合理反映。因此,计件工作能够更好地体现按劳分配原则。同时,计件工资的计算和分配事先都有详细、明确的规定,在组织内部工作分配上具有很高额透明度,因此,具有很强的物质激励作用。

2. 工时制

工时制是根据劳动者单位产出消耗的时间和相应的工资率支付的薪酬,通常适用于重复动作少、生产过程不容易具体控制、技巧要求高、周期较长的工作任务。根据工资计算方法的不同,工时制可以分为标准工时制和差别工时制两种形式。

(1)标准工时制

组织首先确定某项工作的标准工时和相应的工资率,然后根据此标准工资率来统一支付人员工资。标准工时是指在正常技术水平和熟练程度下劳动者完成某种工作所需的时间。当某技术水平高、动作熟练的劳动者能够在标准工时内完成某件工作时,其工资仍然按照工时乘以该工作的小时工资率来计算,而且可以享受节约时间的闲暇或继续提高生产率以获得更高的奖励。

(2)差别工时制

① 哈尔西50/50计件工资制

其特点是通过使员工和雇主共同、平均分摊成本节省的余额来激励员工更有效率地工作。它同样也需要通过时间研究确定完成某项任务的标准工作时间作为标准工时,并确定每小时的工资。如果员工因技术水平的提高而低于限额时间完成了工作,使人工成本得到节省,这部分省下来的成本(节约的时间×小时工资率)就按50/50的比例在雇主和员工之间分配,从而使员工获得因自身生产率提高而实现的成本节约。

② 罗恩计件工资制

与哈尔西50/50计件工资制类似,提倡在雇主和员工之间分享因工作时间缩短而带来的成本节省。不同的是,在分享成本结余时,分享比例不是简单的对半开,而是员工能够分享的收益所占的比例会根据节约时间的增加而逐步上升。如果完成一项任务的标准时间是 10 小时，某员工 8 小时完成工作，可以得到 20% 的成本节约奖；如果能够在 7 小时内完成，则可以得到 30% 的成本节约奖。

③ 甘特计件工资制

与上述两者的不同之处在于：在确定标准工时时，有意设定在员工需要付出较大努力才能达到的水平（高于平均水平）上。不能在此高工时标准下完成工作任务的员工只得到预先定好的保障工资。而能够在标准工时或少于标准工时完成工作的员工，可以获得：保障工资×(1＋120%×节约时间)的工资额。

（二）团体激励薪酬

团体激励薪酬是以人员所处的团队、部门为依据而支付报酬的一种薪酬支付方式，其前提是工作需要一个协同、合作的团队来完成，组织很难将团队绩效合理地分解为个人绩效；关注的是团队的整体绩效，激励对象也是群体。

团体激励薪酬的主要形式为收益分享计划，是一种将一个部门或一个群体的生产率提高作为收益评价指标，并在雇员与组织之间分享生产率提高带来的收益的计划。与利润分享计划协同的是：收益分享计划也鼓励人员比在个人绩效导向的报酬制度下追求更大范围的目标；两者关键性的区别是：收益分享计划并不使用组织层次上的绩效衡量因素，而是对某一群体或者某一部门的绩效进行衡量。目前较常使用的收益分享计划包括斯坎伦计划、拉克计划和分享生产率计划三种形式。

1. 斯坎伦计划

斯坎伦计划是美国曼斯菲尔德钢铁厂的工会主席约瑟夫·斯坎伦于 1927 年创立，如今仍然是团体奖励的成功方法。斯坎伦计划特别强调雇员的参与，通过收益的分享和分配机制来加强人员之间的相互合作，激励其为实现团体目标而努力工作，最终与雇员分享由于成本节省而带来的收益。

斯坎伦计划的目标是降低组织的劳动成本而不影响雇员的工作积极性，一般来说，都以劳动力成本与产品销售价值（Sales Value of Production，SVOP）的比率为依据，SVOP 是组织在一定时期内生产的产品销售总额，不仅包括在这段时间已经销售出去的产品价值，还包括已经生产出来但还未销售出去的存货价值。即：

$$\text{斯坎伦比率} = \frac{\text{劳动力成本}}{\text{产品销售价值（SVOP）}} = \frac{\text{劳动力成本}}{\text{销售收入＋存货价值}}$$

收益分享总额＝（基期或者预期的斯坎伦比率—当期的斯坎伦比率）×当期的产品销售价值

斯坎伦计划需要计算组织的劳动力成本（即工资总额）与 SVOP 的比值，即得到劳动力成本在所生产的产品价值中所占的比例（斯坎伦比率），然后将此比例和基期的同一比率或者预期目标比率进行比较。如果这一比例低于基期或者预期目标，表明组织的劳动力成本获得了下降，因此可以将下降部分的劳动力成本在团队或部门之间进行分享。

2. 拉克计划

拉克计划由经济学家艾伦·拉克于 1933 年提出，是收益分享计划的一种。拉克计划

8

与斯坎伦计划相似,区别就在于它所关注的不仅仅是劳动力成本的节约,而是关注整个生产成本的节约。

拉克计划采用一个价值增值方式来计算组织的劳动生产率。组织的价值增值等于销售额减去其购买原材料和其他各种供给、服务的成本。然后组织可以用价值增值与雇佣成本的比例来衡量组织的劳动生产率,这一比率被称为拉克比率。组织利用当期的拉克比率与基期或者预期的拉克比率相比较,如果当期的拉克比率高于基期的或者是预期的拉克比率,就代表组织的劳动生产率获得了提高,将生产率提高部分带来的收益在组织和团队、部门的人员之间进行分享。

收益分享部分计算公式:

$$拉克比率 = \frac{销售额-购买原材料成本-供给成本-服务成本}{雇佣成本}$$

收益分享总额=(当期的拉克比率—基期或者预期的拉克比率)×当期的雇佣成本

3. 分享生产率计划

分享生产率计划是米歇尔·费恩于1973年创造的一种收益分享计划,因此看起来比斯坎伦计划和拉克计划更新。但分享生产率计划不再衡量节省成本的经济价值,而是追求在更短的劳动时间内生产出更多的产品。

分享生产率计划的关键是计算劳动时间比率,即生产单位产品所需要耗费的劳动小时数,通过将当期的劳动时间比率与基期的或者预期的劳动时间比率进行比较。如果当期的劳动时间比率低于基期或者预期的劳动时间比率,那么该组织的劳动生产率就获得了提高,因此可以就可以将这一部分生产率提高带来的收益进行分享。生产率提高分享计划往往是以周为单位向雇员发放分享奖金。但这种分享计划有一个回购规定,即组织可以通过一次性向雇员付款买回超过一定标准的生产率,从而使组织能够在生产率上升到一定水平后提高基期值或者分享值。

(三)组织激励薪酬

组织激励薪酬是参照整个组织的业绩给予组织内所有人员的奖励。大多数组织激励体系试图建立与所有人员的合作关系,常见的形式包括利润分享计划、员工持股计划和股票期权计划。

1. 利润分享计划

利润分享计划是组织实现或超过某一既定的绩效指标(利润、权益报酬率或股价等)后,将组织的部分利润在全体人员之间进行分配的一种绩效奖励模式。

建立利润分享计划一般需要考虑以下因素:

(1)确定可用于分享的利润总额

① 固定比例法

组织根据成功达到目标的情况决定一个百分比,将这一百分比的税前或税后年利润作为利润分享的奖金。例如,组织可能会把整体10%的利润用于利润分享,但具体比例可以调整。

② 比例升级法

比例升级法可以通过增加分享金额来激励组织人员为超额利润目标而努力。例如，组织可以决定 1 000 万元以内的利润中，6％用于利润分享；超过 1 000 万元的利润中，10％可以用于利润分享。

③ 获利界限法

只有当组织利润超过事先约定的最低标准且低于最高标准时，才能进行利润分享。组织设定最低标准是为了在把利润分享给全体人员之前保证对股东的回报和建立各种基金。组织设定最高标准是因为认为创造该标准的利润因素不是雇员的生产力或创造力，而是诸如技术革新、市场变化或者政策等因素。

（2）确定每位人员的利润分享份额

常用的分配方式包括三种：平均分配给组织所有人员；根据人员的职位等级、技能等级和绩效评价结果综合确定；根据人员对组织利润的贡献确定其分红比例。

（3）分享利润的支付方式

利润分享计划的支付方式一般包括三种：一是现金制，以现金方式即时兑付组织全体人员应得的利润份额，通常是每季度或每年发放一次现金奖励。二是递延制，组织将全体人员应得的利润份额存入员工账户，作为其退休后的收入。此形式通常与组织养老金计划结合在一起，有的组织为了降低人员流失率，会要求员工服务一定年限以上才能获得这部分薪酬。三是混合制，是前两种形式的结合。

利润分享计划的优点体现在通过使全体人员的利益和组织目标相一致而改进生产率，能使组织人员获得更大的所有权的感觉，帮助其更密切地认同组织，并更努力地工作以实现组织目标。其缺点在于普通员工可能无法认清个人业绩与组织整体业绩之间的直接关系，即努力、绩效、奖励之间的关联度较小；组织一年一次和延期支付的事实可能降低其激励价值。

2. 员工持股计划

员工持股计划是一种新型股权形式。企业内部员工出资认购本公司部分或全部股权，委托员工持股会（或委托第三者，一般为金融机构）作为社团法人托管运作、集中管理，员工持股管理委员会（或理事会）作为社团法人进入董事会参与表决和分红。包括两种类型：（1）企业员工通过购买企业部分股票而拥有企业部分产权，并获得相应的管理权；（2）员工购买企业全部股权而拥有企业全部产权，使其职工对本企业具有完全的管理权和表决权。

员工持股计划的目的是通过让员工部分地或全部拥有企业股票或股权，使员工个人发展与企业的整体绩效紧密联系在一起。目前，常见的员工持股计划包括三种类型：

（1）现股计划

现股计划是企业通过奖励的方式，向员工直接赠予企业的股票或者参照股票当前的市场价格向员工出售企业的股票，使员工立即获得现实的股权，这种计划一般规定员工在一定时间内不能出售所持有的股票。

（2）期股计划

期股计划是企业和员工约定在未来某一时期，员工要以一定的价格购买一定数量的企业股票，购买价格一般参照股票的当前价格确定。如果未来股票的价格上涨，员工按照约定的价格买入股票，就可以获得收益；如果未来股票的价格下跌，员工就会产生损失。

（3）期权计划

期权计划与期股计划类似，不同之处在于企业给予员工在未来某一时期以一定价格购买一定数量的企业股票的权利，但是员工到期可以行使该项权利，也可以放弃该项权利。购股价格一般也要参照股票当前的价格确定。

第三节　体育人力资源福利管理

一、福利概述

（一）福利的内涵

福利是为了满足组织人员的生活需要，在工资收入之外，组织向成员本人和家庭提供的各种以非货币性薪酬和延期支付形式为主的补充性报酬和服务。福利是一种间接或边缘薪酬，是对直接货币型薪酬的补充或延续，是全部薪酬的一部分。

（二）福利的特点

福利既不以人员对组织的相对价值为基础，也不以人员当前的贡献为基础，涵盖面很广，形式多样，且成本也高。具体而言，福利具有以下特点：

1. 针对性

组织为人员提供的福利，比如消费品和劳务等，都具有明显的针对性。一项福利往往是针对组织人员的某种需要而设立的，因而有时会显现出很强的时间性，比如夏季防暑费、冬季取暖费等。

2. 集体性

组织为人员提供的福利设施一般是用于人员的集体消费或共同使用的公共物品，比如员工食堂、员工俱乐部等都具有集体性特征。

3. 补偿性

组织提供的福利只起到满足人员生活有限需求的作用，只是对人员为组织提供劳动的一种物质补偿，也是工资的一种补偿形式。

4. 均等性

福利的均等性是组织所提供的福利是针对所有履行劳动义务的全体人员，不管是谁，只要符合条件都可以享受。因劳动能力、个人贡献及家庭人口等因素的差异，造成组织人员在工资收入上会产生差距，这种差距对人员的积极性会有一定的影响；而福利的均等性在一定程度上起到平衡组织人员收入差距的作用。

(三) 福利的功能

对于组织来说,福利的功能主要体现在以下三方面:

1. 传递组织文化和价值观

越来越多的组织会以福利政策的实施践行组织文化和价值观。通常具有工作生活质量价值观的组织会将提供人员的工作生活质量当成组织的重要目标。这类组织更容易支付较高的薪酬,设计更全面的薪酬制度,提供更完善的福利和更深入的精神报酬和内在激励。比如通过积极参与社团和周边的福利文体活动等福利项目,融洽人际关系,丰富文化生活,传播组织文化。

2. 吸引和保留人才

一方面,求职者在寻找工作机会时,越来越把优厚的福利作为重要的选择标准;另一方面,伴随知识经济的发展,人才的竞争日益激烈,福利作为薪酬的重要组成部分,在很大程度上已经成为组织吸引和留住优秀人才、激发和调动人员工作积极性的重要策略。

3. 税收减免

一方面,我国对福利企业实施税收减免政策。另一方面,企业把福利项目纳入人力成本核算之中,并以投入和支出作为会计的核算和分析内容,还可以享受税收减免待遇。

二、福利策略

组织可以设计多种福利项目,总体来说,福利策略包括固定项目福利、自助项目福利和固定加自助项目福利策略三种。

1. 固定项目福利策略

固定项目福利策略是一种固定的福利项目组合策略,是根据组织人员福利需求,在福利成本预算的基础上设计的。其优点体现在:福利项目固定,方案简单,易于操作,便于成本预算,能够满足绝大多数人员的福利需求。其缺点体现在:不能满足全体人员的个性化福利需求,针对性不强,导致激励作用失效,甚至会导致组织投入的福利资源的浪费。

2. 自助项目福利策略

自助项目福利策略是组织人员根据自己的喜好,自由挑选福利项目的策略。该策略同样要基于福利成本预算和了解人员对福利项目的不同需求。其优点体现在:通过灵活自主的选择福利项目,满足不同人员的不同福利需求,增强福利项目的有效性和针对性,体现组织管理的人性化,使组织人员感到受尊重,从而提高工作积极性。其缺点体现在:福利成本预算的难度加大,不利于制定精确的福利成本预算,运作成本加大,增加了人力资源部门的工作量。

3. 固定加自助项目福利策略

固定加自助项目福利策略是组织在进行福利成本预算的基础上,根据人员福利需求,

8

设计出福利项目。将所有福利项目划分为固定部分和自助部分,固定部分为基础福利,是所有人员均可享受的项目;自助部分可由人员根据自己的需求自主选择。其优点体现在:灵活地结合了福利需求的普遍性和自主性,有利于调动人员的工作积极性。通过调整固定福利项目和自助福利项目,有利于控制福利支出总额。其缺点体现在:难以准确计算所有福利项目的成本,增加了人力资源部门福利管理的难度,在一定程度上增加了运作成本。

三、福利类型

不同的组织,福利的具体内容和具体项目往往会有所差别,但主要可以分为法定福利和自主福利两大类。

(一) 法定福利

法定福利是政府要求企业为雇员提供的一系列保障计划,由企业和雇员分别按工资收入的一定比例缴纳社会保障税,其目的在于降低受了严重工伤或失业的工人陷入贫困的可能性,保障他们的被赡养人的生活,以及维持退休人员的收入水平。

主要包括社会保险(养老保险、医疗保险、失业保险、工伤保险、生育保险)、住房公积金和法定休假等。

1. 社会保险

社会保险师为了保障职工的合法权益,由政府统一管理、强制执行的社会性福利措施。社会保险的计算由两个主要因素构成,分别是社会保险的缴费基数和缴费比例。主要包括养老保险、医疗保险、失业保险、工伤保险和生育保险等五项基本内容。

(1) 养老保险

养老保险是国家和社会根据一定的法律和法规,为解决劳动者在达到国家规定的解除劳动义务的劳动年龄界限,或因年老丧失劳动能力退出劳动岗位后的基本生活而建立的一种社会保险制度。具有强制性、互济性、储备性、社会性等特点。

(2) 医疗保险

医疗保险是国家立法规定并强制实施的、在人们生病或受伤后由国家或社会给予一定的物质帮助,即提供医疗服务或经济补偿的一种社会保险制度。医疗保险具有与劳动者的关系最为密切、和其他人身保险相互交织、存在独特的第三方付费制、享受待遇与缴费水平不是正相关等特点。

(3) 失业保险

失业保险是国家通过立法强制实行的,由社会集中建立基金,对因失业而暂时中断生活来源的劳动者提供物质帮助的制度。失业保险是社会保障体系的重要组成部分,是社会保险的主要项目之一。

(4) 工伤保险

工伤保险又称职业伤害保险或伤害赔偿保险,是指依法为在生产工作中遭受事故伤

8

害和患职业性疾病的劳动者及其亲属提供医疗救治、生活保障、经济补偿、医疗和职业康复等物质帮助的一种社会保险制度。我国现行的《工伤保险条例》从 2004 年 1 月 1 日开始执行。工伤保险仅由企业负责缴纳,员工本人不需要缴纳,其缴费比例按照企业所属行业的危险程度而定。

（5）生育保险

生育保险是国家通过立法,对怀孕、分娩女职工给予生活保障和物质帮助的一项社会政策。生育保险提供的生活保障和物质帮助通常由现金补助和实物供给两部分构成。现金补助主要是给予生育妇女发放的生育津贴;实物供给主要是提供必要的医疗保健、医疗服务以及孕妇、婴儿需要的生活用品等。其宗旨是通过向女性职工提供生育津贴、医疗服务和产假,帮助其恢复劳动能力,重返工作岗位。

2. 住房公积金

住房公积金是国家机关、国有企业、城镇集体企业、外商投资企业、城镇私营企业及其他城镇企业、事业单位、民办非企业单位、社会团体及其在职职工缴存的长期住房储金。住房公积金是国家推行的一项住房保障制度,它实质上是劳动报酬的一部分,是归属职工个人所有的、专项用于解决职工住房问题的保障性资金。

3. 法定休假

（1）公休假日

公休假日是劳动者工作满一个工作周之后的休息时间。我国实行的是每周 40 小时工作制,劳动者的公休假日为每周两天。

我国《劳动法》第 38 条规定,用人单位应当保证劳动者每周至少休息 1 天。1995 年颁布的《国务院关于修改〈国务院关于职工工作时间的规定〉的决定》（国务院令第 174 号）规定,我国职工的休息时间标准为工作 5 天、休息 2 天。该决定同时规定,国家机关、事业单位实行统一的工作时间,星期六和星期日为周休息日;企业和不能实行国家规定的统一工作时间的事业单位,可以根据实际情况灵活安排周休息日。

（2）法定休假日

法定节日休假是由国家法律、法规统一规定的用以开展纪念、庆祝活动的休息时间,也是劳动者休息时间的一种。

我国现行法定年节假日标准为 11 天,全体公民放假的节日根据 2013 年《国务院关于修改〈全国年节及纪念日放假办法〉的决定》（国务院令第 644 号）,具体为:新年,放假 1 天（1 月 1 日）;春节,放假 3 天（农历正月初一、初二、初三）;清明节,放假 1 天（农历清明当日）;劳动节,放假 1 天（5 月 1 日）;端午节,放假 1 天（农历端午当日）;中秋节,放假 1 天（农历中秋当日）;国庆节,放假 3 天（10 月 1 日、2 日、3 日）。部分公民放假的节日及纪念日:妇女节（3 月 8 日）,妇女放假半天;青年节（5 月 4 日）,14 周岁以上的青年放假半天;儿童节（6 月 1 日）,不满 14 周岁的少年儿童放假 1 天;中国人民解放军建军纪念日（8 月 1 日）,现役军人放假半天。我国《劳动法》规定,法定休假日安排劳动者工作的,应支付不低于工资 300% 的劳动报酬。

8

（3）带薪年休假

带薪年休假是劳动者连续工作满 1 年后每年依法享有的保留职务和工资的一定期限连续休息的假期。我国《劳动法》第 45 条规定,国家实行带薪年休假制度。2007 年国务院颁布《职工带薪年休假条例》(国务院令第 514 号),明确规定机关、团体、企业、事业单位、民办非企业单位、有雇工的个体工商户等单位的职工连续工作 1 年以上的,享受带薪年休假。职工累计工作已满 1 年不满 10 年的,年休假 5 天;已满 10 年不满 20 年的,年休假 10 天;已满 20 年的,年休假 15 天。国家法定休假日、休息日不计入年休假的假期。2008 年《机关事业单位工作人员带薪年休假实施办法》和《企业职工带薪年休假实施办法》公布实施。至此,全面建立起适用于各类用人单位的带薪年休假制度。带薪年休假制度的实行,使职工得到更好的休息,这有利于劳动者的身体健康,也有利于劳动者在经过充分的休息后以更充沛的精力投入生产和工作。

（4）探亲假

1981 年国务院发布《关于职工探亲待遇的规定》,规定了国家机关、人民团体和全民所有制企业、事业单位的职工探亲假标准。根据规定,职工工作满 1 年,与配偶不住在一起,又不能在公休假日团聚的,可以享受探望配偶的假期待遇(每年 1 次,假期 30 天),与父亲、母亲都不能住在一起,又不能在公休假日团聚的,可以享受探望父母的假期待遇(未婚职工每年 1 次,假期 20 天;已婚职工每 4 年 1 次,假期 20 天)。同时,单位应根据需要给予路程假。探亲假期包括公休假日和法定节日在内。

（5）婚丧假

按照 1980 年颁布的《国家劳动总局、财政部关于国有企业职工请婚丧假和路程假问题的通知》规定,职工本人结婚或职工的直系亲属(父母、配偶和子女)死亡时,可以根据具体情况,由单位酌情给予 1～3 天的婚丧假。另外可根据路程远近,给予路程假。

（二）自主福利

自主福利是组织在国家法定福利之外向人员提供的其他福利项目,由于不具有强制性,因此没有统一的标准,各组织往往根据自己的具体情况灵活决定。

常见的组织自主福利形式包括:

1. 国家法定社会保险之外的各类保险和福利

包括医疗保健福利(免费定期体检、免费防疫注射、药费和营养费补贴、职业病免费防护、免费疗养)、意外伤害福利(意外工伤补偿、伤残生活补助、死亡抚恤金等)、退休福利(补充养老保险)、员工特殊贡献的带薪休假等。

2. 各种过节费

如春节、中秋节、端午节、国庆节等节日的加薪和过节费,其形式可以是实物、现金或购物券等。

3. 加班补助

在国家规定的加班补助之外,组织还可以额外提供免费的加班饮食等。

8

4．住房福利

组织还可以提供如廉价公房出租、免费单身宿舍、夜班宿舍、购房低息贷款、购房补贴等福利。

5．交通补助福利

组织还可以提供如市内交通补贴、费班车服务、交通部门向员工提供的折扣票等福利。

6．教育培训福利

组织还可以提供如企业外部公费进修、企业内部免费脱产培训、报刊订阅补助等福利。

7．文体活动和旅游福利

如有组织的集体文体活动（晚会、舞会、郊游、体育竞赛等）、自建文体设施（运动场、游泳馆、健身房、阅览室等），以及各种文体活动的折扣票和免费票。

8．生活服务福利

组织还可以提供如夏季降温费、冬季取暖费、洗澡和理发津贴、优惠提供本企业的产品和服务等福利。

9．金融服务福利

组织还可以提供如预支薪金、信用储金、存款户头特惠利息、低息贷款、额外困难补助等福利。

四、弹性福利设计

（一）弹性福利内涵

弹性福利是组织确定对每个员工福利投入（通常用积分形式体现）的前提下，由员工在福利菜单中选择适合自己的福利，因此也称为菜单式福利。组织既控制了总体成本，又使得投入的每一分钱都效用最大化。弹性福利的出现，在很大程度上解决组织成本管理和员工满意度的矛盾。

（二）实施要求

组织实施弹性福利需要符合以下要求：

1．合理性

组织的福利水平对外要有竞争力，不落后于同行业或同类型的其他组织。同时，也要符合本组织的战略、规模和经济实力，不能使福利成为组织的财务负担。

2．可操作性

组织设计的福利项目应该是切合实际，可以实施的，并且具有一套完善的运行机制用以实施和监督。

8

3. 简单性

简单性是要求组织各个福利项目的设计和表述能够很容易地为每位人员理解,在选择和享受福利项目时不会产生歧义。

4. 可衡量性

组织为人员提供的每项福利项目都应该是可以衡量价值的,这样才能使每位人员在自己的限额内选择福利项目。

5. 参与性

弹性福利的重要目的之一就是让每位人员参与到组织管理中去,因此,弹性福利设计需要包含组织和人员互动的渠道和规则。

(三)弹性福利类型

1. 附加型

附加型弹性福利计划是最普及的一种形式,是在现有的福利计划之外,再提供其他不同的福利措施或扩大原有福利项目的水准,让组织人员去选择。

2. 核心加选择型

核心加选择型弹性福利计划由"核心福利"和"弹性选择福利"组成,前者是组织每位人员都可以享有的基本福利,不能自由选择;后者可以随意选择,并附有价格。

3. 弹性支用账户

弹性支用账户是比较特殊的一种弹性福利类型,组织人员每年可从其税前总收入中拨取一定数额的款项作为自己的"支用账户",并以此账户去选择购买组织所提供的各种福利措施。拨入支用账户的金额不须扣缴所得税,不过账户中的金额如未能于年度内用完,余额就归组织所有;既不可在下一个年度中并用,也不能够以现金的方式发放。

4. 福利套餐型

福利套餐型弹性福利计划是由组织同时推出不同的福利组合,每一个组合所包含的福利项目或优惠水准都不一样,组织人员只能选择其中一个弹性福利制,其性质如同餐厅里的套餐消费。

5. 选高择抵型

选高择低型弹性福利计划一般会提供几种项目不等、程度不一的福利组合供组织人员选择,以组织现有的固定福利计划为基础,再据以规划数种不同的福利组合。这些组合的价值和原有的固定福利相比,有的高,有的低。如果组织人员看中了一个价值较原有福利措施还高的福利组合,那么就需要从薪水中扣除一定的金额来支付其间的差价。如果组织人员挑选了一个价值较低的福利组合,那么就可以要求组织发给其间的差额。

五、福利管理

同其他薪酬制定一样,组织需要对福利进行相应的管理,具体步骤如下:

1. 建立福利目标

设计福利制度应建立特定的目标，并且该目标需要考虑组织的规模、所处地区的经济环境、组织盈利能力以及行业竞争对手的情况等。最重要的是要和组织战略保持一致，既要兼顾组织人员的眼前需要和长远需要，还要能调动大部分人员的工作积极性，吸引优秀人才，并将其成本控制在组织可能的范围之内。

2. 福利调查

与工资、奖金薪酬制度一样，组织要设计出具有竞争性的福利制度，一个重要的工作就是了解竞争对手的情况。通过各种有利的途径和方法对竞争对手的福利计划组合、福利标准等情况进行调查，以确定组织的福利制度。

3. 福利基金筹集

福利基金的筹集是组织福利制度设计中的重要内容。福利基金是组织依法筹集的、专门用于人员福利支出的资金。管理者在进行福利设计时，必须确定基金的来源渠道，一般包括三种筹集渠道：按法规从组织资产和收入中提前；组织自筹；向组织人员个人征收。我国组织也必须按照国家法令的规定来提取或筹集人员福利基金。

4. 福利成本控制

组织在进行福利管理时，必须进行成本核算，需要考虑以下几个主要因素：

（1）一种福利项目的成本越高，则节约福利成本的机会越大；

（2）福利项目的增长趋势非常重要，即某些福利项目成本在当前是可以接受的，但其增长率可能会导致组织在未来承受巨大的成本；

（3）只有当组织在选择将多少资金投入到某种福利项目具有非常大的自由度时，控制福利成本才会起到作用。

福利成本控制的流程包括：

（1）可以通过其销量或利润估算出最高的、可能支出的总福利费以及福利成本占工资总额的百分比；

（2）确定主要福利项目的成本；

（3）确定每一位人员每年的福利项目成本；

（4）制定相应的福利项目成本计划。

5. 福利组织与实施

在组织和实施组织人员福利的过程中，应做好以下工作：

（1）利用有效的渠道宣传各项福利，做好福利沟通工作，了解组织人员的福利需要；

（2）开展福利调查，收集人员对组织各项福利项目的态度和、看法和要求；

（3）组织实施福利计划，落实每项福利计划和预算，定期检查实施情况，收集反馈信息并改进，以增强人员对组织的认同感，增强组织凝聚力。

8

本章小结

本章内容结构如下所示：

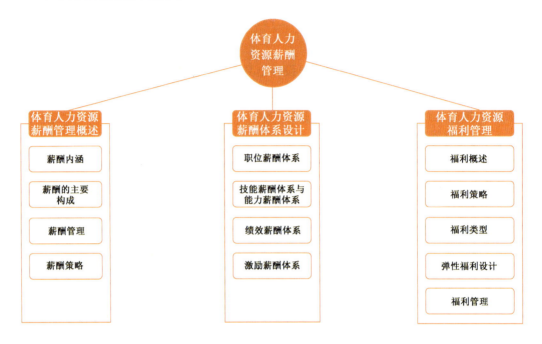

复习思考题

1. 什么是薪酬？薪酬的主要构成形式有哪些？
2. 体育组织实施薪酬管理时需要遵循哪些原则？会受到哪些因素的影响？
3. 体育组织应如何科学合理地运用薪酬结构策略和薪酬水平策略？
4. 体育组织具有哪些人力资源薪酬体系设计模式？其主要内容是什么？
5. 简述福利的内涵、特点和功能？
6. 体育组织人力资源的福利策略有哪几种？
7. 简述体育组织人力资源的法定福利和自主福利的类型？
8. 简述弹性福利的内涵和实施要求？其主要类型有哪些？
9. 简述体育组织福利管理的主要步骤？

案例讨论

安踏：创新福利待遇　提升员工归属感

安踏集团在召开2022年度工作总结会时，集团董事局主席兼CEO丁世忠在会上表示,集团现拥有员工超过五万七千人,其中 2022 年入职了 2 万名新员工。董事会将制定更多面向基层员工的福利政策,进一步推行高效高薪。企业的规模在不断扩大,安踏的员工数量也就在不断增加,亮丽的成绩单背后,是这些员工们的不懈努力和付出。尽管员工数量庞大,然而安踏的老员工返厂率每年都超过 95%。那么,在用工环境严峻的当前,是什么创新举措让安踏保持着如此高的员工稳定性?今天我们就一起去了解一下。

周志英是安踏鞋业第二事业部的一名针车课长,这天记者来到安踏采访时,她正在岗位上兢兢业业地忙碌着。看似平静的周志英,近段时间其实备受煎熬,半个月前,周志英的丈夫患上急性肝功能衰竭,因为病情严重,至今已经花掉了近 3 万元的医药费,后续至少还需要十万元进行药物治疗,甚至需要换肝。面对残酷的现实和高昂的医药费,周志英险些撑不住。

不幸中的幸运是,周志英的丈夫是安踏鞋业第三事业部的针车组长,在安踏已经工作了十几年,作为一名老员工,他享受着安踏给予的各项福利,其中包括公司的"医疗无忧"政策。在医社保以外,安踏还额外为员工购买了商业保险,重大疾病可获得全额赔付。同时安踏还为周志英的丈夫申请"和木爱心基金援助",帮助他们渡过难关,这也让周志英可以安心地一边上班,一边照顾丈夫。周志英告诉记者:"我们领导说你都不用操心钱的事情,所以钱的问题,我们能够在公司里面(解决)的话,医疗这一块没有后顾之忧,感谢我们公司的领导,感谢我们公司员工,关心我们的这些朋友们。"

据了解,"医疗无忧"政策是安踏在 2017 年年底推出的政策,符合条件的员工可以获得企业为其购买商业保险,解决医疗负担。安踏集团副总裁吴志诚表示:我们从 2017 年年底开始到现在,(安踏鞋生产的)参保人数将近 1 000 人,这些是从他们平常需要这些医疗保险以外,还需要一些保障,能提供一些给他们支持。"和木基金"的话从 2018 年到现在,我们大概有十几个人有得到和木基金的支持和帮助,总的金额达到 40 几万元。

吴志诚告诉记者,安踏在过去 20 多年里,从一个本土的家庭作坊发展成为世界级的体育用品集团,离不开每一个员工的付出。一直以来,安踏都感恩员工的付出,并致力于为员工打造"家"文化,让员工在安踏扎根。无论是"医疗无忧"政策还是"和木爱心基金援助",都是企业在原有解决员工基本生活需求的基础上,进一步从员工角度考虑,为他们量身定做的福利待遇。同时,我们还推出了安居的计划,就是说属于在厦门跟晋江两个地方主要的员工干部,如果他们有在这里定居的需求的话,帮助他们提供公司免息,提供借款帮助,他们在这里面可以买房可以定居下来。都是考虑到这些家庭的实际问题、困难,就在这一些方面提供给他们必要的支持和帮助。

除了在生活上的福利待遇,在工作上,安踏也考虑到员工们的发展需求。吴志诚说,随着 85 后、90 后和 95 后成为就业主力,员工们对于工作的要求已不再是有一份报酬就行,他们更希望的是能够有长远的发展平台。他们的发展需求已经有别于 15 年前和 20年前的人,我们公司也提倡说,提供给每一个人发展的平台,可以去创造每一个人的价值。所以,我们都会有学习培训计划,包括我们鼓励所有人可以接受再教育、再培训。安踏集团生产人力资源部总监廖年清告诉记者:2018 年有成立我们的安踏大学,专门对这一些员工进行新生的培养、培训、辅导,我们有安踏大学的这样一个体系来支撑,他们这样的一

8

个晋升,我们考虑这一块的话,是三年会做成经理级。

除了考虑员工自身的福利待遇和发展,安踏的福利政策还延伸到了员工家庭,公司不仅每年举办邀请优秀员工父母到福建旅游的"感恩之旅",也解决了员工的子女安置问题,除了基础就学,还在2017年开设了"儿童之家四点钟学校"。吴志诚表示:其实就是帮助我们这些双职工的员工,他们(子女)小学、幼儿园放学以后这一段,跟他(员工)的下班的时间有一段的距离,我们有人帮他们照顾这些小孩。安踏一直在做的,就是为员工们营造良好的生活环境、解决生活难题,让他们可以在企业安心工作,在企业长久地做下去,这也是安踏在"用工难"的环境下,还能够保持稳定经营的原因。以安踏鞋业事业部为例,在晋江的三个鞋业事业部中,有近3 000名的车间工人,3年以上工龄的超过了7成,5年以上工龄的超过5成,管理层员工在5年以上的超过了六成。以85后、90后为主,他们的就业观,随着社会经济的发展已经有很大的改变了,他希望说他工作的同时,生活能有一个很好的保障,这些都是很多企业要去考虑面临的,不只是提供一个简单的就业机会就可以,这也就是说为什么,我们有20几年的员工一起发展的。

资料来源:网易新闻网站,http://www.163.com/dy/article/EO3H31JI0514DMQ9.html,2019-9-2。

讨论:

1. 安踏是如何进行员工福利待遇创新的?

2. 安踏员工福利待遇创新的出发点是什么?其创新结果如何?

3. 结合安踏员工福利待遇创新的案例,试分析员工福利在薪酬体系设计中的重要性?

8

参考文献

1. 阿吉斯,刘昕. 绩效管理(第三版)[M]. 北京:中国人民大学出版社,2013.

2. 彼得·德鲁克著. 齐若兰译. 管理的实践[M]. 北京:机械工业出版社,2018.

3. 彼得·圣吉. 第五项修炼:学习型组织的艺术与实务[M]. 上海:上海三联出版社,2001.

4. 陈葆华. 现代人力资源管理[M]. 北京:北京理工大学出版社,2017.

5. 陈彩琦,马欣川. 工作分析与评价[M]. 武汉:华中科技大学出版社,2017.

6. 程德俊. 不同战略范式下的人力资源管理理论综述与比较[J]. 管理科学,2004,17(6).

7. 陈维政,李贵卿,毛晓燕. 劳动关系管理——理论与实务[M]. 北京:科学出版社,2017.

8. 付亚,许玉林. 绩效考核与绩效管理(第二版)[M]. 北京:电子工业出版社,2011.

9. 方振邦. 战略性绩效管理(第四版)[M]. 北京:中国人民大学出版社,2014.

10. 高艳. 工作分析与职位评价(第二版)[M]. 西安:西安交通大学出版社,2012.

11. 韩春利. 体育人力资源开发与管理[M]. 上海:复旦大学出版社,2005.

12. 李冰,李维刚. 人力资源管理[M]. 北京:清华大学出版社,2009.

13. 李旭旦,吴文艳. 员工招聘与甄选[M]. 上海:华东理工大学出版社,2014.

14. 李燕萍,李锡元. 人力资源管理(第三版)[M]. 武汉:武汉大学出版社,2020.

15. 李永周,郭朝晖,马金平. 薪酬管理理论、制度与方法[M]. 北京:清华大学出版社,2013.

16. 马国辉,张燕娣. 工作分析与应用[M]. 上海:华东理工大学出版社,2012.

17. 彭剑锋. 人力资源管理概论(第二版)[M]. 上海:复旦大学出版社,2011.

18. 潘泰萍. 工作分析基本原理、方法与实践(第二版)[M]. 上海:复旦大学出版社,2018.

19. 王斌,马红宇,时勘. 体育人力资源管理[M]. 北京:高等教育出版社,2010.

20. 王聪颖. 员工招聘管理(第二版)[M]. 南京:南京大学出版社,2021.

21. 王聪颖. 团队建设与管理(第二版)[M]. 南京:南京大学出版社,2023.

22. 王德炜. 体育人力资源管理[M]. 北京:人民教育出版社,2011.

23. 王丽娟. 员工招聘与配置[M]. 上海:复旦大学出版社,2012.

24. 文跃然. 人力资源战略与规划(第二版)[M]. 上海:复旦大学出版社,2017.

25. 徐芳. 培训与开发理论及技术[M]. 上海:复旦大学出版社,2005.

26. 谢晋宇. 人力资源开发概论[M]. 北京:清华大学出版社,2005.

27. 萧鸣政.人力资源开发与管理[M].北京:科学出版社,2009.

28. 杨东.人力资源管理(第二版)[M].重庆:重庆大学出版社,2019.

29. 杨东,杜鹏程.人力资源培养与开发.南京:南京大学出版社,2021.

30. 杨岗松.岗位分析和评价从入门到精通[M].北京:清华大学出版社,2015.

31. 杨宏毅.绩效与薪酬管理全案[M].北京:电子工业出版社,2015.

32. 袁蔚.人力资源管理教程(第二版)[M].上海:复旦大学出版社,2012.

33. 周斌,汪勤.薪酬管理理论·实务·案例[M].北京:清华大学出版社,2014.

34. 张德.人力资源开发与管理(第二版)[M].北京:清华大学出版社,2001.

35. 张广科,黄瑞芹.薪酬管理[M].武汉:华中科技大学出版社,2013.

36. 邹华,修桂华.人力资源管理原理与实务[M].北京:北京大学出版社,2015.

37. 张军征.培训设计与实施[M].北京:清华大学出版社,2011.

38. 张培德,胡志民.员工招聘与甄选[M].上海:华东理工大学出版社,2014.

39. 赵曙明.中国企业人力资源管理(第三版)[M].南京:南京大学出版社,2000.

40. 赵曙明.人力资源管理研究[M].北京:中国人民大学出版社,2001.

41. 赵曙明.人力资源战略与规划(第四版)[M].北京:中国人民大学出版社,2017.

42. 赵曙明,张正堂,程德俊.人力资源管理与开发(第二版)[M].北京:高等教育出版社,2018.

43. 赵曙明,张紫腾,陈万思.新中国70年中国情境下人力资源管理研究知识图谱及展望[J].经济管理,2019(7).

44. 赵曙明,张敏,赵宜萱.人力资源管理百年:演变与发展[J].外国经济与管理,2019,41(12).

45. 赵曙明.人力资源管理总论[M].南京:南京大学出版社,2021.

46. 赵永乐,姜农娟,凌巧.人员招聘与甄选(第三版)[M].北京:电子工业出版社,2018.